PIERRE DUKAN

LA DIETA DUKAN DEI 7 GIORNI

Traduzione di Sergio Orrao e Cristina Pradella

Sperling & Kupfer

L'escalier nutritionnel

ISBN 978-88-200-5645-2
61-I-14

Realizzazione editoriale a cura di Giuseppe Doldo

Le informazioni contenute in questo libro non intendono sostituirsi al parere professionale del vostro medico curante. L'utilizzo di qualsiasi informazione qui riportata è a discrezione del lettore. L'editore si sottrae a qualunque responsabilità diretta o indiretta derivante dall'uso o dall'applicazione di qualsivoglia indicazione riportata in queste pagine. Per ogni problema specifico si raccomanda di consultare uno specialista.

Indice

Introduzione

Un libro impegnato e incalzante, pieno di fervore e di passione

Questo è un libro «di guerra», vigoroso e appassionato, che fa appello alla vostra volontà. È un manuale strategico, perché il sovrappeso è un nemico che non perdona. Lo conosco bene, l'ho combattuto per tutta la mia carriera di nutrizionista. Si insinua astutamente, mascherandosi da stile di vita gioviale e gaudente, piacevolmente edonista. In realtà, oggi questo problema, solo in Francia, riguarda 27 milioni di persone, di cui 7 milioni obese: uomini e donne vulnerabili caduti nella sua trappola e consapevoli, sebbene fingano di ignorarlo, che vivranno 9 anni meno degli altri.

Probabilmente conoscete già la dieta che porta il mio nome. Il successo del metodo che ho elaborato ha sconvolto la mia stessa esistenza, trasformandone profondamente obiettivi e prospettive. Tutto è iniziato in un momento in cui alcuni cominciano a pensare alla pensione, e oggi so di essere impegnato in una battaglia entusiasmante in cui le forze schierate in campo sono tragicamente impari: è la lotta di un solo uomo contro la malattia di una civiltà intera, una pandemia che il genere umano si sarebbe potuto risparmiare. Consapevole di tale squilibrato rapporto di forze, sono più che mai convinto di dover fare del mio meglio, di essere creativo e innovativo, così da mantenere le mie armi bene affilate e colpire in maniera sempre più efficace.

Considerato l'intensificarsi della crisi globale del sovrappeso, con il mio libro intendo aprire un **secondo fronte** di battaglia. Molto diverso dal precedente, questo nuovo fronte ne rispetta tuttavia i valori e la filosofia, e quindi affianca il mio metodo originale per ampliarne la portata, così da mobilitare e aiutare un pubblico con profili differenti.

In questi ultimi anni ho scoperto che molte persone sono in sovrappeso moderato, e quindi hanno meno urgenza di dimagrire. Si tratta di individui dal rischio medico ridotto, dall'appetito meno compulsivo, con una vita sociale molto aperta e meno inclini a concedersi troppo spesso piccoli capricci alimentari, come un bicchiere di vino o qualche pezzetto di cioccolato. Sono persone che non hanno ancora maturato una piena motivazione, ma che tuttavia **desiderano dimagrire**, poiché hanno preso coscienza che il loro sovrappeso potrebbe facilmente aggravarsi.

So inoltre che alcune di queste persone, in seguito al disordine generale che ha caratterizzato la loro vita nel decennio precedente, hanno provato a seguire la mia dieta, ma non sono riuscite a portarla a termine perché troppo rigorosa per loro.

È per questa categoria di uomini e donne, la quale ha difficoltà a riconoscersi nel metodo originale, che ho ideato e sperimentato la Scala Nutrizionale di questo mio secondo fronte.

D'ora in avanti non vi offrirò più un solo modo per combattere il sovrappeso, ma due! Il primo, che qualcuno ha voluto descrivere come «maniere forti», e quello che vi racconterò adesso, che chiamerei «maniere dolci». Con questo libro avrete dunque a disposizione tutto ciò che dovete sapere per scegliere la *vostra* strada, ovvero la soluzione ideale *per voi* tra le due strategie.

La mia pratica professionale, cioè ricevere e trattare pazienti nel modo tradizionale, e quindi visitarli e confrontarmi personalmente con i loro problemi, mi ha fatto capire che lottare efficacemente contro il sovrappeso è più che possibile. Ho cominciato da giovanissimo, e in quarantadue anni ho seguito e aiutato un gran numero di persone. In particolare, durante i primi trent'anni di attività, mosso da un'insoddisfazione per tutto ciò che avevo studiato durante la specializzazione in Scienze nutrizionali, mi sono preso la libertà di uscire dagli schemi, così da inventare e plasmare lentamente e con pazienza un mio metodo personale. Poi, con il tempo, i suoi risultati si sono dimostrati talmente efficaci che ho sentito il bisogno di rivolgermi a più persone, di diffondere il mio messaggio attraverso un'opera destinata a tutti.

La dieta Dukan, pubblicato per la prima volta in Francia nel 2000, ha conosciuto un successo vertiginoso, e oggi viene letto in oltre 50 Paesi da circa 35 milioni di persone, tra cui 16 milioni di miei connazionali. I lettori hanno seguito in massa la dieta descritta in quel mio primo volume. Lo dico senza falsi pudori, perché non si tratta affatto di banale vanità, ma della dimostrazione che quell'opera e il metodo che descrive hanno suscitato grandi speranze.

In questi ultimi tempi ho atteso con impazienza ed estremo interesse i risultati dell'inchiesta di ObÉpi-Roche, un istituto che ogni tre anni effettua una ricerca sulla popolazione francese in sovrappeso. Lo studio del 2013 ha evidenziato, per la prima volta, una netta **decelerazione** del fenomeno del sovrappeso e dell'obesità per quanto riguarda il periodo 2009-2012, proprio quello durante il quale in Francia il mio contributo di nutrizionista ha raggiunto il suo apice di diffusione.

Tra la popolazione risparmiata dall'avanzata inesorabile del sovrappeso ci sono obesi che per un terzo, ovvero circa 500.000 persone, hanno più di cinquantacinque anni (dati 2009, *vedi* p. 328). Si tratta della porzione di popolazione francese con il maggiore rischio di malattia. In quanto medico, so che una bella fetta di tale popolazione ha modificato la propria traiettoria di vita, sfuggendo così alla crudeltà di un destino assai sconvolgente, magari senza neppure rendersene conto.

Esiste poi un altro studio, *Obésité*, condotto dal reparto di nutrizione dell'ospedale della Pitié-Salpêtrière di Parigi, che ha osservato l'efficacia della fase di stabilizzazione della mia dieta. Eccovi i risultati: su 4.500 donne che erano riuscite a dimagrire, nel corso del secondo anno il 36% non aveva recuperato peso, e allo scadere del quinto anno ben il 20% di loro poteva considerarsi «guarito» dal tormento del sovrappeso. Un risultato formidabile, soprattutto se confrontato al 3% che emerge dagli studi effettuati nel mondo intero, i quali prendono in considerazione ogni genere di dieta. Il 17% in più! Un progresso senza precedenti e a dir poco incoraggiante!

Quindi sì, lo ripeto, questo è un libro «di guerra». Qualcuno dirà che esagero, ma lo faccio perché comprendiate che c'è in gioco qualcosa di vitale per VOI, ed è fondamentale che riesca a convincervi.

La mia verità, ovvero ciò che ho imparato grazie alla mia esperienza di medico nutrizionista, sempre in prima linea contro il sovrappeso, è che questa guerra, malgrado la sofferenza e la morte che semina, nessuno sembra volerla intraprendere né tantomeno vincere. Pare incredibile, ma nell'odierno contesto mediatico tante delle personalità chiamate in causa non vogliono nemmeno sentir parlare di tale minaccia, e la spiegazione è molto semplice. Come sapete, il nostro mondo globalizzato è in balia dell'economia di mercato, e che cosa porta avanti e sostiene la logica del mercato? Che se una guerra del genere venisse realmente intrapresa e vinta, e se davvero un metodo consentisse a tutti di dimagrire, parte dell'industria agroalimentare, quella che genera e favorisce il ricorso indiscriminato a cibi di facile consumo, nonché una parte dell'industria farmaceutica, quella che si dedica alle conseguenze del sovrappeso, si troverebbero in cattive acque. Inutile sottolineare che questi due settori sono tra i più redditizi e più potenti delle economie occidentali.

L'economia di mercato è pragmatica: i suoi rappresentanti non hanno difficoltà ad ammettere che la risoluzione del problema del sovrappeso migliorerebbe notevolmente il bilancio delle strutture sanitarie, ma aggiungono subito che il danno all'economia nazionale sarebbe di gran lunga maggiore. E purtroppo è vero! Tuttavia, ciascuno di noi è chiamato a scegliere tra i bisogni della crescita economica della società e quelli personali, del benessere individuale e della qualità del vivere quotidiano, dell'immagine di sé, del rapporto con gli altri e con se stessi, dell'autostima, della salute e in definitiva della vita stessa.

Lo ripeto, malgrado talvolta sembri di sbattere contro un muro di ineluttabilità: è proprio facendo leva sul conflitto tra la salute economica e sociale e quella strettamente individuale che possiamo far scaturire una nuova forza, capace di trarre vantaggio da entrambi i fattori. Per esempio, la Coca-Cola ha creato bibite dietetiche adatte alle persone in sovrappeso: la versione Light e la Zero. Anziché limitarsi a prosperare grazie a una bevanda che, com'è noto, ha avuto un ruolo fondamentale nell'esplosione dell'obesità in America, la Coca-Cola ha saputo inventare qualcosa di analogo eppure diverso, senza zucchero né sciroppo di glucosio, e che ha comportato immensi benefici economici per l'azienda. Molti altri produttori stanno seguendo lo stesso esempio, compresi quelli del settore cerealicolo, e ormai commercializzano i loro prodotti in versioni meno dolci, meno salate, meno grasse, senza coloranti o additivi.

Per quanto mi riguarda, mi impegno affinché nasca un'economia che possa arricchirsi grazie alla lotta contro il sovrappeso, una soluzione di gran lunga migliore a un'economia che prospera grazie all'obesità. Ma vado persino oltre: sono ormai anni che lavoro affinché il mio Paese diventi leader nella lotta al sovrappeso, nonché un laboratorio internazionale da cui scaturiscano proposte significative, destinate al miliardo e mezzo di persone in sovrappeso o obese in tutto il mondo. Penso infatti che la Francia, più di ogni altro Paese, abbia l'autorità per diventarlo, in virtù tanto della sua gastronomia, che è un patrimonio culturale dell'umanità, quanto dei suoi grandi cuochi di fama internazionale e della ricchezza di prodotti locali; per non parlare dell'immagine della donna francese, celebrata ovunque per la sua eleganza e la sua linea, oppure del lusso, dell'alta moda e del turismo, che rientrano tra le industrie di maggiore successo mondiale del Paese. Quindi non ho motivo di dubitare che i nostri consigli possano essere ascoltati e abbracciati su scala planetaria.

Ho maturato la decisione di aprire questo secondo fronte quando mi sono reso conto della sua importanza, e precisamente nel passaggio dalla cura diretta e personale dei miei pazienti al rapporto indiretto con loro attraverso le mie opere.

Da tempo sono convinto che il problema del sovrappeso sia ormai tale da non poter più essere controllato con i metodi tradizionali del contatto diretto medico-paziente. In qualche raro caso i pazienti possono ancora trovare un nutrizionista disposto a pilotare il loro dimagrimento, ma non riusciremo mai a trovare i terapisti necessari per seguire i milioni di persone in sovrappeso in tutto il mondo. La piaga che affligge la nostra civiltà, con la sua mole di persone bisognose d'aiuto, può essere affrontata e risolta soltanto attraverso la comunicazione. È stato questo il motivo che mi ha spinto a scrivere il mio primo libro, nell'ormai lontano 2000, quando ancora non immaginavo ottenesse un tale successo di pubblico. Da allora ho rinunciato a visitare soltanto 10-12 pazienti al giorno per dedicarmi, invece, a milioni di persone alla volta che avevano bisogno del mio aiuto.

Occorre tuttavia precisare che per dimagrire con il solo sostegno di un libro, a cui si chiede di fornire tutte le indicazioni necessarie, occorrono determinazione, motivazione ed esigenze specifiche, nonché un carattere e un profilo psicologico particolari. Insomma, non è una cosa da tutti!

Dopo avere capito che il mio metodo iniziale poteva risultare troppo aggressivo, troppo severo e persino troppo rapido per un'ampia categoria di persone, mi sono messo al lavoro per elaborare una strategia differente. L'interesse, l'efficacia e le ripercussioni del secondo fronte sono stati lungamente messi alla prova, e oggi il mio nuovo metodo è pronto e perfezionato nei minimi dettagli. Intendo servirmene per oppormi all'attuale moda del «Basta con le diete!» proveniente dagli Stati Uniti, una tendenza opportunista che riaffiora ogni volta che il successo di alcune diete diventa una minaccia economica per qualcuno. Si tratta di una moda non solo inutile ma anche pericolosa, perché si propone di demotivare chi già fatica ad abbandonare certi alimenti ad appagamento immediato, che sono una facile compensazione per lo stress e le difficoltà della vita.

Ogni giorno uomini o donne obesi di età superiore ai cinquantacinque anni, affetti da diabete o ipertensione, muoiono prematuramente. Alcuni di loro potrebbero essere ancora vivi, se qualcuno non li avesse dissuasi dal dimagrire seguendo una dieta, che è l'unico metodo attualmente conosciuto per ridurre il proprio peso e controllare diabete, ipertensione e altri disturbi legati alla cosiddetta «diabesità».

Lanciata dagli psicologi americani senza alcun valido fondamento, la moda del «Basta con le diete!» trae spunto da due presupposti sbagliati:

• **L'uomo moderno non sarebbe in grado di seguire scrupolosamente una dieta dimagrante**. Tale sforzo lo traumatizzerebbe al punto da indurlo a riprendere immediatamente i chili persi, se non addirittura a sviluppare disordini del comportamento alimentare. I promotori di tale moda americana, così utile all'industria dello zucchero, della farina e del cioccolato da far pensare a un loro coinvolgimento diretto, ripetono pedissequamente la stessa tiritera: un metodo come il mio sarebbe troppo frustrante e troppo difficile da seguire.

In realtà nella dieta Dukan non c'è niente di frustrante, innanzitutto perché i risultati sono lampanti e si manifestano immediatamente, e poi perché chi segue la mia dieta può disporre di 100 alimenti da consumare a volontà. Quelli non compresi nella lista sono permessi in modo selettivo, graduale e mirato.

Molte persone che sono dimagrite grazie al mio metodo sostengono di averlo seguito senza particolari difficoltà. Gli inevitabili cambiamenti che propongo per sbarazzarsi dei chili superflui, a loro volta potenziale causa di handicap di vario genere, vengono accettati di buon grado, perché la gioia che scaturisce dal successo è intensa e gratificante. Dopo la dieta i miei pazienti possono guardarsi allo specchio senza dover più distogliere lo sguardo, perché hanno finalmente ritrovato la forma di un tempo, recuperando autostima e gioia di vivere. Molti esprimono la propria soddisfazione con entusiasmo: «Mi ha cambiato la vita!» Ricorderò sempre le parole di una donna, che mi ha spiegato: «Dimagrire così, sbarazzarsi dei chili di troppo, è molto più gratificante che aggrapparsi agli alimenti rifugio!» Il mio metodo, nella sua forma originaria, è tutt'altro che difficile. Si può seguire agevolmente perché è semplice, rigoroso e coerente.

• **Le diete dimagranti sarebbero pericolose.** Posso tranquillamente affermare che questo non solo è falso, ma che il vero pericolo consiste proprio nell'assenza o nel rifiuto di una dieta efficace, perché l'estrema nocività di sovrappeso e obesità è evidente: se prendiamo una persona con qualche chilo di troppo o addirittura obesa, l'abuso di cibo è una chiara manifestazione di vulnerabilità, e del bisogno di gratificazione alimentare per far fronte a tale vulnerabilità. Chi non ha mai sperimentato la tentazione di placare un eccesso di collera o di lenire un dolore sgranocchiando qualcosa? Per alcune persone questo si trasforma in un meccanismo automatico, una reazione sistematica che mette in pericolo la salute.

Continuo a stupirmi che si debba dimostrare qualcosa di così sensato, oltre che provato scientificamente. Dimagrire, ridurre il sovrappeso, significa sbarazzarsi di un handicap, e non può che migliorare le condizioni di salute. Perdendo peso si abbassa il livello di glucosio nel sangue, si riduce meccanicamente la pressione arteriosa (una minaccia per il cervello e per il cuore) e inoltre si alleggerisce il carico sulle articolazioni (vertebre, anche e ginocchia); infine, scompaiono quasi sistematicamente le apnee notturne, che oltre a rovinare la vita finiscono per minacciarla. Sbarazzarsi del sovrappeso è una misura salvifica quanto smettere di fumare o di bere, ma il peso economico delle lobby agroalimentari è tale, il loro influsso così forte e onnipresente, che si è continuamente costretti a ribadire l'ovvio, ovvero che una dieta dimagrante comporta benefici immensi per la salute.

Come ho detto, con questo libro intendo aprire un secondo fronte nella guerra contro il sovrappeso. Eccone le motivazioni e i relativi vantaggi.

Il primo fronte è quello del metodo da me creato tra il 1970 e il 2000, una dieta a cui le persone che l'hanno adottata hanno deciso di attribuire il mio nome. Nei suoi primi sei anni la dieta Dukan si è diffusa pressoché in silenzio, lontano dai clamori della stampa, attraverso il semplice passaparola e principalmente su quella grande piattaforma di comunicazione che è Internet. Tutte le persone che ne hanno tratto beneficio l'hanno raccontata a loro modo, esprimendosi liberamente, motivate soltanto dalla sincerità e dalla volontà di trasmettere il messaggio.

Dopo questi anni di relativo anonimato, Amazon ha diffuso un comunicato con cui informava che nella classifica delle sue vendite *La dieta Dukan* aveva addirittura superato *Harry Potter*! Allora ero uno sconosciuto, sia per la stampa sia per i media. Ricordo di aver ricevuto subito una ventina di chiamate da giornalisti che volevano sapere a ogni costo chi fossi. Nei sei anni successivi il libro ha continuato a riscuotere lo stesso successo, e intanto mi sono dedicato ad altri testi che, come il primo, diffondevano la buona novella di una dieta efficace come nessun'altra proposta prima. Con il tempo ho cominciato a constatare che forse sovrappeso e obesità, ormai percepiti ovunque come una pandemia per il genere umano, erano mali evitabili. Un miliardo e mezzo di persone in sovrappeso, di cui un terzo obese, non erano necessariamente condannate a restare così per sempre: la marcia del sovrappeso non solo poteva essere rallentata, ma era ipotizzabile proporsi l'ambizioso obiettivo di farle invertire direzione e infine di arrestarla.

L'ondata di entusiasmo sollevata dalla mia dieta ha creato preoccupazione e scontento tra chi la considerava un pericolo per i suoi piccoli o grandi interessi, tanto da creare una vera e propria coalizione. Questo mi ha fatto riflettere, con umiltà e spirito costruttivo.

Dopo molti anni di professione medica ho imparato a riconoscere il modo in cui i miei pazienti pensano e agiscono, benché non ne siano sempre del tutto consapevoli, né abbiano totale padronanza dei propri mezzi. Facendo appello alla mia sensibilità e all'empatia, ho finito per comprendere i loro tratti psicologici.

Quando un uomo o una donna ingrassano, non è mai perché l'hanno voluto. Se i chili superflui diventano troppi, generano un'insoddisfazione che sfiora la sofferenza, senza peraltro far cessare i comportamenti che li hanno prodotti. Per quale motivo e come accade che una donna che all'epoca del suo primo figlio, intorno ai venticinque anni, pesava 65 chili per 1 metro e 65 di altezza accetti di pesarne 10 di più a trent'anni e poi di arrivare a 85, se non addirittura a 90 chili, qualche anno dopo? È un fenomeno che ho potuto constatare spesso durante le mie visite private.

Se la persona che ingrassa tollera tale sofferenza è solo per stemperare un'altra sofferenza ancora più intensa, non così definita e in qualche modo occulta, attraverso un piacere naturale a cui fa ricorso eccessivamente o compulsivamente. A un certo punto giunge il momento in cui il sovrappeso diventa opprimente, e la sofferenza che procura finisce per superare quella soggiacente. La misura è colma e la decisione di dimagrire diventa una scelta obbligata, come un frutto maturo che si stacca dal ramo.

Tenuto conto del profilo emotivo e affettivo delle persone che sono ingrassate affidandosi a questa sorta di stampella alimentare, è indispensabile porsi la seguente domanda: come potranno rinunciarvi? E con che cosa potranno rimpiazzarla?

La risposta del mio metodo, ovvero il primo fronte, è sempre stata che la migliore ricompensa è quella garantita dal successo della propria intraprendenza, ovvero la perdita di peso conquistata con le proprie forze e il conseguente recupero dell'autostima. È per questo motivo che mi sono sforzato di fornire ai miei pazienti un piano di dimagrimento che fosse molto efficace, in particolare all'inizio, in modo da rinsaldare la loro motivazione. Quando persone che pensavano di non potercela fare dimagriscono rapidamente e significativamente, sperimentano orgoglio e rinnovata capacità di volersi bene, e la gioia istantanea procurata dal fatto di essere dimagriti funge da anestetico per le difficoltà dell'impresa.

Tuttavia, oltre agli attacchi faziosi e poco obiettivi che si sono levati dopo il successo del mio metodo, ho anche raccolto messaggi commoventi da parte di persone che si sono fermate a metà percorso, vuoi per la loro ipersensibilità e vulnerabilità, vuoi soprattutto per il contesto culturale del «Basta con le diete!» a cui ho accennato. Tali testimonianze mi hanno toccato, allora mi sono chiesto se **quel rigore che andava benissimo per alcuni non potesse in effetti allontanare altri**, emarginandoli e lasciandoli alla mercé dei mercanti di sogni, che propongono l'abbandono delle diete dimagranti. Ho inoltre prestato ascolto a tutti quelli che, dopo essere dimagriti grazie alla mia dieta, hanno recuperato i chili persi perché non sono riusciti a seguire le sue ultime fasi, e che volevano sapere se potevano riprendere il cammino con l'ardore e la motivazione iniziali.

Infine, non ho certo dimenticato le ragioni delle persone che non si sentivano ancora pronte, o il cui sovrappeso non era tale da spingerle a intraprendere un'iniziativa così radicale. Si tratta di individui che non hanno fretta di dimagrire, non devono far fronte a patologie preoccupanti o, più semplicemente, non hanno la stoffa degli eroi. Sono uomini e donne che provano l'istinto assolutamente umano di lasciarsi tentare, e non possono immaginare di trascorrere due mesi senza bere un po' di vino, senza sgranocchiare cioccolato e senza godersi le gioie della convivialità al ristorante nei fine settimana, sebbene in fondo desiderino perdere peso.

Secondo le mie statistiche personali, elaborate attraverso i questionari inseriti nei miei libri, un lettore su due riesce effettivamente a dimagrire, e nella metà dei casi stabilizza il suo peso. **Il secondo fronte è quindi rivolto a chi non è riuscito a dimagrire, a chi è riuscito a dimagrire ma non ha stabilizzato il suo peso o, ancora, a chi non ha maturato la motivazione necessaria.**

Sono sempre rimasto in contatto con le moltissime persone che si rivolgono a me, e oggi lo sono più che mai. Ci sono pazienti che, dopo avere provato e abbandonato, mi chiedono se possono ripartire con il metodo iniziale, il primo fronte, ricominciando da zero. Vogliono riprovare a combattere il sovrappeso, sono pronti a tornare sul campo di battaglia, perché ora che conoscono il motivo per cui hanno fallito, si sentono più determinati e vogliono farcela. In questi casi le probabilità di successo sono altissime, perché ciò che anima e motiva tali persone è la sfida, il confronto, nonché la convinzione di riuscire.

Non sempre una dieta permette di raggiungere l'obiettivo al primo colpo. E come dimostrano esperienza e statistiche, per chi reagisce alle difficoltà con una tale motivazione, il metodo originale ottiene il risultato sperato; pensate ai fumatori, che spesso riescono a sbarazzarsi della sigaretta soltanto al secondo tentativo.

A ogni modo, ultimamente è una diversa categoria di persone che ha suscitato il mio interesse. Si tratta di quei pazienti per i quali il mio metodo originale è risultato troppo ambizioso, troppo difficile, specie per la fase della vita che si trovavano ad attraversare. La stessa persona che si è dedicata anima e corpo a una certa dieta senza incontrare difficoltà, oggi potrebbe non essere più in grado di farlo.

Inoltre, ho pensato a tutti quelli che fanno troppo affidamento sulla gratificazione alimentare per potervi rinunciare per molti giorni di fila, o a quelli che hanno pochi chili da perdere e per i quali il primo fronte potrebbe risultare fin troppo efficace. In altre parole, ho voluto rivolgermi a chi è più epicureo che stoico!

È per loro che oggi apro questo nuovo fronte, per cercare una riconciliazione e soprattutto per non abbandonarli al potere delle lobby e a tutte le voci che, più o meno intenzionalmente, li spingono a rinunciare senza nemmeno avere provato.

Prima di proseguire vorrei ringraziare i dottori Robert Atkins e Michel Montignac (quest'ultimo scomparso nel 2010), che ho avuto il piacere di incontrare rispettivamente a New York e a Parigi. Questi due nutrizionisti di grande talento mi hanno raccontato della propria vita e della propria lotta contro l'obesità e il sovrappeso. Ho imparato molto dalla loro testimonianza e dalle difficoltà che hanno incontrato cercando di imporre il loro metodo. È un peccato che non abbiano scritto la loro storia e le loro ricerche, perché sono convinto che entrambi abbiano contribuito in modo assai rilevante e innovativo al nutrizionismo del XX secolo.

Il primo fronte, ovvero...

«LE MANIERE FORTI»

La guerra contro il sovrappeso

Se ho utilizzato il termine «fronte» è proprio per calarmi nel contesto di una guerra. Ci sono validissimi motivi per puntare il dito contro le malefatte del sovrappeso, che è ufficialmente considerato dall'OMS il quinto flagello dell'umanità, per questo il mio atteggiamento è quello di un soldato.

L'HO già detto: oggi nessuno ingrassa di proposito. Se con il tempo avete preso un chilo dopo l'altro, o addirittura una decina di chili dopo l'altra, sicuramente non ve lo siete cercato. Forse nella vostra famiglia c'è una tendenza a ingrassare: il fattore genetico è innegabile, ma è parziale e non decisivo. Può anche essere che nella vostra primissima infanzia abbiate avuto uno sviluppo affettivo sufficientemente turbato da causarvi la cosiddetta «vulnerabilità orale»: è ciò che gli psicologi definiscono «via di fuga alimentare», dovuta a una particolare sensibilità all'ambiente e all'incapacità di tollerare lo stress. La somma di questi due fattori, tuttavia, non può in nessun caso giustificare l'esistenza di milioni di persone in sovrappeso.

Da parte mia, sono solito definire questo fenomeno «deficit di felicità». È una vera e propria malattia che si sviluppa crescendo e invecchiando, e che ci condiziona in ogni fase della vita: un numero crescente di noi, infatti, *non è felice.* Lo dico chiaramente, e sono consapevole di affermare qualcosa di poco piacevole, ma poiché una percentuale considerevole della popolazione adulta dei Paesi sviluppati vive in una condizione di sovrappeso, e in molti casi si ritrova imprigionata in un corpo difficile da amare e sopportare, credo sia necessario rinunciare alle motivazioni aneddotiche, personali e aleatorie, evitando di dare la colpa alla mancanza di volontà. C'è bisogno di una spiegazione più generale.

La mia opinione è che il sovrappeso sia soprattutto una questione sociale e comportamentale, prima ancora che nutrizionale. Lo dico sulla base di una lunga esperienza e dopo avere studiato migliaia di casi. È sufficiente menzionare due dati di enorme rilevanza:

- Il fenomeno del sovrappeso è estremamente recente, e prima del 1944 non esisteva in quanto fenomeno di massa, tanto che *non era neppure censito*. Oggi il sovrappeso non è un problema circoscritto geograficamente, lo ritroviamo in tutti i Paesi del mondo, tranne quelli in cui si patisce la fame, ovviamente.
- La piaga dell'obesità è ancora più profonda negli Stati Uniti, ovvero la nazione che ha inventato ed esportato nel mondo il nuovo modello di vita che oggi tutti adottiamo.

Se il fenomeno del sovrappeso è dilagato ovunque e in così poco tempo, le cause non possono che essere strutturali. Infatti, è comparso nel 1944 in un mondo governato dai fattori economici, e poiché il dominio dell'economia fa parte dell'ordine delle cose dobbiamo accettarlo, lasciando però a ogni individuo la possibilità di difendersi e di tutelare i propri figli. Perché possa riuscirci, tuttavia, deve disporre delle informazioni necessarie per scegliere e gestire il proprio avvenire.

Pertanto, quando uso termini come «guerra» e vengo puntualmente rimproverato per il mio linguaggio militaresco, ritengo si voglia deliberatamente mascherare o nascondere il pericolo e la minaccia che si diffondono a macchia d'olio su tutto il Pianeta da oltre mezzo secolo. La Cina, che soltanto quindici anni fa non conosceva le insidie del sovrappeso, oggi conta il maggior numero di abitanti in sovrappeso, nonché (cosa molto più grave) la più forte incidenza di diabete infantile, una malattia che all'epoca in cui studiavo medicina non esisteva nemmeno!

Negli ultimi decenni abbiamo semplicemente cercato di guadagnare tempo, riducendo la preoccupazione di eliminare i chili di troppo a una fantasia o a un capriccio del gentil sesso. Inoltre, nel sovraccarico ponderale dell'obeso abbiamo soltanto voluto riconoscere l'apparenza gioviale del gaudente, di uno che sa apprezzare i piaceri della vita. Intenzionalmente o meno, abbiamo cercato soprattutto di sdrammatizzare il problema, sottovalutandone le conseguenze sanitarie ed evitando di sensibilizzare l'infinità di persone del tutto ignare dei rischi del sovrappeso e dell'obesità.

Del resto, l'obesità non è una patologia come tante altre: nessuno di noi viene al mondo obeso. Molti, invece, finiscono per diventarlo. Ma prima dell'obesità passano immancabilmente attraverso la fase del semplice sovrappeso, per poi superare, senza neppure accorgersene, la fatidica soglia di IMC 29 (indice di massa corporea). Di conseguenza, arrivati a un IMC pari o superiore a 30, tutti quelli che abbiamo sempre considerato dei simpatici gaudenti accedono bruscamente a una nuova categoria, poiché entrano a pieno titolo nel campo della medicina vera e propria, quella a cui è necessario ricorrere in caso di malattie cardiovascolari, diabete o cancro. In pratica ci troviamo di fronte a una popolazione inerme, che dopo essere stata indotta al sovrappeso e all'obesità da produttori e mercanti di zuccheri ad assimilazione rapida, si ritrova nelle mani di produttori e mercanti di farmaci.

Nel periodo 1980-1995 abbiamo assistito al progresso regolare e ineluttabile di sovrappeso e obesità. Nel 1997, quando sono stati proibiti i farmaci anoressizzanti, l'epidemia ha cominciato a diffondersi in maniera sconvolgente, e nel contempo si è dovuto constatare che le diete classiche, quelle a basso apporto calorico, risultavano del tutto inefficaci. In quegli anni le multinazionali dello zucchero, della farina bianca e dei farinacei in generale hanno aumentato i propri guadagni. L'industria farmaceutica, quella che produce i medicinali con cui vengono trattate le complicazioni causate dal sovrappeso, ha ovviamente goduto dello stesso successo. Sicuramente, tutto questo ha influito in senso positivo dal punto di vista economico, garantendo la ricchezza di molti Paesi. Forse è proprio per questo che i responsabili della diffusione del sovrappeso sono stati trattati con una certa indulgenza. Tanto per fare un esempio, sapete che nel mio Paese, la Francia, esiste la Settimana del gusto? Coinvolge persino l'infanzia, a partire dalla scuola materna, «educando» alla golosità proprio in quella fase della vita in cui si è più sensibili emotivamente. E indovinate da chi è sponsorizzata? Beh, dall'industria dello zucchero, ovviamente.

Non possiamo cambiare il mondo e il sistema economico che lo governa, ma è necessario che le aziende, il mondo della medicina e quello della politica capiscano che devono trovare il giusto equilibrio tra cittadino e Stato, tra economia e salute. È questo il cammino da intraprendere, e muoversi in tale direzione è possibile. Come ho detto nell'Introduzione, a livello internazionale noi francesi abbiamo le carte in regola per condurre questa «guerra», che potrebbe rivelarsi il nostro punto di forza.

Per meglio comprendere e seguire il mio secondo fronte, ritengo indispensabile riassumere i principi fondamentali della mia dieta dimagrante originale. Quando l'ho elaborata lottavo contro l'obesità già da diversi anni, e dopo una ricerca lunga e minuziosa ho perfezionato il mio metodo rendendolo più efficace, anche grazie allo straordinario supporto di uomini e donne entusiasti, orgogliosi di poter finalmente risolvere i loro problemi. Cittadini di ogni parte del mondo, cresciuti in culture molto diverse l'una dall'altra e con le più varie abitudini alimentari, si sono tutti affidati alla mia dieta per dimagrire e non riprendere più i chili persi. E se ci sono riusciti loro, potete benissimo riuscirci anche voi! Non solo è auspicabile, ma necessario. È qualcosa di cui sono profondamente convinto.

Una cosa dev'essere chiara: l'apertura di questo secondo fronte non comporta affatto la chiusura del primo! Non intendo sostituire il mio metodo originale, ma affiancargliene un secondo.

Se dopo avere letto e seguito questo libro vi troverete ancora nell'urgenza di sbarazzarvi del sovrappeso, sarà al primo fronte che dovrete ricorrere, almeno per il momento. Tornate quindi a *La dieta Dukan*, dove troverete tutti i miei consigli circa il modo giusto di procedere.

Come qualcuno di voi saprà, il metodo originale è molto semplice. Si tratta di uno spartito da eseguire in quattro diverse fasi: due per dimagrire rapidamente, cosa che risulta piuttosto motivante per raggiungere il Giusto Peso (potete calcolarlo gratuitamente sul mio sito Internet, **www.dietadukan.it**), e altre due per non riprendere mai più i chili persi. A seconda della gravità del sovrappeso, il metodo originale si sviluppa in uno, due o persino tre mesi. Con il senno di poi, vi ritrovo un po' del mio modo di essere: appassionato, integro, che non lascia mai nulla a metà, sempre preoccupato di dare il meglio. È un metodo adatto a un certo genere di pazienti, quelli dal carattere «forte». Garantisce una ricompensa rapida, totale e sufficiente a rimpiazzare la gratificazione e l'appagamento assicurato dagli alimenti che fanno ingrassare. È stato proprio il successo conquistato da queste persone a incoraggiarmi a innovare e a proseguire nel mio cammino.

Nelle indicazioni e nei consigli su cui si basa il secondo fronte ritroverete l'essenza del mio metodo originale, ma orchestrato assai diversamente. Il modo in cui organizzerete i pasti di una settimana si ripeterà finché i 5, 10 o 15 chili di sovrappeso saranno scomparsi. Successivamente, consigli e raccomandazioni per la fase di consolidamento (divisa in due parti) e quella di stabilizzazione si ricongiungeranno alle cosiddette «maniere forti».

I punti chiave del metodo originale

Tanto per cominciare, non ho mai badato al computo delle calorie, perché non mi sono mai ispirato al principio del basso apporto calorico, palesemente inefficace. Ho sempre preferito privilegiare le proteine animali e vegetali (come tofu, seitan e tempeh) e le verdure. Ho inoltre scoperto l'importanza della crusca d'avena e del konjac privo di calorie, e ho poi riflettuto sulla natura umana e sulle attività foriere di felicità, quelle che spesso mancano nella vita delle persone in sovrappeso e obese. Dopodiché ho messo a punto la durata delle quattro fasi: attacco, crociera, consolidamento e stabilizzazione. Dato che per la fase successiva al dimagrimento non era mai stato elaborato nulla, ho voluto prescrivere un'alimentazione equilibrata nel lungo termine, e tre semplici misure preventive da rispettare per il resto della vita.

PER riassumere, ecco i punti chiave del mio metodo, che ritroverete puntualmente anche nel secondo fronte.

✓ Semplicità

100 alimenti a volontà, di cui 72 proteici: carni magre, vitello, manzo (esclusa la cotoletta), cavallo; frattaglie; tutti i pesci e i crostacei; il pollame senza la pelle (escluse anatra e oca); affettati magri, tagli magri di tacchino, pollo e maiale; uova; proteine vegetali (tofu, seitan, tempeh e bistecche di soia); latticini, yogurt allo 0% di grassi e ricotta al 5-6%. E poi 28 verdure: pomodori, cetrioli, ravanelli, spinaci, asparagi, porri, fagiolini, cavoli, funghi, sedani, finocchi, insalate (compresa l'indivia), melanzane, zucchine, peperoni, bietole eccetera.

✓ Naturalezza

Verdure e proteine sono state alla base dell'alimentazione umana dalle nostre origini fino agli anni Quaranta del secolo scorso, e sono tuttora indispensabili e benefiche per il corpo e la salute.

✓ Facilità

Potete mangiarne fino a sazietà, poiché gli alimenti prescritti possono essere consumati **senza limite di quantità**. Inoltre, siete liberi di combinarli come meglio preferite e di consumarli quando volete. Pratico e gradevole, vero? Il piacere dell'abbondanza e della grande varietà di cibi gustosi – a proposito, sono vivamente consigliati spezie e aromi! – vi accompagna quotidianamente.

✓ Solidità

La vostra motivazione a dimagrire poggia su una struttura solida fatta di quattro fasi che si susseguono metodicamente, così da accompagnarvi nel miglior modo possibile. Incoraggiarvi è sempre stata una mia priorità.

✓ Continuità

Poiché preservare il successo della dieta è fondamentale, due delle quattro fasi del metodo originale sono dedicate al consolidamento, e quindi alla stabilizzazione per il resto della vita. È una scommessa, una sfida, e in definitiva la conferma che tutto questo è possibile: avete in mano il vostro destino!

✓ Varietà

Potete disporre di oltre duemila straordinarie ricette, facili da realizzare e provenienti da ogni angolo del mondo. Gustose, originali ed equilibrate dal punto di vista nutrizionale, perché se bisogna dimagrire, meglio farlo con gioia e piacere!

✓ Innovazione

L'aggiunta della crusca d'avena è una delle colonne del mio piano alimentare. Le sue virtù la rendono un alleato indispensabile ed estremamente efficace.

✓ Buonsenso

L'attività fisica quotidiana è soprattutto camminare: 20 minuti al giorno, perché una passeggiata è una vera e propria medicina.

✓ Convivialità

Sostegno e coaching personalizzato si sono sviluppati via Internet. Attraverso il mio sito potete avere istruzioni personalizzate in modo interattivo: la mattina ricevete le consegne del coach, e la sera fornite il vostro resoconto, così da rinforzare quotidianamente motivazione e volontà.

✓ Successo

Un elemento chiave, ovviamente. Grazie all'efficacia e alla rapidità dei risultati ottenuti, il mio metodo è stato impiegato da decine di milioni di persone, e che io sappia non ha mai arrecato danno a nessuno.

Se siete interessati agli aspetti teorici, dovete sapere che a livello metabolico la mia dieta si basa su cinque punti essenziali:

1 **Si distingue nettamente dal sistema delle calorie** così come viene solitamente inteso. Il calcolo matematico delle calorie assunte ogni giorno si basa su un ragionamento semplice, apparentemente logico ma in realtà fallace. Le calorie sono un'unità di misura, e secondo questa definizione l'una vale l'altra, proprio come un grammo di carta o uno di legno hanno lo stesso peso. Questo va bene se parliamo di una caloria isolata, teorica e a sé stante, non di qualcosa che viene concretamente assimilato da un organismo. Ma le calorie esistono unicamente nell'ambito degli alimenti, e il loro effetto si manifesta solo quando vengono metabolizzate nel nostro corpo. Ed è un effetto assai vario! Infatti, un chilogrammo equivale sempre a un chilogrammo, ma dipende di cosa. Supponiamo che io lanci dalla finestra un chilo di piume e poi

un chilo di piombo: quale dei due preferireste ricevere sulla testa?

Per le calorie dei diversi alimenti assimilate nel corpo umano vale esattamente lo stesso principio: non tutte vengono metabolizzate nello stesso modo, quindi non tutte hanno il medesimo effetto.

Gli alimenti vengono digeriti e assimilati dal corpo a seconda della loro composizione fisica e chimica. Ecco perché 100 calorie di zucchero o olio vengono scomposte e finiscono nel sangue con un consumo calorico infimo, 2 o 3 calorie al massimo. Invece, per disintegrare le proteine di una bistecca, estrarne gli aminoacidi essenziali e farli passare nel sangue a uno a uno, il corpo «spende» dieci volte di più, ovvero 32 calorie.

Inoltre, l'apporto calorico passa attraverso alimenti di gusto, struttura e consistenza assai diversi. Non consumiamo nello stesso modo 100 calorie di porri o di cozze e 100 di cioccolato. Le sensazioni sono parecchio diverse, per questo il cervello ci spinge a preferire il cioccolato ai porri al vapore senza neppure pensarci un attimo.

L'aspetto peggiore della faccenda è che gli zuccheri (glucidi ad assorbimento rapido) nel momento stesso in cui arrivano nel sangue scatenano una reazione difensiva che stimola la secrezione automatica di insulina, al che lo zucchero si trasforma in grasso e si deposita nei tessuti adiposi.

Lo ripeto: le calorie dei diversi alimenti non sono tutte uguali!

2 **Il mio metodo individua nei glucidi violenti, rapidi e invasivi** i principali responsabili del sovrappeso, dell'obesità e del diabete, ovvero di quella che oggi viene definita «diabesità».

Perché sciroppi di glucosio, di fruttosio, bibite dolci, farine bianche raffinate, pane bianco, cornflakes, zuccheri, farine dolci, biscotti e simili sono alimenti pericolosi? Per il loro elevatissimo tasso di penetrazione nel corpo (l'indice glicemico), che mette sotto estrema pressione il pancreas, il quale è costretto a produrre ulteriore insulina per proteggere l'organismo. È l'insulina che ci difende dall'aggressore, trasformando gli zuccheri in grassi. Con gli anni il pancreas si logora, non riesce più a produrre l'insulina necessaria e quindi subentra il diabete. Infatti l'essere umano non è *fisiologicamente* in grado di sostenere l'invasione dei glucidi violenti, che gli provocano gravi danni. E la stragrande maggioranza dei prodotti alimentari industriali abbonda proprio di zuccheri.

Voglio insistere su questo punto, quindi chiedo la vostra massima attenzione: sia che scegliate il primo o il secondo fronte, ciò che sto per spiegarvi è fondamentale tanto per il dimagrimento e la stabilizzazione del peso quanto per la tutela della salute in generale.

Se non siete diabetici, il vostro sangue contiene 1 grammo di glucosio per litro. Poiché nel corpo umano ci sono 5 litri di sangue, il glucosio totale ammonta a 5 grammi, ovvero l'equivalente di un cucchiaino di zucchero. Se mangiate un pacchetto di biscotti, assumete oltre 100 grammi di glucidi, che in soli 40 minuti entrano in circolazione nel sangue sotto forma di 20 grammi di zucchero per litro. Se non ci fossero il pancreas e l'insulina, sarebbe sufficiente per mandarvi all'altro mondo per coma diabetico. Da un lato, l'insulina è un ormone salvavita, ma ricordate che il consumo esagerato di zuccheri ad assimilazione rapida fa ingrassare. Quando mangiate pane bianco, cornflakes, purè di patate, pasta ben cotta, miele, oppure quando bevete bibite dolci, ne assorbite il contenuto totale di glucidi violenti, e questo richiede la produzione di un'enorme quantità di insulina, necessaria per eliminare all'istante il pericolosissimo aumento di glucidi nel sangue.

Tanto per cominciare, l'insulina impartisce a tutte le cellule del corpo l'ordine di bruciare subito il glucosio in eccesso, bloccando il ricorso agli acidi grassi presenti nel sangue, che fanno quindi ritorno alle riserve naturali, gli adipociti.

Il secondo effetto dell'insulina è sbarazzarsi urgentemente del glucosio nel sangue. Per riuscire in questa impresa deve affidarsi ai tre recettori disponibili: il fegato, i muscoli e i tessuti adiposi.

Entriamo nei dettagli: il fegato può accogliere il glucosio sotto forma di glicogeno, ma lo spazio disponibile è limitato, e nelle persone sedentarie spesso è già occupato dal glucosio accumulatosi il giorno prima. Lo stesso vale per i muscoli, grandi consumatori di glucosio, purché vengano messi in moto! In caso di sedentarietà, il glucosio non utilizzato ristagna nei muscoli, i quali non possono riceverne altro. Ecco perché il glucosio eliminato dal sangue grazie all'intervento dell'insulina viene quasi tutto convogliato nei tessuti adiposi e trasformato in grassi. Tale «magazzino» ha una capacità di stoccaggio pressoché illimitata, ed è in grado di accogliere oltre un milione di calorie!

3 **Nella mia dieta la quantità di lipidi è ridottissima** a causa della loro ricchezza calorica. I lipidi sono necessari, ma ne bastano pochi: 1 grammo di lipidi fornisce 9 calorie, mentre l'apporto di proteine e glucidi è di appena 4 calorie.

4 **Via libera alle verdure!** Sia nel mio metodo originale sia nel secondo fronte le verdure devono essere consumate non solo a volontà, ma *il più possibile*. Hanno un ruolo essenziale, poiché sono ricchissime di vitamine, sali minerali e fibre, e sono povere di glucidi.

5 **Nella mia dieta le proteine hanno un ruolo centrale e fondante.** Le proteine sono gli alimenti che saziano di più, e richiedono un lungo processo di digestione e assimilazione, cosa che ne riduce l'apporto calorico complessivo. Negli ultimi sessant'anni sono rimaste pressoché le stesse: un uovo del 1944 e uno di oggi sono assolutamente identici, se prodotti secondo i principi di natura, e lo stesso vale per una bistecca di vitello, un filetto di merluzzo, una coscia di pollo, una porzione di gamberetti o di granchio. Inoltre, ricerche finanziate dalla Commissione europea hanno dimostrato che il mantenimento di un peso stabile dipende dall'assunzione di alimenti ricchi di proteine.

Che cosa possiamo constatare? Nella seconda parte del XX secolo il mercato alimentare che è letteralmente schizzato alle stelle è stato quello degli alimenti elaborati a partire dai glucidi, la terza categoria alimentare. Tra questi, come sappiamo, spiccano lo zucchero bianco e la farina bianca ultraraffinata, e soprattutto gli sciroppi di glucosio e di fruttosio, che sono largamente responsabili dell'esplosione dell'obesità a livello planetario. Oggi il pericolo è rappresentato da farinacei dolci, biscotti e simili, nonché dall'incredibile gamma di prodotti di facile consumo il cui indice glicemico, ovvero il grado di penetrazione nel sangue, è un attacco frontale al pancreas, costretto a secernere enormi quantità di insulina. Il glucosio, arma più o meno nascosta di tutta questa gamma di alimenti, è per eccellenza l'ingrediente più energetico, ma è anche un subdolo veleno quando il corpo, assuefatto a uno stile di vita sedentario, non lo consuma quasi più. Inoltre, un pancreas sempre più affaticato riduce la secrezione di insulina, consentendo un pericoloso aumento dell'indice glicemico.

Solo in Francia, per esempio, siamo passati da 1.000 persone in sovrappeso nel 1950 a un milione di casi nel 1960 e a 27 milioni nel 2009. Un vero e proprio uragano sanitario scatenato da due effettori biologici: la **serotonina** e l'**insulina**, la cui combinazione spiega l'intensità del fenomeno.

In definitiva, se guardiamo all'origine di queste due sostanze biologiche vitali, troviamo lo stesso agente causale, la

La serotonina

È un neurotrasmettitore prodotto dal cervello quando adottiamo comportamenti volti a tutelare, direttamente o indirettamente, la nostra sopravvivenza. Quando la produciamo veniamo ricompensati da una sensazione di piacere, una sorta di ricarica della voglia di vivere. Se la serotonina scarseggia non ne siamo consapevoli, ma percepiamo un vago malessere che, in modo altrettanto inconsapevole, ci spinge ad adottare comportamenti tali da compensarne la carenza. Ecco perché, sebbene ingrassare non ci piaccia affatto, siamo istintivamente attratti da alimenti più gratificanti, quelli che stimolano la massima produzione intracerebrale di serotonina.

L'insulina

Agisce in modo diverso dalla serotonina. Questo ormone viene prodotto dal pancreas per mantenere il glucosio nel sangue a un livello di sicurezza per gli organi irrorati dal sistema cardiocircolatorio. L'invasione di alimenti ricchi di glucidi violenti, a cui l'uomo e il suo pancreas non sono fisiologicamente predisposti, induce una secrezione continua e crescente di insulina, a sua volta responsabile dei chili superflui e del diabete, specie per chi è venuto al mondo con un pancreas fragile.

medesima responsabilità, un solo colpevole: i glucidi violenti, ovvero gli zuccheri ad assimilazione rapida. Tutti gli alimenti che li contengono (zucchero, farina raffinata, cornflakes, torte, caramelle, barrette e dolcetti vari, bibite gassate, purè eccetera) sono tossici come l'alcol e il tabacco, ed esattamente come questi due veleni continuano a essere sfruttati e commercializzati su larga scala grazie alla potente azione delle lobby agroalimentari.

Inoltre, tali alimenti «non umani», che alle papille appaiono deliziosi, producono sensazioni che il cervello gestisce attraverso i medesimi circuiti di ricompensa che veicolano quelle generate dalle droghe pesanti. I neuroscienziati sanno bene che gli zuccheri ad assimilazione rapida producono dipendenza. Ce ne serviamo per far fronte al malessere, all'insoddisfazione e alla sofferenza, e questo spiega perché gli alimenti zuccherati ed emotivamente gratificanti facciano ingrassare soprattutto le persone più vulnerabili, o quelle che devono reggere situazioni stressanti.

Infine, a parità di valore calorico questi alimenti sono tra i più economici, ed è proprio questo il motivo per cui l'obesità colpisce soprattutto le classi deboli, che hanno più bisogno di altre fonti di piacere intenso e a buon mercato. E così il cerchio si chiude.

Considero dunque lo zucchero e i glucidi violenti i principali responsabili non solo dell'epidemia dell'obesità, ma anche di quella del diabete, due patologie da sempre studiate e classificate in modo diverso, e che hanno palesato la loro contiguità in seguito a una crescita folgorante e concomitante della loro insorgenza. Obesità e diabete, infatti, condividono origine e causa: la loro evoluzione dipende dalle condizioni del pancreas.

Se la vostra eredità genetica vi ha regalato un pancreas resistente, il consumo eccessivo e continuato di zuccheri vi porterà al sovrappeso e, se non intervenite, anche all'obesità. Se invece il vostro pancreas è geneticamente vulnerabile, con una predisposizione al diabete, oltre a ingrassare diventerete diabetici.

Quando obesi e diabetici, abituati da tempo all'abuso di zuccheri, giungono alla cinquantina, il loro corpo, ormai sfiancato, comincia a deteriorarsi. In genere è questa la fase della vita in cui possono manifestarsi le complicazioni più gravi del sovrappeso: danni al sistema cardiovascolare, aumento della pressione arteriosa con rischio di AVC (accidente vascolare cerebrale), cancro, apnee del sonno, artrosi, insufficienza renale e dialisi, rischio amputazioni, cecità…

Istruzioni d'uso del primo fronte

Il mio metodo originale si divide in quattro fasi: le prime due fanno dimagrire facendo leva su una motivazione forte che porta a grandi passi verso il Giusto Peso, mentre le altre due servono a non riprendere mai più i chili persi.

1 **La fase d'attacco** dura mediamente 4 giorni (da 3 a 7, a seconda del peso da smaltire). Prevede 72 alimenti naturali, ricchi di proteine e da consumarsi a volontà. Ci sono i tagli magri di manzo e vitello, tutti i pesci e i crostacei (senza nessuna eccezione), il pollame senza pelle (esclusi i volatili a becco piatto, come anatra e oca), le uova, gli affettati magri di tacchino, pollo e maiale, i latticini allo 0-5% di grassi e le proteine vegetali come il tofu, il seitan e il tempeh. A questo si aggiungono 1 cucchiaio e mezzo di crusca d'avena e 20 minuti di camminata al giorno.

I risultati sono folgoranti: nel caso di un sovrappeso di 5 chili se ne perde subito 1 e mezzo, mentre per un sovrappeso superiore ai 25 chili se ne perdono 5. La rapidità con cui si ottiene tale successo è molto incoraggiante, e rappresenta un contributo solido e duraturo alla motivazione del paziente, determinato più che mai a proseguire.

2 **La fase di crociera** inizia immediatamente dopo la fase d'attacco, e prevede l'introduzione di tutte le verdure, tranne le amidacee. Si dimagrisce al ritmo di 1 chilo a settimana, fino al raggiungimento dell'obiettivo prefissato.

La crusca d'avena aumenta a 2 cucchiai al giorno e la camminata a 30 minuti. In caso di ristagno dei lipidi, sarà necessario camminare un'ora al giorno per 4 giorni. Un esempio: se vi proponete di perdere 10 chili avrete bisogno di 4 giorni di fase d'attacco per smaltire i primi 2 chili, e 8 settimane di fase di crociera per ottenere il risultato desiderato. E tutto questo in un paio di mesi!

3 **La fase di consolidamento** comincia il giorno stesso in cui si raggiunge il Giusto Peso. L'obiettivo è evitare a ogni costo di ingrassare di nuovo, ovvero il famoso fenomeno del «rimbalzo». Questo risultato si può ottenere ampliando la gamma alimentare quanto basta per non continuare a dimagrire, ma non così tanto da recuperare i chili persi.

La durata della fase di consolidamento è proporzionale alla perdita di peso: 10 giorni per ogni chilo smaltito. Per esempio, dopo avere perso 10 chili avrete bisogno di 100 giorni di consolidamento, e questa fase si divide in due parti uguali. Tornando all'esempio precedente, sono quindi due fasi da 50 giorni ciascuna. Nella prima, il consolidamento avviene associando i seguenti alimenti:

- Proteine, sempre autorizzate a volontà e quanto necessario.
- Verdure, anche queste a volontà, e non solo quanto necessario ma il più possibile.

A questi si aggiungono:

- 1 frutto al giorno (tutti tranne uva e banane).
- 2 fette di pane integrale o semintegrale.
- Una porzione da 40 grammi di formaggio (se possibile, che non superi il 45% di grassi).
- Una porzione da 180 grammi di alimenti amidacei (peso da cotti): pasta al dente, riso integrale, semola, lenticchie, fagioli bianchi o ceci.
- Da evitare, invece, patate, riso bianco e pasta troppo cotta (i cui glucidi invasivi scatenano la secrezione di insulina e il conseguente accumulo di grassi).
- Infine, un «pasto della festa» a settimana, che può consistere di un antipasto a scelta, un piatto principale a piacere, un dessert, un bel bicchiere di vino o di birra. Attenzione: durante questo pasto è tutto permesso, senza però consumare due volte la stessa pietanza.

La seconda parte della fase di consolidamento è strutturata in modo analogo, ma con qualche concessione in più:

- 2 frutti al giorno (invece di uno solo).
- 2 porzioni di amidacei (anziché una).
- 2 «pasti della festa» a settimana (e non solo uno).

La fase di consolidamento comprende tutti gli alimenti, ed è un modello di alimentazione umana ideale. Questa fase è simile alla cosiddetta «dieta cretese», ovvero alla tipica alimentazione mediterranea. Se fosse presa a esempio da tutti, non solo chi è dimagrito non ingrasserebbe di nuovo, ma chi gode del peso forma lo conserverebbe facilmente.

4 **La fase di stabilizzazione** è l'ultima del mio programma, e richiede una buona capacità di gestire l'autonomia e la totale libertà alimentare appena recuperata. È nel contempo la fase più importante, perché garantisce il mantenimento del Giusto Peso, e la più vulnerabile, perché segna il passaggio da un sistema di regole ben definito, con una struttura rigidamente codificata, a tre semplici misure, così elementari da poter essere adottate per il resto della vita.

L'unico modo per sconfiggere il sovrappeso è non ingrassare di nuovo, poiché chiunque debba dimagrire, compresi i più obesi, almeno una volta nella vita ha già smaltito i chili di troppo. Si tratta quindi di seguire il modello di alimentazione umana ideale rappresentato dagli alimenti della fase di consolidamento.

È questa la piattaforma su cui ripiegare in caso di pericolo, ovvero in presenza di eccessi alimentari che mettono a rischio la stabilità del peso raggiunto.

Dovrete rispettare tre semplici misure, che garantiscono il migliore rapporto restrizione-efficacia:

- Il **giovedì di proteine pure**, ovvero un giorno a settimana in cui assumere esclusivamente proteine, così da tutelare gli altri sei e stroncare alla radice qualsiasi squilibrio. Non rispettare il giorno di proteine pure significa trasgredire, e quindi smarrire la strada. Farne una regola, invece, assicura la padronanza della situazione.

- **20 minuti di camminata al giorno**, più la rinuncia all'ascensore, a cui vanno preferite le scale. Si tratta di mantenersi attivi e opporsi a uno stile di vita sedentario e passivo.
- **3 cucchiai di crusca d'avena al giorno**. Una scelta virtuosa, indolore e molto utile.

Queste tre misure, oltre a rappresentare una sorta di rituale, sono estremamente efficaci senza richiedere particolari sacrifici. Rinforzano la motivazione e non mettono a rischio il Giusto Peso. In sostanza, sono una sorta di «kit di controllo» della situazione.

È entusiasmante constatare che le persone che rispettano tali misure non riprendono più i chili persi. Spesso, anzi *molto* spesso, finiscono per rendersi conto che il loro centro di gravità alimentare si è spostato sulle verdure e sulle proteine. Non hanno più fame di amidacei, zuccheri o grassi, e questo accade in tutta serenità, seguendo la dieta un giorno dopo l'altro, e anche una volta riconquistata la piena libertà. L'ampia gamma di alimenti accuratamente distribuiti nelle diverse fasi si trasforma in qualcosa di acquisito dal punto di vista sia pratico, sia teorico.

Malgrado le frequenti sollecitazioni di una vita professionale e sociale attiva – pensiamo per esempio ai pranzi e alle cene di lavoro, oppure alle grandi rimpatriate di famiglia –, chi ha seguito la mia dieta sa come aggirare gli ostacoli ed evitare gli eccessi, integrando nella propria settimana il rituale del giovedì di proteine pure, garanzia di mantenimento del peso ottenuto.

Ora conoscete l'essenza del mio metodo originale. Nel secondo fronte troverete gli stessi principi, però applicati nel corso della settimana o delle settimane necessarie per raggiungere il Giusto Peso, e a cui seguiranno la fase di consolidamento e di stabilizzazione. Ritroverete anche i tre consigli del kit di controllo del vostro peso.

Il piacere e la serotonina

Ho per voi qualcosa di importante, un regalo eccezionale. Leggete le prossime pagine, e vi assicuro che il corso della vostra esistenza cambierà. Vorrei fermarmi un istante a riflettere con voi su un aspetto della vita umana a cui attribuisco importanza assoluta, un punto su cui ho molto riflettuto e che mi ha portato a grandi scoperte sia riguardo alla mia personale lotta contro il sovrappeso, sia soprattutto alla mia comprensione del mondo e alla mia filosofia di vita. È qualcosa che desidero condividere con voi, e di cui sarete liberi di servirvi come meglio crederete.

SONO convinto che quanto sto per dirvi vi aiuterà a vivere meglio, specie nel contesto di una problematica come quella del sovrappeso, che spesso è sintomo di un'insoddisfazione latente.

La natura umana, che ci appartiene invariabilmente e sotto ogni aspetto (corporeo, fisiologico, fisico, mentale, affettivo, psicologico, spirituale), non è stata programmata per vivere nel mondo destinato ad accoglierci. Oggi quando una madre dà alla luce un figlio fa nascere un cucciolo d'uomo che le leggi dell'evoluzione hanno predisposto a sopravvivere nell'ambiente originario della nostra specie. Il suo «marchio di fabbrica» è la capacità innata di vivere in un contesto naturale «difficile», che bisogna continuamente affrontare per vincere, perché è in gioco l'esistenza stessa. È un mondo in cui l'alimento è raro e non si concede facilmente; un mondo senza antibiotici, senza cemento armato né armi automatiche, senza telefoni né TV, senza ospedali né reparti maternità, e senza copertura sanitaria, per non parlare poi di cinema, locali serali o social network! E per quello che ci riguarda più da vicino, ovvero l'alimentazione, è un mondo totalmente privo di zucchero e di supermercati, cioè quei luoghi in cui il cibo abbonda al punto da costringerci a compiere uno sforzo opposto all'istinto naturale: non dobbiamo più lottare per procurarcelo ma per rifiutarlo.

C'è stata un'epoca lontana in cui la vita era rischiosa, avventurosa. Nessuno si svegliava con la certezza di potersi rimettere tranquillamente a dormire la sera, perché la vita degli esseri umani era alla mercé di una semplice ferita infetta, di un parto difficile, dei patimenti della fame o del freddo. Tuttavia, un mondo così povero di certezze regalava l'immenso piacere della caccia e della raccolta di frutti e bacche, nel cuore di una natura vergine e sontuosa, e le comunità erano legate dalla solidarietà necessaria per assicurare la sopravvivenza di tutti gli individui, i quali vivevano in una sorta di famiglia allargata. Nel cuore di una tale esistenza collettiva c'era il compagno della vita, la cui presenza era resa indispensabile dal magnetismo della differenza sessuale. Per non parlare, ovviamente, dell'attaccamento ai figli e ai genitori, un aspetto fondamentale nella continua e pressante necessità di garantirsi la sopravvivenza.

Gli esseri umani vivevano in gruppi in cui ciascuno eccelleva in ciò che sapeva fare meglio, in cui la coordinazione tra individui consentiva di mantenere la rotta, sebbene ogni comunità fosse semplicemente un esile battello in balia delle onde. C'era un capo, che era semplicemente il più forte nei combattimenti; un *uomo della medicina*, ovvero un guaritore che conosceva le proprietà terapeutiche dei gesti e delle piante; uno stregone, capace di parlare alle divinità e alle forze invisibili; una sorta di giullare, capace di far ridere, cantare, danzare e mimare; e infine i cacciatori, che conoscevano il linguaggio degli animali e li uccidevano soltanto per sopravvivere, ringraziandoli per il dono del loro corpo. Si trattava di comunità in cui il senso di appartenenza era rivendicato con una sorta di gelosia, poiché rappresentava una certezza pressoché biologica, al di fuori della quale l'insicurezza era assoluta e la morte pressoché certa.

Gli elementi che caratterizzavano il vivere umano erano quelli dell'habitat, immenso, naturale e completamente a disposizione, come il cielo e il mare. Un habitat in cui si cercava protezione attraverso insediamenti che tutelassero persone e cose importanti, protezione senza la quale non si sarebbe potuto dormire sonni tranquilli.

C'era il corpo, vissuto e utilizzato come strumento primario di sopravvivenza, tramite cui nutrirsi, proteggersi e difendersi; un'arma e un mezzo a cui era piacevole fare ricorso, e il cui possesso aveva qualcosa di sacro. Un corpo necessario, imprescindibile.

Una natura ostile, ma che offriva nutrimento ed era culla e sudario nello stesso tempo, cornice sontuosa popolata di predatori e di prede. Una natura a cui si sentiva di appartenere, e che si condivideva con animali, piante ed elementi.

Il bisogno di giocare e di ridere, qualcosa di tipicamente umano: passare del tempo insieme per divertirsi e imparare a vivere.

Infine, l'immenso e imponente bisogno del sacro, una tensione che ha elevato gli uomini primitivi dotandoli del bisogno fisico di credere a un universo governato da potenze invisibili benché palpabili, un universo la cui vita era retta dalla magia. Tale bisogno irrazionale caratterizzava l'animo umano, ed era irrinunciabile come il battito del cuore. Tutto veniva interpretato in funzione delle credenze, senza che ci fosse bisogno di provare alcunché. La percezione del magico ha spinto l'uomo primitivo a erigere i suoi totem, a elaborare tabù, a sottomettersi alla forza delle tempeste, dei venti e delle piogge, nonché ai comandamenti degli dei, che bastava implorare ed evocare perché l'angoscia della morte si attenuasse.

Spingendo lo sguardo nel passato, possiamo constatare con facilità come l'uomo abbia vissuto in una dimensione febbrilmente sacra. Si è accostato a forze tanto riverite quanto inquietanti attraverso un bisogno parallelo, sincrono, subendo l'attrazione, se non il fascino biologico e cerebrale, del linguaggio della bellezza, fino a sentire la necessità di impregnarsi di tutto ciò che è bello, di saperlo riconoscere e, per alcuni, persino di crearlo. La bellezza dà una dimensione spirituale a tutto ciò che riesce a toccare.

Ma eccolo, il nostro uomo: il Sapiens Sapiens, ovvero tutti noi.

È l'essere vivente emerso duecentomila anni fa dalla fucina dell'evoluzione delle specie, e con caratteristiche talmente eccezionali da porlo all'apice del progresso delle forme viventi. Per centonovantamila anni ha continuato a riprodursi in un mondo in cui resistevano e proliferavano solo gli individui dotati del più forte istinto di sopravvivenza, di una grande forza interiore e di una sorta di furioso istinto di conservazione.

Gli uomini che vengono al mondo oggi sono programmati allo stesso modo per rispondere a quei medesimi istinti, e si caratterizzano per comportamenti di ricerca del piacere, che viene ottenuto solo una volta raggiunti gli obiettivi atti ad assicurare la sopravvivenza dell'individuo e della specie.

Ho fame, mangio, assaporo il cibo e sopravvivo. Amo una donna, traiamo piacere dal nostro amore, mettiamo al mondo altri esseri umani e garantiamo la continuità della specie. Queste istruzioni per l'uso, la sincronicità delle nostre azioni, è orchestrata a livello cerebrale sotto forma di una magnifica sinfonia neuronale. C'è anche un direttore d'orchestra che mi piace chiamare **pulsar vitale**: si tratta di un trasmettitore primordiale racchiuso nella profondità del cervello arcaico. Comincia a pulsare molto presto, nell'ambiente confortevole e sicuro del grembo materno, e non smette mai, tranne nei casi di patologia depressiva.

Attenzione: non sto parlando di un uomo qualunque, virtuale o teorico. Sto parlando di ciascuno di voi.

È la pulsar vitale a emettere il segnale che distingue un uomo vivo da uno morto (o da una persona gravemente depressa): si tratta di un'energia vitale che viene percepita e vissuta come voglia di vivere. Tale energia o pulsione stimola una decina di **comportamenti di ricerca della ricompensa**, il cui scopo primario è aiutarci a vivere. Il loro compito, infatti, è quello di condurci alla produzione di una particolare forma di ricompensa chiamata **piacere**, che viene percepita in maniera diversa in funzione degli obiettivi dei suddetti comportamenti.

C'è un'enorme differenza tra piacere alimentare, piacere sessuale, una passeggiata nel bosco o la lettura di un bel libro, ma indipendentemente dal tipo di piacere provato e dal percorso seguito per ottenerlo, portano tutti a Roma! La loro missione è comune, fondamentale e basilare, eppure soltanto una ventina d'anni fa non se ne sapeva nulla: stimolare il cervello affinché produca quel fantastico mediatore chimico che è la **serotonina**, ovvero la pietra angolare della struttura umana, poiché garantisce il gusto, la voglia e il bisogno di vivere.

In che modo viene portata a termine una missione di tale importanza?

> La pulsar vitale fornisce l'energia, attiva i comportamenti di ricerca che ci spingono a perseguire specifici obiettivi che, una volta raggiunti, scatenano la produzione di serotonina, completando così il cerchio in direzione della pulsar stessa, la quale viene dunque ricaricata e può continuare a mantenerci in vita.

È questa la modalità d'esistenza dell'essere umano, ed è per questo che siamo vivi oggi, adesso.

Dopo circa centonovantamila anni di esistenza «naturale», l'uomo ha scoperto che invece di cacciare gli animali poteva allevarli. Allo stesso modo, ha imparato a coltivare i frutti della terra anziché limitarsi a raccoglierli. Si è così concretizzato un altro stile di vita, più sicuro, e tale da garantire un'esistenza più lunga.

La comunità umana ha superato l'urgenza di assicurarsi la sopravvivenza difendendosi o attaccando continuamente. Il cervello ha cominciato a svilupparsi e a organizzarsi, così da favorire il progresso e compiere scoperte semplici ma fondamentali come la ruota, la vela, l'arco, il metallo o il giogo, tutti strumenti che hanno progressivamente facilitato la vita quotidiana.

Facendo un salto in avanti arriviamo al 1944, epoca in cui scienza, tecnologia, comunicazioni, trasporti e medicina producono una vera e propria rivoluzione, altrettanto importante di quella del Neolitico, che aveva segnato la fine della vita primitiva. Questa rivoluzione introduce l'umanità in un mondo governato dai principi economici, il cui primo comandamento è la crescita. In cambio di comodità e spettacolo, gli individui rinunciano a tutto ciò di cui avevano goduto finora in favore delle società a cui appartengono. Le priorità sociali eclissano quelle dei singoli, e i principi fondanti dell'essere umano si indeboliscono.

Se il modello di funzionamento dell'animale umano si basa sulla produzione di una quantità sufficiente di serotonina, senza la quale non prova piacere né voglia di vivere, il modello delle società attuali poggia sul bisogno di crescita economica infinita.

Per assicurare tale crescita, le nostre società devono produrre ogni anno più beni e più ricchezze di quello precedente. E affinché tale produzione possa essere assorbita è necessario che i cittadini consumino tutto ciò che viene prodotto. In una società retta da motivazioni esclusivamente economiche continuiamo a far parte del nostro gruppo, beneficiando dell'abbondanza di beni a condizione di svolgere il nostro ruolo di consumatori. Parrebbe non solo possibile, ma del tutto legittimo, se non fosse che l'essere umano non è programmato per svolgere questo ruolo e subire il destino che ne consegue. In ciascuno di noi, infatti, c'è qualcosa di più profondamente umano! Per questo la società deve necessariamente condizionarci, per costringerci in un ruolo che garantisca la sua continuità. In tale contesto di sordo bombardamento ritroviamo la problematica del sovrappeso, effetto collaterale del processo attraverso cui veniamo continuamente plasmati, e che ha luogo sotto il fuoco incrociato di una doppia pressione.

La prima, come sappiamo, è quella che ci spinge a consumare attraverso un martellamento continuo e quotidiano. Gli strumenti impiegati sono la pubblicità, il marketing, il packaging, il lobbismo, i suoni, le immagini, le scritte, la seduzione, il sesso, il divertimento, i giochi, i concorsi, gli opinionisti, la televisione e i media in generale. Ecco perché a volte ci ritroviamo, senza neppure volerlo o averne bisogno, in un viaggio organizzato in Thailandia, preoccupati soprattutto di rispondere alle chiamate sul nostro secondo cellulare mentre sorseggiamo una delle tante bibite note e presenti ovunque. L'esperienza dimostra che, nella stragrande maggioranza dei casi, l'uomo finisce per cedere e assumere il ruolo di consumatore, e spesso è persino convinto che questo sia il progresso e faccia parte della grande marcia della storia dell'umanità.

La seconda è un altro genere di stimolo, di carattere più dissuasivo, un incitamento sociale negativo che ci spinge semplicemente a distaccarci da ciò che è innato in noi e che potrebbe renderci felici. È una pressione continua, latente e tuttavia incalzante, che si presenta sotto le mentite spoglie del benessere dell'uomo moderno, e che per sua stessa natura è cinica, immorale e quindi inconfessabile. Perché? È ovvio: le soddisfazioni naturali sono gratuite, e se seguissimo soltanto l'istinto cercheremmo altre soddisfazioni, semplici ma dense e profonde, le quali ci allontanerebbero dal ruolo di consumatori che la società vorrebbe svolgessimo.

Ma cos'è successo realmente nel 1944?

In virtù degli accordi di Bretton-Woods, quell'anno è stato sancito un nuovo patto monetario ed economico che ha completamente trasformato la condizione umana: i bisogni collettivi della società hanno cominciato a prevalere su quelli dell'individuo. Da quel preciso momento tutto è stato organizzato per far fiorire un nuovo genere di società, non l'individuo, che non potrà sopravvivere se non producendo e consumando in continuazione e sempre di più.

Concentriamoci per un istante sulla nuova equazione che regola questa nostra epoca. Riguarda tutti, ma soprattutto chi ha un problema di sovrappeso.

La società, attraverso la viva voce delle industrie, ci propone un'immensa gamma di beni di consumo, compresi quelli del settore alimentare. Se da un lato tali beni ci procurano soddisfazione, dall'altro non possiamo che constatare come producano un genere di felicità superficiale ed effimera, a cui ci abituiamo talmente in fretta da sviluppare dipendenza. Questo ha un risvolto tutt'altro che trascurabile: tale pressione, infatti, entra in accesa e continua competizione con le soddisfazioni attese dai nostri recettori cerebrali al fine di secernere serotonina, la nostra «ragione di vita biologica».

Mentre scrivo queste righe mi domando se non mi stia spingendo un po' troppo verso riflessioni che potrebbero sembrarvi estranee alla concreta questione del dimagrire, e quindi alla scoperta del mio secondo fronte contro il sovrappeso. Tuttavia, a pensarci bene non credo affatto vi stiate annoiando: in altri libri ho sollevato questo dibattito, e con grande sorpresa del mio editore ho poi constatato che spesso i lettori me ne sono riconoscenti. Ricorderò sempre un episodio che, almeno per il sottoscritto, è stato particolarmente significativo. Ero stato invitato a partecipare a una trasmissione televisiva di una nota emittente generalista, in un orario di massimo ascolto. Qualche istante prima di andare in onda, l'assistente di scena mi si è avvicinato e mi ha detto: «Dottor Dukan, la pregherei di evitare le frasi troppo lunghe, e soprattutto, mi permetto di insistere, si esprima come se si rivolgesse a dei bambini di cinque anni...»

Mi ribello e mi indigno di fronte a quella che Salvador Dalí amava definire «cretinizzazione delle masse», quindi voglio credere che approfondire questi argomenti non vi faccia paura, specie se espressi con semplicità. Consentitemi dunque di proseguire, e se non doveste sentirvi coinvolti da quelle che sono le ragioni più intime, e quindi più forti, che vi hanno indotto ad affrontare il problema del sovrappeso (insieme ad altri milioni di persone), siete liberi di passare direttamente alla presentazione del secondo fronte.

Quello che ho appena spiegato è direttamente collegato alla funzione della serotonina. È una scoperta relativamente recente, di cui non abbiamo ancora compreso bene tutte le implicazioni, tuttavia è sufficiente a indicarci la strada da seguire e i comportamenti da osservare per continuare ad avere voglia di vivere, e di vivere felici. Una persona che ha perso la voglia di vivere non potrà mantenersi in salute a lungo, e se tutti gli individui di una specie vengono colpiti da questo grave malessere, la specie stessa rischia l'estinzione.

In che modo siamo programmati per continuare a vivere? Grazie a un sistema semplice e geniale che l'evoluzione ha continuato a sfruttare in ogni ambito del regno animale: il gioco dell'attrazione e della repulsione.

La serotonina ha una funzione chiave nell'ambito del sistema cerebrale con cui vengono ricompensati gesti e comportamenti che tutelano la vita e nel contempo rinforzano la voglia – biologica, metabolica, fisica, emotiva, affettiva – di vivere. Mangiare, amare, creare, muoversi, giocare, entrare in contatto con la natura, sentirsi a proprio agio, credere, avvicinarsi alla bellezza, appartenere a un gruppo: sono tutti comportamenti che, in modo più o meno diretto, proteggono l'esistenza e ci allontanano da rischi e pericoli che invece la minaccerebbero o ne intralcerebbero il corso. Adottandoli proviamo soddisfazione. Una soddisfazione che potrà variare a seconda del cammino scelto, ma che ha sempre il medesimo effetto: la secrezione della serotonina, che a sua volta ricarica la batteria della pulsar vitale.

Per contro, tutto ciò che indebolisce, provoca disagio o minaccia la vita genera una sensazione spiacevole e sgradevole come l'ansia, la quale può diventare dolorosa e persino intollerabile, tanto da spingerci a rinunciare ai gesti e ai comportamenti che la producono, così da tornare, finalmente, a ciò che invece distilla serotonina. Per essere ancora più chiaro, mettiamola in questi termini: maggiore è la quantità di serotonina prodotta dal cervello, più soddisfacente risulta la vita. E più abbiamo voglia di vivere, più siamo felici.

Sfortunatamente, nessun essere umano può indurre il cervello a secernere serotonina tramite il semplice esercizio della volontà. Occorre un fattore scatenante, ovvero quei comportamenti che fanno parte della nostra eredità genetica e culturale e che ci fanno ottenere risultati che a loro volta attivano il cervello, facendogli secernere serotonina.

Se optiamo per questo genere di comportamenti, non è perché intendiamo procurarci a tutti i costi la preziosissima serotonina. Dopotutto, si tratta di un processo che non siamo tenuti a riconoscere o a capire. Il motivo è molto più semplice: stiamo cercando quella sensazione favolosa e magnetica che chiamiamo «piacere».

È una sensazione appositamente «inventata» dall'evoluzione per spingerci ad adottare comportamenti che tutelano il progetto vitale di cui siamo espressione. In modo del tutto simmetrico, la sofferenza serve ad allontanarci da ciò che può minacciarlo.

Dove voglio arrivare? Qual è il rapporto con il problema del sovrappeso, e con il vostro sovrappeso in particolare? Ebbene, se volete dimagrire e soprattutto non ingrassare di nuovo, è proprio questo il nocciolo della questione, l'aspetto più concreto e decisivo.

Tutto ciò che riuscirete a imparare al riguardo garantirà il vostro successo. Scoprire come funziona il vostro cervello vi aiuterà a vivere meglio, perché in fondo è questa la centrale operativa della felicità!

Spero di essere stato chiaro sull'esigenza di operare una netta distinzione tra le priorità economico-commerciali della società e quelle dell'individuo. Se da un lato la nostra società può sopravvivere a condizione che consumiamo, tutti noi in quanto individui possiamo sopravvivere solo se ne sperimentiamo il bisogno biologico. Alle origini del problema c'è dunque tutto ciò che la società mette in moto, l'insieme degli strumenti di pressione di cui dispone per costringerci ad accettare di barattare le soddisfazioni più autentiche, semplici, naturali e adeguate alla «fisiologia della felicità umana» con quelle superficiali, artificiali ed effimere del consumismo, e in definitiva incapaci di produrre la serotonina di cui abbiamo bisogno per vivere.

I dieci pilastri della felicità

Nella mia carriera di medico nutrizionista ho incontrato migliaia di pazienti in sovrappeso o obesi che avevano usato troppo o male gli alimenti per colmare mancanze o compensare insoddisfazioni. Nella stragrande maggioranza dei casi, questo processo era del tutto inconscio, quindi i pazienti non me ne parlavano, attribuendo invece il sovrappeso a cause ormonali o genetiche, a un eccesso di golosità o alla pura e semplice mancanza di volontà.

NEL corso degli anni, durante i quali ho interrogato e soprattutto ascoltato a lungo i miei pazienti, mi sono spesso trovato di fronte a vite piene di ostacoli, avversità, contrasti, difficoltà di coppia, carenze affettive, isolamento sessuale, talvolta problemi economici, lavori insoddisfacenti o privi di gioia, un ambiente vitale povero o ancora la sensazione di non essere amati. Allora ho voluto orientare e perfezionare i miei colloqui, in modo da trovare conferma di tali indizi e magari reperirne altri.

Oltre alle due grandi, classiche fonti di soddisfazione e appagamento – il piacere alimentare e quello sessuale –, ho riscontrato un'assenza di altre fonti simili che sembrava trascinare i miei pazienti nei loro eccessi alimentari. In particolare, ho osservato una relazione diretta e pressoché meccanica tra l'impossibilità di accedere a una delle diverse forme di soddisfazione e il bisogno di compensarne la mancanza con un supplemento di gratificazione alimentare. Ecco quindi che un divorzio, la lontananza dai figli o un licenziamento si trasformavano in chili superflui.

Dopo queste interessanti ricerche sono infine giunto a individuare un certo numero di bisogni la cui soddisfazione produce appagamento e voglia di vivere. Si tratta di **dieci fonti di piacere e soddisfazione che a mio avviso sono modi essenzialmente naturali di produrre serotonina**. Corrispondono a dieci grandi bisogni universali che ritroviamo in qualsiasi società e cultura, e a quanto pare anche nelle diverse fasi della vita (nella maggior parte dei casi, anche gli animali sperimentano esigenze del genere): sono i **dieci pilastri della felicità**. Ciascuno di questi ha un ruolo e una funzione precisi, ed è codificato in noi in modo da spingerci a soddisfarlo, e quindi a sfruttare le migliori possibilità di sopravvivenza. Il meccanismo è sempre quello della ricompensa per ogni comportamento corretto adottato, o della punizione per ogni comportamento corretto *non* adottato, e funziona in maniera talmente semplice e logica che, una volta compreso e stimolato, favorisce il dimagrimento e soprattutto una vita soddisfacente.

1 Bisogno d'amore sessuale e famigliare

Insieme al bisogno di nutrirsi, è forse il più fondamentale dei bisogni, alla radice dell'essere umano. Ogni uomo e ogni donna appartiene a una delle due componenti sessuali dell'umanità, le quali sono legate tra loro dalla sessualità, a sua volta regolata da fattori genetici, ormonali e culturali. La sessualità è attrazione e repulsione, limiti e possibilità, che strutturano la nostra vita, la colmano e le danno un senso. È il ciclo sovrano della sessualità, con il suo gioco di seduzione, la serietà dell'unione di coppia, il piacere sessuale e i suoi frutti. Come tutti i mammiferi, gli esseri umani si dividono tra sessualità e cure parentali. Senza l'affascinante potenza di tale bisogno, la nostra specie sarebbe scomparsa da tempo, e questo ci fa capire quanto sia importante. Per non parlare dei piaceri dell'innamoramento, del potere e della fecondità della coppia, e ancora della gioia che si prova a prendersi cura dei figli o dei genitori. La serotonina scorre in abbondanza attraverso queste relazioni multiple e diramate. È difficile immaginare una coppia circondata da genitori e figli che non sperimenti alcuna felicità.

2 Il bisogno di realizzazione sociale

Come tutti gli altri animali sociali, ci sforziamo più o meno consciamente di trovare la migliore collocazione sociale possibile. Ognuno di noi, come ogni altro essere umano, sente il bisogno di vedere riconosciuto il proprio valore, non solo dagli altri ma anche guardandosi allo specchio. Alcuni soddisfano tale bisogno esercitando ruoli dominanti, e cioè adottando comportamenti simili a quelli degli animali definiti «alfa», ovvero gli esemplari che comandano nel gruppo o nel branco. Altri manifestano competenze o talenti particolari (manuale, intellettuale, artistico), e grazie a tali predisposizioni e a un certo savoir-faire riescono a esprimersi e a posizionarsi piuttosto bene nella scala sociale. Spesso hanno una capacità creativa o imprenditoriale, grazie alla quale ottengono l'apprezzamento dei loro pari. Prima dell'esplosione esponenziale del progresso e della tecnologia, il lavoro dell'uomo, anche il più penoso e meno remunerato, aveva sempre una parte di progettazione e realizzazione, quindi svolgerlo procurava la sua dose di piacere. Era qualcosa che veniva comunemente definito «lavoro ben fatto», ovvero cominciato e finito come si deve. Oggi le persone felici di lavorare sono rare. Infatti, per aumentare la produttività il lavoro è stato frazionato e privato della totalità che permetteva di percepirne e gustarne senso e interesse. Inoltre, in tempi di crisi l'occupazione diventa precaria, e perdere il lavoro è causa di sofferenza.

Poco tempo fa mi sono imbattuto in un non vedente che cercava di orientarsi nella sconfinata metropolitana parigina. Mi ha spiegato che per lui era molto più semplice quando c'erano ancora i bigliettai in carne e ossa, di cui ricordava con gratitudine la gentilezza e l'umanità. La soddisfazione che possiamo riscontrare nei vari contesti lavorativi si è spaventosamente impoverita. Lavorare non ha più lo stesso significato di una volta, né la stessa dignità. Per molte (troppe) persone, l'attività professionale si riduce a lavori puramente lucrativi, il cui unico scopo è favorire i consumi! La percentuale di individui che esercita un mestiere per passione è ormai irrisoria. Eppure, reinvestire questo immenso capitale umano sarebbe possibile: indipendentemente dal tipo di attività, trovare un senso nel lavoro, garantirne la creatività e la responsabilità, e quindi il potenziale di soddisfazione, è di importanza cruciale.

3 La felicità nel proprio habitat

Ognuno di noi dovrebbe poter disporre di un luogo sicuro in cui possa sentirsi a casa e sperimentare calma e conforto. Uno spazio in cui possa riunire tutte le cose che possiede e tutte le persone che ama. È l'equivalente della tana, della capanna o dell'iglù. Non c'è documentario o testimonianza raccolta da chi ha frequentato popoli primitivi in cui non si parli dell'importanza dell'habitat come luogo che protegge e soddisfa il bisogno vitale di sicurezza. In Africa, per esempio, esistevano alberi-rifugio su cui si andava a dormire. Recentemente, alcuni studiosi del sonno hanno scoperto che in un ambiente non sufficientemente protetto e sicuro sognare risulta assai difficile. Il sogno, peraltro, è indispensabile alla vita. Uno degli esempi più sorprendenti è rappresentato dalle grotte scelte dai cacciatori-raccoglitori del Maddaleniano, sotto le falesie tipiche del paesaggio della Dordogna, in Francia. Era un habitat primitivo e situato ad alta quota, di fronte al sole. Permetteva di tenere d'occhio in tutta tranquillità i movimenti dei branchi da cacciare. Le vedette, poste in punti strategici lungo il fiume, davano l'allarme in caso d'attacco.

Oggi questo enorme bisogno naturale, e la soddisfazione che è in grado di offrirci, è ostacolato dal prosaico e proibitivo prezzo delle abitazioni. Ciò dimostra come la modernità risulti frustrante e chieda continuamente alle persone di ridurre le proprie pretese! Per non parlare di chi si ritrova a vivere nelle megalopoli del consumismo senza neppure un tetto sotto cui stare, e quindi è costretto a dormire per strada.

4 Il bisogno di natura

È la semplice, istintiva necessità di stare a contatto con l'ambiente e con il nostro pianeta in generale. Gli animali hanno vissuto sulla Terra circa un miliardo di anni, e malgrado il lungo, paziente e progressivo disadattamento impostoci dalla cultura, la natura è qualcosa a cui non possiamo rinunciare. La passeggiata domenicale nei boschi è soltanto un surrogato di questa esperienza. Tuttavia, c'è chi è rimasto legato alle gioie della terra, a tutto ciò che offre e all'abbondanza della natura. Poi ci sono gli amanti degli animali, ciascuno a modo suo. Quando voglio fare una battuta, dico che il mondo si suddivide in quattro tipi di esseri umani: quelli che amano i cani e soltanto i cani; quelli che amano solo i gatti; quelli che amano tanto i cani quanto i gatti, e infine quelli che non amano né gli uni né gli altri.

Scherzi a parte, c'è anche chi, oltre ad avere bisogno del contatto con la fauna, ama la flora, il cielo e le nuvole, i venti, i mari, gli oceani e le tempeste, i boschi e le foreste, i tramonti, gli arcobaleni, la bruma, i vulcani: in breve, ogni spettacolo naturale che affascina e procura sconfinato piacere. Spesso sono veterinari, zoologi, agricoltori, erboristi, allevatori, cacciatori, paesaggisti, giardinieri, vulcanologi, marinai, navigatori, alpinisti, speleologi, esploratori, climatologi, ecologisti e chi più ne ha più ne metta.

5 Il lato ludico della vita: il bisogno di giocare

Il gioco è un bisogno di tutto l'universo dei mammiferi. Avete mai visto dei gattini o dei cuccioli di felini che giocano tra di loro? Si scontrano e imparano a vivere, simulando gesti che potrebbero uccidere, ma senza mai tirare fuori gli artigli. Come ogni altro bisogno, giocare ha un significato specifico, ed è di vitale importanza tanto per l'individuo quanto per la specie. Giocando impariamo meglio e troviamo più facilmente il contatto con gli altri. Scacciamo la noia e la pigrizia, e diamo libero corso alla fantasia e all'immaginazione: giocando si ride, si danza, si canta e si raccontano storie.

Giocare è un'attività naturale che migliora l'umore, crea legami e riduce l'aggressività. Comunicare, scambiare, imparare e vivere giocando: un programma magnifico! Ecco da dove scaturisce la gioia comunicativa dell'animatore, dell'attore, del comico, dell'artista circense. Per tutte le persone che sono riuscite a conservare il bambino che c'è in noi, si tratta della capacità di divertirsi, scherzare e prendere in giro, giocare a carte, a dadi, o magari disegnare fumetti.

Purtroppo, però, il bisogno naturale del gioco è sempre più limitato allo spettacolo offerto dagli schermi (televisione, videogiochi aggressivi, Internet) e a un'infinità di gadget che passano rapidamente di moda. In assenza del rapporto con l'altro la gioia del gioco si riduce al minimo, e sebbene molti di questi oggetti costino parecchio, i nuovi tipi di intrattenimento devono essere rinnovati continuamente. Ma quando il gioco diventa una questione di soldi e di guadagno, perde la sua naturale freschezza e si trasforma in dipendenza.

6 Il bisogno di appartenere a un gruppo

È un istinto potentissimo, una forza di coesione biologica che garantisce l'esistenza stessa del gruppo. Sapete come vive una pantera? Caccia e vive da sola. La sua struttura cerebrale non comprende il bisogno di appartenenza al gruppo, tanto che persino i suoi cuccioli finiscono per infastidirla, infatti li alleva solo finché raggiungono un minimo di autonomia. Invece osservate le scimmie, gli uccelli migratori, i pesci, i lupi... È evidente che noi umani gli assomigliamo: tribù, clan, club sportivi, corì, comitati di quartiere, associazioni, sindacati, partiti politici... Tutti facciamo parte di qualche «branco».

Anche questo bisogno, tipico delle specie sociali, è direttamente collegato alle esigenze primarie di sopravvivenza. Uno scimpanzé escluso dal suo gruppo va incontro a morte certa, e lo stesso poteva dirsi dell'uomo primitivo. Ne troviamo un esempio nelle abitudini di una tribù di aborigeni australiani: se un suo membro si rendeva responsabile di un'azione sconsiderata senza badare alle lamentele e alle minacce del gruppo, un bel mattino veniva svegliato dal capo del villaggio, dallo stregone e dall'«uomo della medicina» che, tutti insieme, dissotterravano il cosiddetto «osso della morte» e lo brandivano simbolicamente davanti agli occhi del recidivo, che riceveva così una sorta di maledizione rituale. Nel giro di qualche settimana, dopo essere stato bandito dalla tribù, moriva per semplice abbandono.

L'uomo è un animale sociale, ma alcuni sono più sociali di altri e trovano nell'appartenenza a un gruppo una ragione di realizzazione personale. Sviluppano una passione particolare per le leggi, le regole da far rispettare, le credenze e le religioni, amano le mode e le tradizioni. Oggi la straordinaria densità delle reti sociali è la versione contemporanea dei vecchi clan tribali dei cacciatori-raccoglitori.

Per contro, talvolta il bisogno di appartenenza finisce per sconfinare nel conformismo e nella cieca obbedienza. Infatti è uno dei rari bisogni che la società autorizza e anzi favorisce, poiché ha un ruolo chiave nell'asservimento volontario e, in termini di motivazione, è una spinta costante al consumo.

7 Il bisogno di servirsi del proprio corpo

Ve ne ho parlato spesso, raccomandandovi di camminare e di fare le scale anziché usare l'ascensore. Questo bisogno è nato nel passaggio dal vegetale all'animale, dall'immobilità alla mobilità. Se il vegetale vive attraverso le radici e la fotosintesi delle foglie, l'animale per sopravvivere deve muoversi, e deve farlo in modo efficace e intelligente. Ecco perché l'attività fisica è ricompensata nel modo migliore, ovvero con la secrezione di serotonina.

La produzione di questo neurotrasmettitore è stata riscontrata sia nell'animale sia nell'uomo in movimento. Due cavie chiuse in una gabbietta e sottoposte a stress riescono a neutralizzarlo se il loro habitat è dotato di una ruota su cui camminare o correre. I prelievi effettuati dal cervello delle cavie che avevano appena effettuato una sufficiente attività muscolare hanno mostrato un elevato livello di serotonina. Per quanto riguarda l'uomo, un'attività fisica regolare è considerata altrettanto efficace dei principali antidepressivi, e questo è stato confermato dalle ricerche condotte su un ampio numero di soggetti depressi. Dopo sei mesi i risultati erano pressoché identici, anzi era possibile notare un'efficacia leggermente superiore dell'attività fisica, che produceva serotonina in base ai bisogni del momento e al funzionamento del cervello in modo perfettamente integrato. Per contro, l'effetto dei farmaci è legato unicamente alla quantità e agli orari dell'assunzione. Purtroppo, però, anche gli enormi benefici dell'attività fisica stanno scomparendo dal nostro vivere quotidiano, perché la necessità di muoversi è stata ridotta ai minimi termini da automobili, televisione ed elettrodomestici. Attività sane e un tempo di esclusiva competenza dell'uomo sono state trasformate in meccanismi o delegate alla tecnologia, persino i gesti più comuni e semplici. Siamo passati dalla ruota all'automobile, dal calamaio alla tastiera, e poi al tosaerba, al frullatore e così via, eliminando quasi del tutto i compiti che una volta svolgevamo manualmente. Non possiamo gioire di questo, perché il corpo è stato privato della mobilità necessaria al suo equilibrio. Progressivamente ma costantemente, il consumatore viene portato verso l'inattività assoluta, la quale gli viene offerta come la summa della felicità. L'industria fa del suo meglio per giustificare l'ingiustificabile, consigliando caldamente i piaceri dell'immobilità e della sedentarietà, mentre mantenersi attivi e in movimento nella vita di tutti i giorni contribuisce biologicamente alla vera felicità. Ed essere felici fa dimagrire!

Poiché l'attività fisica è una delle dieci fonti di serotonina, vorrei spiegarvi quali vantaggi potete trarre dall'uso del vostro corpo. Non avete bisogno di una tuta da ginnastica di marca, di una palestra alla moda, di un tapis roulant o di una cyclette, né tantomeno di un GPS che vi dica dove state correndo. Sono tutte cose divertenti ma non indispensabili, sicuramente utili per la crescita economica del vostro Paese ma senza alcun effetto sulla secrezione di serotonina. Non dovete fare altro che camminare, semplicemente e regolarmente, per **mezz'ora al giorno**. Questo vi garantirà tutta la serotonina di cui avete bisogno, e posso assicurarvi che ridurrà il bisogno di compensare l'insoddisfazione con il cibo e quindi la tendenza a ingrassare, favorendo invece il dimagrimento e garantendo la conservazione del Giusto Peso.

Se avete seguito bene la mia teoria in tutti i suoi aspetti, avrete capito che quanto vale per l'attività fisica vale anche per gli altri pilastri della felicità.

A ben guardare, finora abbiamo parlato di bisogni comuni tanto all'uomo quanto all'animale. Restano altre **due modalità esclusivamente umane** di cui approfittare per procurarsi il nutrimento supremo, per godersi la straordinaria melodia della serotonina: l'ottavo e il nono pilastro della felicità.

8 Il bisogno del sacro

Da quando esplorano il Pianeta, gli etnologi non hanno mai trovato, da nessuna parte, una sola popolazione o cultura che, per quanto rozza, non sentisse il bisogno di levare gli occhi al cielo e inginocchiarsi, ovvero che non avesse mai sperimentato la necessità assoluta di credere in mancanza del sapere. È il piacere del sacro, della divinità e dei rituali: un'ampia gamma di soddisfazioni e di motivazioni generalmente definita «sacralità».

Nel passaggio dalle ultime scimmie ai primi uomini si è verificato un fenomeno incredibile: la comparsa della coscienza, conquista ultima dell'evoluzione della vita. Sfortunatamente, assumendo consapevolezza di sé e delle proprie reali condizioni, l'uomo ha dovuto rendersi conto che la vita giunge alla sua conclusione e che è condannato a morire.

Tale rivelazione ha messo in pericolo il futuro della specie umana, ma ancora una volta l'evoluzione ha risposto meravigliosamente, inscrivendo tra i bisogni fondamentali dell'uomo anche quello del sacro.

Dovendosi confrontare con un'angoscia originaria e fisiologica, l'essere umano ha prodotto i miti, la magia, il trascendente, il cielo, l'inconoscibile, una ragione superiore tramite cui spiegare ciò che prevale nel quotidiano attraverso una dimensione altra, ovvero la religione, la spiritualità, il bisogno di credere senza dover dimostrare nulla, anche a costo di negare l'evidenza. Tutto questo definisce il dominio e il bisogno del sacro, senza il quale non saremmo che una bolla di vita, ineluttabilmente destinata a scoppiare nel breve termine. Ci sono individui la cui personalità è talmente imbevuta di sacralità che ne hanno un bisogno vitale, di gran lunga più importante di ogni altra cosa. Quando il ricorso al sacro è così prioritario diventa eccessivo e subordina tutta l'esistenza a un modello di esclusività assoluta, come accade per esempio nei mistici. Per altri è uno stile di vita rivolto all'interiorità, all'immateriale, alla spiritualità, in stretta connessione con una bella dose di serotonina.

9 Il bisogno di bellezza

Contemporaneamente al bisogno del sacro, l'umanità ha sperimentato l'emergere di un fenomeno assai misterioso, inedito nell'evoluzione delle specie: un desiderio naturale e universale di bellezza. Questo bisogno è comparso circa centomila anni fa, quando, per la prima volta nella storia, gli uomini hanno cominciato a decorare i loro defunti con l'ocra, a seppellirli con i fiori e altri oggetti volti ad abbellire il loro ultimo viaggio.

A partire da siti archeologici come Lascaux e Altamira, l'uomo ha lasciato pressoché ovunque tracce sontuose e spontanee del suo culto della bellezza. Ha cominciato a raccogliere forme armoniose, poi ha voluto crearne dando origine all'arte: sculture di divinità femminili primordiali, utensili, pitture corporee, oggetti scolpiti eccetera. L'uomo ha imparato a creare bellezza dipingendo, cantando, facendo musica, danzando, e poi se n'è servito per incantare il mondo. Tale aspirazione al bello, inizialmente collegata al sacro, e tutte le pratiche artistiche che ne sono scaturite, rappresentano ottime fonti di serotonina. Intendiamoci, non voglio ridurre la bellezza o il sacro a semplici proprietà fisico-chimiche del cervello; al contrario, le secrezioni neurochimiche di «ricompensa» dimostrano fino a che punto tali bisogni non siano qualcosa di esteriore, ma appartengano al nostro essere in modo semplice, fluido, naturale, immateriale. Questo bisogno di armonia e di emozione estetica è un altro dei pilastri della natura umana, e per vivere appieno dobbiamo soddisfarlo. Come ogni piacere naturale, sacralità e bellezza sono gratuite: pregare, meditare, contemplare un tramonto, un bel sasso o un ciliegio in fiore non costa assolutamente nulla! Ed è proprio questo il loro punto debole, perché oggi sono costretti a cedere il passo all'utile, e svaniscono di fronte agli aspetti economici. Ma l'amore per la bellezza ci rende nobili, mentre l'utilitarismo ci rende schiavi.

Se volete vivere senza essere alienati dalla felicità, dovete capire che non tutto ciò che suscita la vostra attenzione e vi attrae risponde agli stessi bisogni. Dovete imparare a distinguere i bisogni naturali, quelli attesi e ricompensati dal vostro cervello, dai bisogni artificiali, e allora vi renderete conto che le soddisfazioni fornite dagli uni e dagli altri sono di natura ben diversa.

I veri bisogni dell'uomo di ogni epoca, quelli che alimentano i dieci pilastri della felicità, procurano soddisfazioni profonde, biologiche, ricompense antiche che garantiscono la vita, concedendole una migliore qualità. In definitiva, vi si riconosce il marchio di fabbrica della serotonina.

I bisogni generati dai condizionamenti della società e dalle economie di mercato testimoniano una straordinaria inventiva, nonché un immenso potere di seduzione, ma le soddisfazioni che danno, per quanto incredibili, restano comunque superficiali. Vengono continuamente rinnovate, ma risultano effimere e prive di un potere concreto, e dunque non hanno nessuna relazione diretta, nessun legame con la secrezione di serotonina.

Quelli appena descritti sono **nove bisogni fondamentali** che regolano, muovono e appagano il progetto umano. Non credo esista un solo individuo che ne sia estraneo, ma è evidente che le persone ne vengono toccate in modo e, soprattutto, in misura differente. Ciascuno di noi, dalla nascita alla maturità, risponde al richiamo di questi nove bisogni – e del decimo, che ora vedremo – in funzione della propria storia personale e famigliare. Ora che li conoscete, cercate di individuare le forze vitali che vi stimolano di più, e grazie alle quali vi sentite realizzati e soddisfatti. Si tratterà senza dubbio delle vostre maggiori fonti di serotonina, dello zoccolo duro su cui poggia la vostra ragione di vita. Sono forse la famiglia, l'amore, la coppia? Il lavoro? Il vostro habitat? O forse sono la spiritualità, la creatività, l'arte e la bellezza? Il bisogno di natura, il gioco, la fantasia, il bisogno di appartenere a un gruppo? Tutto questo o solo qualcosa? E soprattutto, quale bisogno prevale in voi? Riflettete, elaborate un metodo per stimolare il più possibile le vostre fonti naturali di serotonina, e presto vi renderete conto di quanto avrete da guadagnarci!

Imparare a distinguere i bisogni naturali dalle soddisfazioni artificiali dovrebbe diventare materia scolastica, poiché è una chiave d'accesso formidabile al solo motivo per cui la vita merita di essere vissuta: avere un'esistenza realmente felice e che duri il più a lungo possibile.

10 Il bisogno di nutrirsi

Questo decimo pilastro è il nocciolo della questione che stiamo affrontando insieme. È il bisogno di nutrirsi, di scoprire e procurarsi gli alimenti necessari, di goderne e di trarne sostentamento. **Quello del cibo è un bisogno immediato e vitale, persino più importante della sessualità**. La nostra programmazione neuronale ci impone di soddisfarlo nel modo migliore. Di conseguenza, oltre al piacere che procura mentre lo consumiamo, il cibo induce il cervello a secernere una grande quantità di serotonina, inferiore soltanto a quella prodotta dall'orgasmo sessuale.

Cercando di comprendere le cause del sovrappeso nei miei pazienti ho scoperto tre ragioni congiunte:

- La prima ha a che fare con una particolare sensibilità, sviluppata fin dall'infanzia, che consiste nel consolarsi o nel tranquillizzarsi attraverso l'atto stesso del mangiare.
- La seconda riguarda difficoltà passeggere o durature, che impediscono lo sviluppo di un gran numero di fattori di soddisfazione. Ci sono persone che per i motivi più diversi non hanno accesso ad altre forme di gratificazione, quindi si rivolgono agli alimenti, all'assunzione orale, all'atto di ingurgitare qualcosa.
- La terza ragione mi è stata fornita dalla storia stessa del problema del sovrappeso. Se, come testimoniano i fatti, è emerso per la prima volta nella storia dell'umanità verso la fine degli anni Quaranta del Novecento, significa che dev'essere necessariamente legato allo stile di vita che ha preso forma proprio in quel periodo, ovvero allo sviluppo di una società basata sul mercato: la società dei consumi di cui abbiamo lungamente discusso.

Ho puntualmente rilevato come la maggior parte dei miei pazienti in forte sovrappeso rientrasse nella categoria delle persone a cui le condizioni ambientali impedivano di accedere a determinate forme di soddisfazione. Mi riferisco, in particolare, alla parcellizzazione del lavoro, alla fragilità della coppia e della famiglia. Assistendo impotenti all'inaridimento di tali fonti di felicità, queste persone andavano a cercarne altre laddove potevano trovarle, e in modo proporzionalmente compulsivo alla gravità delle proprie carenze.

Si tratta di un'insoddisfazione profonda, tutt'altro che insignificante. Infatti, con il tempo intacca la voglia stessa di vivere, scatenando una crisi depressiva. È proprio questo il motivo per cui le donne e gli uomini che, pur detestando ingrassare, continuano a ingozzarsi di alimenti gratificanti, perché sono quelli che forniscono la serotonina necessaria a sopravvivere. I cibi più adatti a questo scopo sono soprattutto quelli ricchi di sapore, che inevitabilmente fanno ingrassare.

La soluzione non consiste nel ricostruire da zero la società in cui viviamo, ma capire come funzioniamo, così da adottare uno stile di vita naturale in un mondo che diventa sempre più artificiale.

Vi invito quindi a soddisfare i vostri bisogni fondamentali, a coltivare tutto ciò che sentite vostro e a cui siete intimamente legati. Non esistono individui la cui felicità dipenda da tutti i bisogni sopra elencati: è sufficiente soddisfarne due o tre per tornare a risplendere. Per quanto riguarda il sovrappeso, la situazione è grave quando tutto il vostro surrogato di felicità proviene dal cibo e dalla televisione. Purtroppo questo non è affatto raro, perché spesso la vita di coppia è a rischio, il lavoro insoddisfacente, l'habitat precario, la natura lontana, il corpo abbandonato a se stesso, Dio dimenticato, la bellezza confinata nei musei e la vita di gruppo eclissata dalla solitudine dell'individualismo.

Nella mia esperienza medica ho constatato che chi ha facile accesso a qualcuna delle grandi soddisfazioni naturali, e quindi è benedetto da una dose sufficiente di serotonina, non ingrassa, e se gli capita di prendere peso a causa di uno stress forte e prolungato, poi dimagrisce più facilmente degli altri. Ovviamente, sovrappeso e obesità hanno anche altre cause, come l'ereditarietà e i problemi ormonali, ma la carenza di serotonina è di gran lunga l'aspetto più importante.

Sesso, cibo, lavoro, habitat, gioco, gruppo, corpo, natura, sacro, bellezza: sono questi gli ambiti in cui dovete cercare di arricchirvi e realizzarvi.

Il tempo, le testimonianze, le scoperte delle neuroscienze, la radiodiagnostica cerebrale, le modalità di funzionamento degli antidepressivi e la conoscenza dei neurotrasmettitori cerebrali mi hanno infine permesso di comprendere meglio i rapporti basilari tra soddisfazione, realizzazione, voglia e bisogno di vivere.

Tornando agli aspetti pratici, se i miei pazienti riescono a sfuggire a un certo malessere è perché sperimentano un benessere di compensazione. Questo significa che riproducono a livello emotivo una delle principali funzioni fisiologiche: l'omeostasi, processo che regola automaticamente le nostre funzioni vitali. Per esempio, se vi mancano aria e ossigeno, il vostro cuore comincia a battere più rapidamente per ovviare a tale carenza.

Senza neppure rendersene conto, i miei pazienti reagiscono alla scomparsa di un certo numero di soddisfazioni naturali sollecitando eccessivamente un'altra fonte di piacere a cui è possibile attingere più facilmente: l'alimentazione. Per questo sono giunto a formulare la teoria dei «dieci pilastri della felicità», secondo cui il sovrappeso rappresenta un sintomo di una «patologia della felicità».

Le persone che non riescono più a realizzarsi né a trovare soddisfazione nel modello sociale in cui sono inserite, e quindi sono estranee ai dieci pilastri della felicità, aumentano anno dopo anno. Quelle che chiedono il mio aiuto o che assisto da sempre non producono serotonina a sufficienza, quindi si ritrovano meccanicamente, biologicamente e inconsapevolmente ad agire e a comportarsi in modo da compensare tale carenza.

Le persone che ingrassano facilmente, e che riprendono i chili persi altrettanto facilmente dopo essere dimagrite, sono segnate da una vulnerabilità insorta nella prima infanzia, quando hanno imparato a ridurre ansia e inquietudine succhiandosi il pollice, poi sostituito da un qualche alimento. Una volta adulti, quando sperimentano difficoltà, malessere o sofferenza, tornano a quel percorso, ai riflessi custoditi nel profondo del cervello arcaico, in modo da poter produrre la serotonina liberatrice. Questa ricerca li spinge verso alimenti che possano massimizzare tale produzione, ovvero i più gustosi e saporiti.

Zucchero, farina, pressione sociale e mediatica, dipendenza, alienazione dal vero senso della vita, costi estremamente ridotti del cibo industriale e ipercalorico (glucidi e lipidi) e prezzi di proteine e verdure sempre più alti: sono queste le ragioni che, congiuntamente, spingono una parte sempre più ampia della popolazione dei Paesi ricchi verso comportamenti che inducono sovrappeso, obesità e diabete.

Se ho insistito sulle molteplici fonti della felicità, e in particolare sul ruolo della serotonina nella ricerca del piacere di vivere, è perché possiate trarne un insegnamento pratico e di grande utilità per il futuro del vostro corpo.

In tutti gli alimenti coesistono qualità nutrizionali (calorie, sostanze nutritive) e sensoriali (gusto, consistenza). Se siete ingrassati è perché avete privilegiato gli alimenti più ricchi di sapore, strutturalmente più piacevoli e quindi più grassi e zuccherati. L'avete fatto senza neppure rendervene conto, spinti da una sorta di pilota automatico, da cui dipende la volontà di sopravvivere. Se avete preso automaticamente una rotta del genere è perché vi sentivate in qualche modo minacciati, e avete reagito secondo un processo analogo a quello del respirare a pieni polmoni quando ci si sente soffocare. Il controllo della fiammella vitale di ogni individuo ha una tale importanza da non poter essere affidato al libero arbitrio del soggetto cosciente, ragione per cui l'evoluzione ci ha programmati affinché la ricerca della ricompensa conduca verso obiettivi piacevoli, e quindi faccia scattare la produzione di serotonina.

In una società in cui i consumi vengono prima delle soddisfazioni autentiche, è sufficiente subire tale condizionamento perché il pilota automatico ci costringa a trovare appagamento in quel poco di naturale che resta, e quindi a esagerare con il cibo e con gli aspetti ludici della vita.

Grazie alle scoperte delle neuroscienze, oggi possiamo fare un passo in avanti e influenzare le decisioni del pilota automatico della sopravvivenza. È sufficiente analizzare il nostro stile di vita: nella maggior parte dei casi di sovrappeso si può constatare una ricerca di serotonina eccessivamente concentrata sugli alimenti e sui dispositivi hi-tech di vario genere. Poiché esistono ben dieci fonti naturali di soddisfazione e realizzazione personale, e dato che l'intero sistema funziona secondo il principio dei vasi comunicanti, quando alcune di queste fonti si inaridiscono, quelle che restano devono compensare il vuoto. È così che siete ingrassati! Se volete invertire la marcia, dovete necessariamente attivare le fonti finora trascurate e consolidare altri pilastri della felicità.

Sono persuaso che ognuno di noi possa rinverdire certi territori finora abbandonati e trascurati per semplici motivi come la fretta, la fatica e la scarsa conoscenza del loro potenziale positivo.

Infine, ponetevi questa domanda fondamentale: qual è la cosa più importante della vostra vita?

Giungerete alla conclusione che tutto ciò che ho appena spiegato non è affatto una divagazione inutile. Prima di dedicarsi a una dieta dimagrante è fondamentale comprendere perché si è arrivati ad averne bisogno. Per essere certi di riuscire fino in fondo, e quindi di perdere quei chili che vi impediscono di trarre soddisfazione dalla vostra esistenza, dovete padroneggiare i meccanismi che li hanno prodotti. Se il mio secondo fronte – l'essenza di questo libro –, è un piano di battaglia, queste pagine sulla serotonina e sui dieci pilastri della felicità vi avranno permesso di comprendere come e perché è necessario combattere. La mia ambizione più profonda è quella di aiutarvi a riprendere il controllo del vostro corpo, a essere di nuovo i piloti della vostra vita.

I due profili

Eccoci finalmente al punto: l'apertura di un secondo fronte nella lotta contro il sovrappeso! Come sottinteso nel nome, questo fronte si affianca al primo per arrivare a un pubblico ancora più ampio, a cui risulterà più calzante di quello originale.

Per molto tempo ho continuato a pensare che il mio metodo iniziale potesse bastare, ma trascuravo due importanti fattori. Prima di tutto, il metodo originale era stato elaborato attraverso il lavoro con pazienti abbastanza motivati da chiedere personalmente una consultazione. In secondo luogo, i risultati ottenuti potevano in gran parte essere considerati frutto di una relazione diretta, che implicava la mia presenza, l'empatia e il sostegno personale.

Nel raccontare il mio messaggio e il mio metodo in un libro avevo fatto il possibile per preservare la stessa empatia, riportando ciò che ero solito dire durante le visite, quasi parola per parola. Il libro e la dieta, trasformati in strumenti di massa, hanno subito prodotto ottimi risultati, di gran lunga migliori rispetto a quelli dei metodi del passato, che si affidavano soltanto al calcolo delle calorie. Malgrado il suo rapido successo, la mia dieta ha tuttavia mostrato qualche limite: una parte dei lettori non è riuscita neppure a cominciarla, oppure l'ha abbandonata prima ancora di raggiungere l'obiettivo prefissato.

Avendo dedicato l'intera vita a un progetto di portata così ampia come la lotta contro la piaga mondiale del sovrappeso e dell'obesità, non ho mai smesso di affilare le mie lame, perché la voglia di migliorarmi è stata costante. All'inizio potevo visitare solo una decina di pazienti al giorno ed ero consapevole dell'importanza di avere regole ben definite e un adeguato controllo, ma per sostenere di più lo sforzo di chi voleva dimagrire ho creato il coaching via Internet. Ho compilato ciascuna delle dodicimila pagine di consegne alimentari, attività fisica e sostegno motivazionale destinate quotidianamente ai singoli pazienti. Soprattutto, ho fatto in modo che il coaching fosse interattivo, e cioè che gli utenti ricevessero ogni mattina compiti precisi di cui rendere conto a fine giornata, informandomi sugli esiti e sul modo in cui avevano seguito le mie istruzioni.

Grazie a questo strumento ho ottenuto risultati ancora migliori, ma solo con utenti già avvezzi al modello e alla filosofia del mio metodo originale. C'era dunque un'altra categoria di potenziale pubblico che non ero ancora riuscito a identificare, cioè quelle persone che non si erano neppure avvicinate alla mia dieta perché temevano che richiedesse troppo sforzo e impegno personale. Del resto, una parte dei miei pazienti aveva sempre chiesto regole meno rigide, altri me ne avevano parlato per iscritto o attraverso i commenti sul forum. Insomma, a seconda delle circostanze non mancava giorno senza che qualcuno mi facesse notare che il mio metodo era troppo agguerrito, appassionato e militante.

Alcune persone di quest'altra categoria erano consapevoli di essere in sovrappeso, ma per varie ragioni – motivazione, personalità, carattere, stile di vita – non si sentivano pronte a dimagrire con la stessa rabbiosa volontà, con lo stesso impegno di quelli che seguivano con successo il primo fronte. In definitiva, se la mia dieta originale era perfetta per un certo tipo di soggetti, risultava incompatibile con altri, meno coinvolti, meno sofferenti e non altrettanto impazienti di riuscire.

Sono così giunto a distinguere due diversi profili di persone in sovrappeso, e ho capito di essermi sempre rivolto solo a quelle appartenenti al primo profilo, ovvero quelle che avevano inizialmente giovato delle mie visite e con cui condividevo lo stesso temperamento appassionato.

Il primo profilo è quello di una persona in netto sovrappeso, qualcuno che deve perdere più di 15 chili e che ne soffre fisicamente e psicologicamente. Spesso ha vissuto in un contesto famigliare e professionale difficile, se non addirittura tumultuoso. Il background psicologico è quello di una vulnerabilità o di una ipersensibilità emersa fin dall'infanzia, e poi sviluppatasi all'insegna di una «linea di fuga alimentare» per reggere alle difficoltà della vita. Le persone del primo profilo compensano la propria incapacità di sopportare lo stress e le problematiche quotidiane attraverso un'alimentazione percepita come gratificante. È per questo che, malgrado i chili superflui risultino fastidiosi e difficili da sopportare, il bisogno di mangiare per neutralizzare il contesto generale negativo è troppo forte non solo per essere abbandonato, ma anche perché possa trasformarsi nell'esatto opposto, ovvero in una dieta dimagrante.

Così è stato finché questo genere di persone ha chiesto un appuntamento e si è sottoposto a una visita: «Dottore, ho passato gli ultimi tre anni tentando inutilmente di nascondere il mio problema, soffrendo per i chili di troppo ma incapace di fare alcunché per rimediare. Veder passare i mesi e gli anni senza riuscire a fare niente mi riempie di vergogna. Quando mi svesto temo che qualcuno mi veda, non oso neppure guardarmi allo specchio e durante il giorno porto taglie abbondanti. Mia moglie, i miei famigliari e i miei amici non dicono niente, ma personalmente mi sento paralizzato dall'angoscia...»

Basta un evento casuale, uno sguardo, un sorriso, un incontro, un viaggio, un esame medico, una profonda riflessione o la contemplazione di qualche foto delle vacanze, ed ecco che scatta qualcosa: tutto cambia improvvisamente, si prende una decisione repentina, dal profondo dell'essere sgorga una ventata d'aria fresca, di energia, di linfa vitale, e con questa l'imperioso bisogno di dimagrire. Tutto ciò che sembrava inaccessibile diventa non solo possibile, ma semplice, ovvio, auspicabile, voluto.

Un giorno mi sono sentito dire: «Di recente ho sentito in me un cambiamento radicale. È come se si fosse spalancata una porta: so che posso dimagrire, ho una forza che prima mi era sconosciuta. Non so cosa sia successo, ma voglio sfruttare il momento per liberarmi di questa prigione di grasso!»

La maggior parte dei pazienti del primo profilo non è nuova a questa situazione favorevole; sa istintivamente che il vento propizio che gonfia le vele, dà energia e padronanza di sé non durerà all'infinito, per quanto esaltante e insolito possa essere. Proprio per questo necessitano di uno strumento, di una molla, di un trampolino di lancio, in modo che possano approfittarne pienamente e il più a lungo possibile.

Si rivolgono a me e mi dicono: «Non vedo l'ora di cominciare. Voglio sfruttare questa forza improvvisa, finché c'è. Ora come ora mi sembra di cavalcare un bulldozer, potrei abbattere qualsiasi ostacolo! Mi sento pronto a fare ogni sforzo necessario. Ma per favore, niente tisane, niente palliativi! Voglio una vera dieta, la più efficace e rapida possibile, che mi dia risultati immediati. Voglio poterli constatare con i miei occhi, voglio sapere che posso farcela e non perdere la motivazione. È chiaro, dottore?»

In moltissimi casi (la stragrande maggioranza) questo genere di pazienti dimagrisce senza difficoltà grazie al metodo originale, che è stato creato proprio a loro immagine e somiglianza. E ci riescono gioiosamente, ritrovando il benessere un giorno dopo l'altro.

Il secondo profilo è di tutt'altro genere. Spesso si tratta di persone che, pur sentendo il bisogno di dimagrire, non sperimentano il profondo disagio, la sofferenza e la dolorosa impazienza provocata dal sovrappeso. Si tratta quindi di donne o uomini di indole più tranquilla, meno tormentati dai chili in eccesso, che vengono tollerati più agevolmente.

Che cosa differenzia il secondo profilo dal primo? Perché due metodi diversi?

Tanto per cominciare, i chili da perdere non sono gli stessi per i due tipi di persone: spesso quelle appartenenti al secondo profilo si collocano al di sotto del limite simbolico dei 15 chili, e un sovrappeso compreso tra i 5 e i 15 chili è più facilmente sopportabile e mascherabile. Occorre inoltre notare che le ripercussioni del sovrappeso variano molto da un soggetto all'altro. Qualcuno (più facilmente un uomo) non fatica granché a tollerare i suoi 20 chili di sovrappeso, con cui sembra saper convivere senza soffrire troppo, mentre altri cominciano a sperimentare un profondo disagio già con 7-8 chili in più. Come se non bastasse, spesso c'è una grande differenza tra quello che affermano i miei pazienti e ciò che dice la bilancia. Ricordo diverse donne di bell'aspetto sedute nel mio studio a raccontarmi del «mostro inguardabile» in cui si erano trasformate!

Ho ancora chiare in mente le parole di una di queste signore: «Dopo avere avuto il mio ultimo figlio sono diventata orribile. Annego nel mio stesso grasso, devo assolutamente sbarazzarmene... Non riesco più a sopportarlo!» Qualche istante dopo ho potuto constatare che, una volta svestita e salita sulla bilancia, la donna mostrava un corpo soltanto un po' troppo in carne, a cui sarebbe bastata una dieta di poche settimane per ritrovare la forma desiderata. La sua era ovviamente una percezione esasperata e distorta della propria persona, e quindi una forma di sofferenza tipica del primo profilo, indipendentemente dai chili che aveva da perdere. Attenzione, però: non pensate che il secondo profilo non subisca le conseguenze del sovrappeso! Le vive soltanto un po' meglio, con un po' più di pazienza è un po' meno sofferenza.

Peraltro, capita spesso che soggetti classificabili come di secondo profilo finiscano per aggiungersi alle fila del primo, perché con il tempo i chili superflui aumentano fino a superare una certa soglia, che di solito corrisponde ai 10 chili di sovrappeso (fino ai 20, a seconda dei casi).

Inoltre, il secondo profilo comprende persone meno vulnerabili del primo, che si caratterizzano per un'emotività e un'affettività meno viscerali, e il cui sovrappeso non si ripercuote sull'umore e sul vissuto quotidiano come accade per i soggetti del primo profilo.

C'è poi un altro fattore importante che riguarda la ripartizione dei chili superflui, più facilmente tollerati se distribuiti uniformemente nel corpo. Di solito gli uomini vivono molto male, talvolta fino a farne un'ossessione, la cosiddetta «pancia», mentre le donne non sopportano di avere bacino e fianchi troppo «pronunciati». Termini come «cellulite» o «pancione» testimoniano l'intolleranza verso la localizzazione estrema dell'accumulo di grassi. Normalmente, questo caratterizza le persone del primo profilo, mentre i casi di sovrappeso ben ripartito e armonioso appartengono al secondo.

Ecco per esempio come si presenta una paziente del secondo profilo, più propensa ad adottare il secondo fronte di lotta al sovrappeso: «Dottore, so che dovrei dimagrire, non è certo una novità per me... È un bel po' che lotto contro questi chiletti in più, ma a dire la verità non mi sono mai impegnata davvero. Non ho mai sofferto fino al punto di lanciarmi in una dieta molto rigida, non ne sento una particolare urgenza...»

O ancora: «Devo confessare di amare i piaceri della tavola, e d'altro canto mio marito non me l'ha mai fatto pesare. Inoltre, la mia vita sociale è molto attiva, ho una famiglia numerosa e spesso usciamo tutti insieme, oppure ci incontriamo con gli amici, soprattutto nei fine settimana. Fa parte della mia vita, e francamente faticherei a rinunciarvi in modo radicale». Che in altre parole significa: «In realtà avrei davvero voglia di dimagrire, ed è il mio buonsenso a suggerirmi che per riuscirci dovrei ricorrere a una dieta! Però non sono capace di seguirne una, non senza concedermi qualche piccolo piacere di tanto in tanto. Per esempio, sarebbe molto difficile eliminare completamente il pane o rifiutare sistematicamente un bicchiere di vino».

E per finire: «Credo di essere in buona salute, di non correre particolari rischi. Non ho il diabete né il colesterolo alto, quindi non vedo perché dovrei seguire una dieta rigida...»

Per molti anni ho pensato che la parte con cui mi trovavo a fare i conti rappresentasse il tutto, e questo mi ha indotto a pensare che la dieta che avevo modellato potesse andare bene per chiunque avesse un reale bisogno di dimagrire. Quando incontravo una persona meno determinata mi limitavo a pensare che bastasse insistere un po' di più, imponendo regole ancora più rigide e chiedendo resoconti più frequenti, così da farle accettare il mio metodo (il primo fronte) tale e quale a come l'avevo concepito.

Peraltro, puntualmente accadeva che, tra i pazienti particolarmente combattivi, fieri dei propri risultati e sempre pronti ad accettare nuove sfide, ne capitasse qualcuno che non riusciva affatto ad adattarsi alla mia dieta, e che, dopo una tappa seguita con costanza e ricompensata da buoni risultati, chiedeva una pausa come una sorta di premio. Questo poteva tradursi in: «Adesso posso aggiungere un po' di maizena alla mia galletta di crusca d'avena o un cucchiaio di cacao magro al mio budino fatto in casa?»

All'inizio della mia carriera di nutrizionista, quando ero ancora molto giovane, volevo cambiare tutte le carte in tavola. Sentivo il bisogno di impormi con autorità a tutela dei buoni risultati raggiunti, mostrando un rigore che peraltro non faceva granché parte della mia natura, quindi dimostravo una sorta di tolleranza zero per tutto ciò che consideravo semplice «trasgressione». Tuttavia invecchiando, con l'esperienza e soprattutto con la fiducia acquisita grazie alla pratica e ai risultati della mia dieta, mi sono ritrovato a voler tendere una mano a tutte le donne e agli uomini che cercavano di imporsi uno sforzo ai limiti della propria motivazione. Allora ho cominciato ad accordare piccole ricompense alimentari che, almeno all'inizio, consideravo del tutto personalizzate e individuali. Fatto sta che la buona novella delle mie concessioni finiva subito su un blog, un forum o un sito Internet, diventando parte integrante della mia dieta fin dal giorno seguente!

Questo testimonia come la dieta che porta il mio nome si sia in realtà plasmata negli anni attraverso una costante interazione prima con i pazienti, poi con i lettori e l'immensa platea di internauti.

In questo modo è nata la lista degli alimenti che, nel loro complesso, sono stati comunemente definiti «tollerati da Dukan», e che si sono guadagnati un posto nel mio metodo per rompere la monotonia che minacciava di soffocare la motivazione dei miei pazienti. Si tratta di ingredienti che consentono di addolcire l'esperienza alimentare quotidiana diversificando gusti e sapori. Contengono un po' più di zuccheri o di grassi rispetto agli alimenti autorizzati in partenza, ma il loro consumo, limitato a un massimo di due porzioni al giorno, non intacca affatto il processo di dimagrimento. Attenzione, però: gli alimenti tollerati sono autorizzati solo nella fase di crociera, e vietati nel giovedì proteico.

Per adattare il mio metodo a un pubblico meno combattivo, ovvero a un profilo meno eroico del primo, sul sito di coaching ho creato i famosi «jolly». Come ho detto, il coaching on-line è stato interattivo fin dall'inizio, e a fine giornata ero solito ricevere dagli utenti un resoconto in cui rispondevano a sette domande, una delle quali era: «Qual è stato l'alimento che più ti è mancato nel corso della giornata?» Quando l'alimento in questione era sempre lo stesso per cinque volte di fila, l'utente riceveva un jolly e poteva mangiarlo una volta. Per esempio, se qualcuno mi segnalava per cinque giorni di fila che gli era mancata la pasta, nelle consegne del sesto giorno riceveva il permesso di prepararsi una cena con un bel piatto di pasta al dente al pomodoro (200 grammi), con verdure a piacimento e un cucchiaio di parmigiano. Il pasto poteva chiudersi con due yogurt e niente di più, ovvero senza proteine. Allo stesso modo, se a mancare era la frutta, assegnavo un jolly equivalente a 800 grammi di frutta e due yogurt per cena.

Gli alimenti tollerati

- Actimel al naturale allo 0% di grassi (1 vasetto)
- Amido di mais (1 cucchiaio o 20 g)
- Cacao in polvere Dukan 1% (1 cucchiaino o 7 g)
- Caffè di cicoria solubile (1 cucchiaino o 7 g)
- Farina di soia (1 cucchiaio o 20 g)
- Gazpacho (1 bicchiere o 15 cl)
- Latte di cocco senza zuccheri aggiunti (10 cl)
- Latte scremato in polvere (3 cucchiai)
- Latte di soia (2 bicchieri o 30 cl)
- Panna light all'11% di grassi (1 cucchiaio o 30 g)
- Salsa di soia (1 cucchiaino o 5 g)
- Salsiccia di pollo o tacchino (100 g)
- Merguez o salsiccia di vitello (50 g)
- Sciroppo senza zuccheri aggiunti (1 cucchiaio o 20 ml)
- Tempeh (50 g)
- Vino per cucinare (3 cucchiai o 60 ml)
- Yogurt magro alla frutta allo 0% di grassi (1 vasetto)
- Yogurt di soia al naturale (1 vasetto)

Conducendo e sperimentando questa sorta di flessibilità nella dieta, ho riscontrato due effetti prevedibili. Quelli che volevano soprattutto dimagrire con la maggiore efficacia possibile facevano notare che tali misure risultavano demotivanti. Per esempio, una paziente una volta mi ha detto in modo piuttosto diretto: «Dottore, non ho bisogno degli alimenti tollerati né dei jolly! Voglio farcela da sola, perché dimostrare che riesco a vincere il mio nemico è ciò che mi motiva di più. E poi do il meglio di me di fronte alle difficoltà, non quando tutto è comodo!»

Dimagrire come unica ricompensa: uno splendido esempio di profilo del primo tipo!

Al contrario, le misure che per alcuni erano insufficienti risultavano inadeguate per altri, che continuavano a dirmi che stavo chiedendo troppo.

Per alcune persone dimagrire era vissuto come una punizione: chiari esempi di profili del secondo tipo.

I due gruppi erano dunque molto diversi: per il primo dimagrire significava vincere, per l'altro equivaleva a perdere due volte! Ciò che per gli uni era il carburante e la ragione di successo, per gli altri era scoraggiante.

D'altro canto i media, che amano le mode e fanno del proprio meglio per crearne di nuove, e che per lungo tempo avevano tifato per le diete più rigide, all'improvviso hanno cambiato rotta, concedendo un'amnistia generale attraverso lo slogan pubblicitario della Weight Watchers: «Basta con le diete!» Uno slogan di puro marketing, poiché fin dagli anni Sessanta l'azienda americana si era distinta per avere puntato soprattutto sulla coesione e la terapia di gruppo, e non sulla dieta (che in sostanza è rimasta la stessa fino ai giorni nostri e si è sempre affidata o alla restrizione calorica o a un sistema di punteggio). Quindi, al di là di ciò che quello slogan poteva far intendere, la forza del gruppo consisteva comunque nell'accettare una restrizione calorica.

Infine abbiamo assistito all'ennesimo rilancio oltranzista e commerciale, in base al quale tutte le diete, indipendentemente dalla loro natura, sarebbero da escludere a priori. Secondo i fautori di questo non-metodo, per rimediare al sovrappeso o all'obesità sarebbe sufficiente tornare alle sensazioni naturali del corpo, imparare a distinguere tra fame e sazietà, quindi mangiare soltanto quando si ha veramente fame e smettere quando la fame scompare. Sarebbe come dire a un alcolista di smettere di bere soltanto quando non ha più sete!

In questo nuovo, scoraggiante contesto, molte persone in sovrappeso o obese, benché presentassero preoccupanti problemi di salute, hanno colto al volo l'occasione per ritardare ulteriormente la decisione di mettersi a dieta. Tante donne e uomini diabetici o ipertesi, a rischio cardiovascolare o cerebrale o di patologie come l'insufficienza respiratoria o la nefropatia diabetica, hanno dovuto comunque constatare che il tempo gioca contro di loro.

Detto questo, mentirei se affermassi di essere rimasto insensibile al dibattito sul no alle diete. Dopo una vita passata a lottare contro il sovrappeso, conoscendone bene i pericoli e le implicazioni ed essendo un medico, il rischio che i pazienti più o meno consapevoli della minaccia che incombeva sulla loro testa finissero per sottovalutare il problema mi inquietava non poco. Certo, uno slogan come «Basta con le diete!» è sicuramente allettante, soprattutto se corredato dalla promessa di dimagrire senza alcuno sforzo. Infine, setacciando i social network, i blog e i forum ho potuto constatare, con grande sollievo, che il numero di persone decise a lottare per ritrovare il peso corretto, una forma piacevole e una certa autostima di sé non stava affatto diminuendo.

Nel contempo sono rimasto in ascolto di tutte quelle persone a cui la mia dieta risultava troppo rigida, e quindi più predisposte a lasciarsi incantare dalle sirene dei mercanti di sogni. Ho continuato a registrare attentamente critiche e obiezioni, e sebbene alcune fossero di parte e infondate, altre mi sono sembrate concrete, acute e pertinenti. In sostanza, ribadivano gli stessi punti che ho presentato confrontando i due profili, e provenivano soprattutto da donne che avevano cercato invano di seguire la mia dieta originale.

Sono stato contento di ricevere lamentele e richieste, e

voglio ringraziare tutti quelli che me le hanno inviate, perché oltre a essere costruttive, spesso scaturiscono dal vissuto e dalla realtà quotidiana. Tutte queste obiezioni hanno quindi contribuito al miglioramento e al perfezionamento della mia idea di lotta al sovrappeso, una piaga tale per cui rinunciare a combatterla significherebbe disertare, se non addirittura macchiarsi di collaborazionismo.

Mi sono quindi rimesso al lavoro con passione, in modo da concludere l'opera che avevo già abbozzato a partire dal 2007 sulla base di ciò che avevo cominciato a chiamare «Scala Nutrizionale»: un approccio più graduale, didattico, piacevole e meno rigido del mio primo metodo. L'obiettivo era fornire una risposta a chiunque avesse bisogno di dimagrire, ne fosse consapevole e lo desiderasse senza però essere animato da uno slancio o da una motivazione sufficienti.

In certi casi tale motivazione non è ancora giunta alla piena maturità, ma limitarsi ad aspettare significherebbe accettare passivamente i chili superflui, correndo così il rischio di cadere direttamente nell'obesità. In altri la questione è ben diversa: in ballo c'è una vulnerabilità emotiva e affettiva che spinge a cercare consolazione e conforto nella gratificazione alimentare. È un problema che non può essere affrontato bruscamente né essere combattuto troppo a lungo.

Avendo constatato tutto questo, sono dunque giunto a una seconda versione della mia dieta. Naturalmente, ho conservato il metodo originale, le cosiddette «maniere forti», che ora definisco «primo fronte». Ma ho anche aperto un secondo fronte, quello delle «maniere dolci», a uso e consumo di chiunque abbia bisogno di un metodo meno aggressivo e tuttavia efficace.

Prima di entrare nei dettagli di questo secondo fronte, nelle pagine successive trovate uno schema comparativo dei due profili appena descritti, in modo che possiate comprendere meglio in quale vi rispecchiate di più.

Comparazione dei due profili...

PROFILO DEL 1° FRONTE

La dieta originale, o «le maniere forti»

1. Forte motivazione.
2. Urgenza di dimagrire in fretta.
3. Carattere volitivo, tutto o niente, ostinato, senza mezzi termini, ovvero quello di chi vuole dimagrire rapidamente per non perdere la motivazione.
4. Sovrappeso importante o obesità (più di 15 chili).
5. Rischi per la salute: problemi cardiovascolari, diabete, colesterolo, dolori articolari alle ginocchia o alle anche.
6. Vita sociale moderata.
7. Costituzione robusta, pressione arteriosa piuttosto elevata o normale.
8. Preferenza per gli alimenti ricchi di proteine e per le verdure.
9. Capacità di attenersi a una dieta rigida senza cadere in tentazione, astenendosi da vino, pane e cioccolato per 2 o 3 mesi.

...del primo e del secondo fronte

PROFILO DEL 2° FRONTE

La Scala Nutrizionale, o «le maniere dolci»

1. Motivazione modesta o non maturata.
2. Nessuna urgenza di dimagrire.
3. Carattere tranquillo ed equilibrato, meno portato agli estremismi, ovvero chi vuole dimagrire ma progressivamente, al ritmo che più gli è congeniale.
4. Sovrappeso moderato, spesso inferiore ai 15 chili.
5. Nessun rischio sanitario evidente, né predisposizione famigliare a patologie cardiovascolari o al diabete.
6. Vita sociale molto attiva.
7. Costituzione esile, facilmente affaticabile, pressione arteriosa piuttosto bassa o normale.
8. Scarsa o moderata preferenza per le proteine e per le verdure.
9. Difficoltà a seguire una dieta rigida nel lungo termine. La perdita di peso viene vissuta più come una mancata ricompensa che come un'ulteriore motivazione a rispettare le consegne.

Il secondo fronte, ovvero...

«LE MANIERE DOLCI»

Le scale d'emergenza, e «Occhio ai glucidi!»

Questo nuovo progetto, il secondo fronte, è già stato sperimentato da molte persone con risultati eccezionali. Si basa sugli stessi principi, gli stessi valori e la medesima filosofia del primo fronte. Forma, approccio e sviluppo sono però diversi, e sono proprio queste novità a suscitare entusiasmo e approvazione da parte delle persone che lo adottano.

In che cosa differisce questo fronte da quello precedente? Come ho già detto, il metodo originario si compone di quattro fasi, due per dimagrire e due per non ingrassare di nuovo. Durante le prime fasi le regole da seguire sono semplici: 100 alimenti autorizzati a volontà, 72 proteine e 28 verdure, e così fino al raggiungimento del Giusto Peso. Le prime due fasi possono durare da qualche giorno a diverse settimane, dopodiché si entra nella terza, la fase di consolidamento, per poi concludere con la stabilizzazione definitiva, che prevede un'alimentazione varia e completa, e corredata di tre misure precauzionali da rispettare per il resto della vita.

Il secondo fronte si sviluppa in tutt'altro modo. Tanto per cominciare, l'unità di misura di base è la settimana, che ho voluto immaginare come una scala composta di sette gradini, in cui lunedì è il primo e domenica l'ultimo.

Ogni giorno lo scenario cambia, e a ogni gradino si aggiunge una nuova famiglia di alimenti allo scopo di aprirci a cibi sempre più gratificanti. La progressione e l'aggiunta di novità prende il via dal gruppo più vitale e più nutriente di alimenti, quelli proteici, offrendo un ampio ventaglio di possibilità e un metodo dimagrante sempre più piacevole e libero. La settimana si conclude con un bel fuoco d'artificio: il pasto della festa, e il lunedì seguente si ricomincia da capo. Difficile trovare un regime più vivace!

La struttura a scala di questo secondo fronte ha uno scopo didattico: il concetto è «imparare dimagrendo». Uno scalino dopo l'altro, e poi una settimana dopo l'altra, si ripete lo stesso percorso, che molto concretamente giunge a dimostrare l'importanza strategica degli alimenti, nonché le scelte da compiere per stabilizzare il peso in maniera efficace. Una volta ottenuto il Giusto Peso (calcolabile gratuitamente, come ho detto, all'indirizzo **www.dietadukan.it**), la ripetizione avrà impresso dentro di voi un certo numero di riflessi automatici di grande importanza. Rinforzati settimana dopo settimana, tali automatismi vi consentiranno di integrare nella vostra vita un certo numero di informazioni teoriche sulla nutrizione.

Come ho già spiegato, sono solito scagliarmi contro chi rifiuta l'idea stessa di dieta. Queste persone pretendono che il proprio corpo abbia un sistema naturale di gestione della fame e della sazietà, e credono che per dimagrire sia sufficiente rispettarne i segnali fino a ritrovare un peso equilibrato. In effetti, qualcosa del genere è concretamente esistito, con i suoi indizi e le sue precise sensazioni, in un'epoca in cui era il bisogno a dettare legge e in cui l'uomo, afflitto dalla fame, era continuamente preoccupato di procurarsi le calorie necessarie per la propria sopravvivenza. Il contesto attuale è invece agli antipodi di tale sistema, poiché fatichiamo a difenderci dall'abbondanza! Inoltre, chi mangia troppo e così spesso da ingrassare, non lo fa per nutrirsi e sopravvivere, ma perché trova nel cibo un antidoto a un malessere e a un'esistenza che, sebbene in apparenza accettabile, non garantisce quanto richiesto dal profondo della natura umana.

Ecco perché fame e sazietà non possono più svolgere il loro ruolo originario per tutelare le persone in sovrappeso. È come se queste due sensazioni fossero serrature forzate, e quindi inutilizzabili. Sono rare le persone che mangiano perché spinte soltanto dalla fame; sempre più spesso mi trovo di fronte a individui che mangiano anche quando non hanno appetito. Inoltre, gli alimenti non sono soltanto facilmente accessibili, ma anche più gustosi, attraenti e appaganti che mai. Alcuni sono stati appositamente «inventati» per generare dipendenza, in modo da garantire una quota crescente di consumatori.

Scegliete una delle più comuni marche di biscotti in commercio, prendetene una confezione e leggete l'etichetta: cosa ci trovate? Farina bianca, zucchero e, a seconda del produttore, un quantitativo più o meno importante di materia grassa. Tutti gli elementi della loro sensorialità – gusto, composizione chimica, tasso di zucchero puro e di glucosio, consistenza e struttura, sapori estremi – sono stati manipolati per farne strumenti di marketing comportamentale. Squadre di specialisti sono continuamente all'opera per produrre sia droghe dolci leggere (utilizzate in quantità moderate), sia droghe dolci pesanti, consumate in grande quantità e continuativamente.

Alcuni psicologi rifiutano le diete, rinunciando a ciò che nel loro gergo definiscono «restrizione cognitiva». Che cosa intendono dire? Limitarsi cognitivamente significa, in definitiva, comprendere che la fisiologia umana e i riflessi ancestrali non bastano più a proteggerci, quindi per trovare un aiuto facciamo appello alla nostra intelligenza (l'aspetto cognitivo, appunto). Per esempio, quando la vista si indebolisce, nessuno di noi esita a inforcare un paio d'occhiali; se la memoria perde colpi, annotiamo tutto su un taccuino e/o dispositivo elettronico. Allora perché dovremmo rifiutarci di leggere le etichette degli alimenti e distogliere lo sguardo da ciò che contengono, evitando così di orientarci in questa specie di caverna dei tesori di Ali Baba che sono i supermercati dei nostri tempi? Non è questa forma di «restrizione cognitiva» a trasformarci in invalidi, né tantomeno in obesi. Chi trae concretamente beneficio dal no a tutte le diete? Sicuramente gli spacciatori di zuccheri, cioccolato, snack, bevande dolci e gassate, caramelle, dolci a base di latte eccetera.

Se state leggendo queste pagine, significa che il vostro peso corporeo vi crea qualche problema, e che non solo la vostra immagine, ma forse persino la vostra salute corre dei rischi. E allora, per favore, ascoltatemi: diffidate degli zuccheri! Se dovessi riassumere tutto quello che sto dicendo in una frase, il messaggio sarebbe questo: **gli zuccheri sono pericolosi tanto**

per voi quanto per i vostri figli o famigliari. Se vi piacciono, consumateli con precauzione, come si fa con il fumo o con l'alcol, sapendo che un giorno sarà necessario considerarli alimenti a rischio e quindi limitarne l'uso. Quando la nostra specie è venuta al mondo, duecentomila anni fa, ovviamente questi alimenti non esistevano (mi riferisco soprattutto agli zuccheri o ai glucidi violenti, alla base dell'immensa varietà di prodotti industriali di facile consumo come snack e merendine, solo per citarne qualcuno). E non c'erano neppure ottomila anni fa, quando è cominciato il cosiddetto Neolitico, e nemmeno ai tempi di Gesù. Nessuno poteva disporne duemila anni fa, e neppure mille. I grandi monarchi d'Europa non hanno potuto godere di tanta «dolcezza»! Lo zucchero bianco, estratto dalla barbabietola, ha fatto la sua comparsa industriale solo alla fine del XIX secolo. Un uomo primitivo dell'Amazzonia o dell'Australia ne consumava circa 2-3 chili all'anno, mentre oggi un americano medio ne consuma 72 chili, con tutte le disastrose conseguenze che conosciamo.

Alla luce di tutto questo, ho elaborato questa avvertenza: «Occhio ai glucidi!» Mi spiego meglio, sperando di indurvi a seguire il mio consiglio. Supponiamo che stiate per comprare un pacco di biscotti per voi o per i vostri bambini. È in questi momenti che vi chiedo di fare attenzione ai glucidi: i produttori, infatti, sono obbligati a indicare sull'etichetta di qualsiasi prodotto le relative caratteristiche nutrizionali. Normalmente si trovano in un riquadro del genere:

Per 100 grammi di prodotto:

Valore energetico in kcal (dimenticate la misurazione in joule)
Proteine
Carboidrati (o glucidi), di cui zuccheri...
Lipidi, di cui grassi saturi...
Fibre
Sodio (cioè sale)

Andate subito a cercare la quantità di carboidrati (o glucidi). Mi sono preso la briga di censire tutti gli alimenti di facile reperibilità disponibili nei più comuni supermercati, in modo da confrontare il loro valore di glucidi violenti (farina e zucchero). Qualcuno potrebbe pensare che nella maggior parte dei casi, almeno per quanto riguarda i glucidi, i biscotti in commercio si equivalgano tutti, ma non è così: infatti, andiamo dai 40 agli 80 grammi ogni 100 di prodotto, e raramente di meno o di più.

Tra gli alimenti con l'80% di glucidi ci sono biscotti, barrette e cornflakes, cinicamente presentati come alimenti «energetici», se non addirittura etichettati come «dietetici». Ebbene, per i diabetici sono autentico veleno, mentre per chi è già in sovrappeso, oppure obeso, sono la causa principale di accumulo di grassi.

Se la percentuale di glucidi è del 40% significa che restano 60 grammi di qualcos'altro, e quindi abbondano le fibre, che rallentano l'assimilazione dei glucidi nel sangue. Prodotti del genere, con un tasso di zuccheri così basso, non contengono zucchero bianco, che viene sostituito da dolcificanti classici come il maltitolo (sciroppo di malto), che ha un po' di zuccheri ma estremamente lenti, e con un effetto assai basso sulla glicemia. Questi prodotti sono particolarmente consigliati a chi deve tenere a bada il peso e ai diabetici. Si riconoscono dalla scritta «senza zuccheri» o «senza zuccheri aggiunti» riportata sulla confezione, come sui chewing-gum o sulle bevande light.

Il mio obiettivo è informarvi affinché tali cifre assumano un preciso significato, perché è un aspetto tutt'altro che trascurabile. Nella vita una persona consuma mediamente novantamila pasti, e ripetere lo stesso errore alimentare nel corso degli anni può avere un effetto assai negativo sulla salute, specie se consideriamo che anche un prodotto immesso sul mercato dopo un rigoroso processo di controllo, realizzato nelle migliori condizioni igieniche possibili e a partire da ingredienti perfetti e di origine controllata può rivelarsi dannoso per la salute: tutto dipende da quanto ne assumete. Alcune aziende vantano competenze nutrizionali, ma di fatto immettono sul mercato prodotti etichettati come «dietetici» sebbene abbiano una quantità di glucidi violenti che raggiunge facilmente il 70%. È davvero troppo! Non lasciatevi imbrogliare. Siete liberi di scegliere, ma con cognizione di causa. Ecco perché insisto su un'attenzione continua che si riassume nel motto: «Occhio ai glucidi!»

Alla voce carboidrati, il «di cui zuccheri» si riferisce alla combinazione di zucchero bianco (saccarosio) che è stata aggiunta a 100 grammi di prodotto. Oggi lo zucchero puro aggiunto costituisce un pericolo. Non voglio dire che dovete rinunciarvi assolutamente, ma sappiate che è come andare troppo veloci in auto: si rischia l'incidente! Se poi tale rischio viene corso diverse volte al giorno, tutti i giorni e senza badare alla quantità, le conseguenze (i chili superflui) sono pressoché inevitabili. Inoltre, se nella vostra famiglia c'è qualcuno (genitori o zii) che soffre di diabete, il rischio di incappare nella stessa patologia aumenta in proporzione.

«Occhio ai glucidi!» è quindi il miglior consiglio che posso darvi. Io stesso l'ho trasmesso ai miei figli, agli amici e ai miei pazienti. Quando incontro qualcuno che è riuscito a dimagrire grazie alla mia dieta senza ingrassare di nuovo, chiedo che cosa secondo lui o lei è stato più d'aiuto nel non recuperare i chili persi, e puntualmente mi viene risposto che la lezione più importante è stata quella di diffidare degli zuccheri: «Ne consumo meno di prima e mangio più verdure e proteine».

La Scala Nutrizionale

Lunedì

Leitmotiv del giorno

Lunedì, il vitale
Martedì, l'essenziale
Mercoledì, l'importante
Giovedì, l'utile
Venerdì, il cremoso
Sabato, l'energetico
Domenica, libertà!

SE volete schierarvi sul campo di battaglia di questo secondo fronte, è fondamentale cominciare di lunedì. Indipendentemente dal momento in cui avete preso la vostra decisione, rimandate l'inizio di tutto al lunedì successivo.

È così che comincia la Scala Nutrizionale, che consiste in un programma settimanale completo. Il lunedì, giorno fatidico, potrete mangiare tutti gli alimenti indicati nelle prossime pagine. Si tratta di cibi ricchi di proteine, classificati in **dodici categorie**. Approfittatene e mangiatene senza limiti di quantità e a qualsiasi ora della giornata. Inoltre, siete liberi di mischiarli come preferite, scegliendo quelli che vi piacciono di più e senza costringervi a consumarne altri meno graditi: potrete anche nutrirvi di una sola categoria di alimenti nello stesso pasto, se vorrete, o persino nella stessa giornata.

L'unica regola è non mangiare qualcosa che non sia compreso nella lista, che come vedrete è assai dettagliata e con una scelta molto ampia. In questa prima giornata, che è anche la più importante di tutte quelle che passerete in mia compagnia, non potrete lasciarvi andare a **nessuna trasgressione**. Oltrepassare i confini anche di un solo passo significherebbe infilare uno spillo in un palloncino.

Qualsiasi infrazione, malgrado possa sembrare insignificante, vi priverebbe di tutti i vantaggi della preziosa libertà che vi è stata concessa, ovvero mangiare senza limiti di quantità. Per un minimo di qualità rischiereste quindi di perdere il beneficio della quantità, e poi di essere costretti, nel resto della giornata, a preoccuparvi del fastidioso calcolo delle calorie mangiando soltanto porzioni misurate. Questo è esattamente il contrario di ciò che mi aspetto da voi!

Per riassumere, le regole sono semplici e non negoziabili: tutto ciò che ho incluso nella lista è a vostra totale disposizione; il resto dimenticatelo, per il momento, e sappiate che a partire da domani, martedì, aggiungerò un'altra famiglia di alimenti completamente diversi.

Le dodici categorie di alimenti del lunedì

Prima categoria: le carni magre

Per carni magre intendo vitello, manzo e cavallo (se siete tra quelli che lo mangiano).

- Manzo: sono autorizzati tutti i tagli da fare arrosto o alla griglia, ovvero la bistecca, il filetto, il controfiletto, il roastbeef e i pezzi scelti dal macellaio, facendo però attenzione a evitare costata e cotoletta, troppo grasse in generale e venate di grasso all'interno.
- Vitello: consiglio la scaloppa, l'arrosto e il fegato, se il vostro colesterolo vi permette di consumarlo. La cotoletta di vitello è autorizzata a condizione di togliere con cura tutto il rivestimento di grasso esterno.
- Cavallo: tutto autorizzato, tranne il petto e la costata, parti troppo grasse. La carne di cavallo è sana e molto magra, quindi se vi piace cucinatela soprattutto a pranzo, perché è una carne estremamente tonificante e mangiarla di sera potrebbe disturbare il sonno.
- Maiale e agnello non sono autorizzati.
- Quella del coniglio, invece, è una carne magra che si può consumare arrosto, o cotta alla salsa di senape e al formaggio fresco.

Tutte le carni autorizzate possono essere cucinate come meglio credete, senza però ricorrere a condimenti grassi, e quindi senza burro, olio o panna, neppure quella magra. Se volete conservare il gusto della carne, fate cadere poche gocce d'olio nella padella e strofinate con carta da cucina.

La cottura consigliata è ai ferri, ma i tagli sopra elencati possono anche essere fatti arrosto, al forno o al girarrosto, al cartoccio o persino bolliti. Scegliete liberamente il grado di cottura che preferite, anche se occorre ricordare che una cottura più lunga consente l'eliminazione dei residui di grasso.

Anche la carne cruda è autorizzata, ma attenzione: la tartara o il carpaccio dovranno essere preparati senza olio. La carne trita cotta, ovvero sotto forma di hamburger, è consigliata a chiunque sia stufo dei soliti tagli. Qualcuno troverà più appetitose le polpette, preparate con un uovo, erbe aromatiche e capperi, e poi cotte al forno. Gli hamburger congelati vanno bene, a condizione che i grassi non superino il 10% (15% è già troppo). E attenzione agli hamburger kasher, perché sono molto grassi. Meglio un pezzo scelto e tritato dal macellaio, più magro, altrimenti cuocetelo abbastanza da fargli perdere almeno una parte del grasso.

So di ripetermi, ma vi ricordo per l'ennesima volta che questi alimenti possono essere consumati a volontà!

Seconda categoria: le frattaglie

Sono autorizzati soltanto il fegato (di vitello, di manzo o di pollo) e la lingua (di manzo o agnello, tagli poco grassi). Per quanto riguarda il manzo, servitevi soltanto della metà anteriore della lingua, in particolare la punta, più magra, evitando la metà posteriore, troppo grassa.

Il fegato è un alimento incredibilmente ricco di vitamine, ma anche di colesterolo, quindi se avete il colesterolo alto raccomando prudenza.

Terza categoria: il pesce

Per questa famiglia non c'è nessuna restrizione né limite. Sono autorizzati tutti i pesci, grassi o magri, bianchi o azzurri, freschi o congelati, e persino in scatola (purché al naturale, senza olio), affumicati o disseccati.

- Tutti i pesci grassi e cosiddetti «azzurri», in particolare sardine, sgombro, tonno e salmone.
- Pesci bianchi e magri come sogliola, merluzzo, orata, triglia, branzino, nasello, razza, trota, merluzzo, sarago, rana pescatrice e molti altri, compresi i meno comuni.
- Pesce affumicato, compreso il salmone, che sebbene sembri grasso e oleoso non contiene più grassi di un hamburger al 10%. Idem per la trota affumicata, l'anguilla o l'haddock.
- Il pesce in scatola, comodo per un pranzo rapido o per uno spuntino, è permesso a condizione che sia al naturale, e quindi tonno, salmone, sgombro e sardine.
- Infine, spazio anche al surimi. È un preparato di origine giapponese a base di carne di pesce bianco estremamente magra, aromatizzata alla salsa di granchio. Molti miei pazienti e lettori sono soliti storcere il naso al solo sentirlo nominare. Certo, è un prodotto industriale, ma ne ho analizzato le modalità di confezionamento e ho tenuto conto delle sue buone qualità nutrizionali. Infatti, viene preparato subito dopo la pesca dei piccoli pesci bianchi che lo compongono, in alto mare, su navi appositamente attrezzate. Qualcuno mi ha fatto notare che l'etichetta del surimi riporta un piccolo quantitativo di glucidi, ma non c'è da preoccuparsene, perché si tratta di amido, che è ben tollerabile, viste le altre preziose caratteristiche di questo alimento. Inoltre, il contenuto di grassi è particolarmente basso e le modalità di consumo favorevoli da diversi punti di vista: il surimi può infatti essere trasportato con facilità, non lascia odori sgradevoli, non richiede preparazione né cottura ed è ottimo per uno spuntino a qualsiasi ora della giornata.

Come regola generale, il pesce dev'essere cucinato senza condimenti grassi (come al solito, tre gocce d'olio e strofinate con carta da cucina). Potete condirlo o farcirlo con limone ed erbe aromatiche, oppure cuocerlo in brodo, anche se sarebbe meglio al vapore. L'ideale è sempre la cottura al cartoccio, poiché preserva completamente i succhi di cottura.

Quarta categoria: i frutti di mare

In questa categoria di alimenti sono raggruppati tutti i crostacei e i molluschi commestibili, tra cui:

- I gamberetti grigi e rosa, i gamberoni, il granchio, il granciporro, le lumache di mare, l'astice, l'aragosta e gli scampi.
- Le ostriche, le cozze, i tartufi di mare, le capesante.

È importante non dimenticarsi di questi cibi, che oltre a diversificare l'alimentazione attribuiscono alla dieta un che di divertente e festoso. Inoltre, si caratterizzano per la loro notevole capacità di saziare.

Quinta categoria: il pollame e le carni bianche

- Tutto il pollame, esclusi i volatili a becco piatto (anatra e oca), e sempre a condizione di non consumare la pelle. Attenzione: durante la cottura la pelle del pollame va conservata, altrimenti la carne si asciugherebbe troppo, però va tolta appena servito in tavola.
- Il pollo è il più comune e il più pratico di tutti i cibi compresi in questa categoria. Vanno bene tutti i tagli, a eccezione dell'esterno dell'ala, inseparabile dalla pelle e quindi troppo grasso. Le varie parti hanno quantità diverse di grassi: quella più magra è senza dubbio il petto, poi la coscia e infine l'ala. Meglio scegliere la carne di animali più giovani.
- Il tacchino è autorizzato in tutte le sue forme: tanto la scaloppa in padella quanto la coscia arrosto, piccata con aglio e cotta al forno. Ottima anche la tacchinella.
- Vanno bene anche la faraona, il piccione e la quaglia, così come la selvaggina, quindi anche il fagiano, la pernice e persino l'anatra selvatica, la cui carne è magra.

Sesta categoria: gli affettati a basso contenuto di grassi

Oggi li trovate un po' dappertutto, in particolare nei supermercati. Non solo prosciutto cotto magro di maiale, ma anche di tacchino e di pollo, talvolta leggermente affumicati e con un contenuto di grassi che varia tra il 2 e il 4%, molto meglio delle carni e dei pesci più magri. Ciò significa che in virtù della loro grande reperibilità e della facilità di consumo, questi alimenti sono non solo autorizzati ma persino consigliati.

Stesso discorso per la bresaola, la mocetta o la carne salada, oppure la carne secca dei grigioni (analoga ma di origine svizzera), tutte ricavate da tagli di carne magra stagionata. O ancora la *cecina*, carne secca spagnola particolarmente gustosa ma poco diffusa. Tutte queste carni secche, oltre che molto magre e appetibili, sono piuttosto care. Nei supermercati le trovate anche preconfezionate, ma sono più gustose e meno salate se acquistate al banco dei salumi o dal macellaio, dove ve le affettano al momento. A ogni modo, se preconfezionate (quindi tagliate senza rischi igienici, odori o scarti), queste carni sono facili da trasportare e sono un alimento perfetto per il pranzo. Inoltre, sebbene il loro sapore sia meno intenso di quello del prosciutto di maiale, le caratteristiche nutrizionali sono pressoché le stesse. Vi ricordo inoltre che il tradizionale prosciutto di maiale con il grasso non è autorizzato, e ancora meno il prosciutto crudo e affumicato.

Settima categoria: le uova

Le uova possono essere consumate sode, alla coque, al tegamino, in omelette o strapazzate (quindi cucinate in una padella antiaderente, senza aggiungere olio o burro, limitandosi a tre gocce d'olio e una strofinata con carta da cucina).

Se volete trasformarle in un piatto meno monotono e più raffinato, aggiungete qualche gamberetto o scampo, o persino un po' di polpa di granchio sbriciolata. Ottime anche le omelette con la cipolla tritata o con qualche punta di asparago, che danno un po' di gusto.

Pur essendo un alimento autorizzato, le uova vanno consumate con cautela, facendo attenzione al colesterolo e alla misura in cui possono essere tollerate dal vostro organismo. In caso di problemi di colesterolo non dovreste superare i quattro tuorli a settimana, mentre gli albumi (tra gli alimenti più sani al mondo) non comportano alcun problema, quindi non ci sono restrizioni al riguardo. Per esempio, potete preparare le vostre omelette o le uova strapazzate usando un tuorlo ogni due albumi.

Esiste poi una vera e propria allergia al tuorlo d'uovo, ma è un fenomeno rarissimo e di solito noto al paziente, che soffrendone dall'infanzia sa bene che deve evitarlo. Molto più frequenti sono i problemi di digestione, erroneamente attribuiti a un fegato delicato. Infatti, a parte le uova di cattiva qualità o non fresche, ciò che il fegato tollera male non sono le uova in sé, ma il burro in cui sono fritte. Ragione per cui, in assenza di una vera e propria allergia ed evitando i condimenti grassi, il lunedì mangiate tranquillamente una o due uova: non correte alcun pericolo!

Ottava categoria: le proteine vegetali

Molti pazienti mi hanno chiesto di adattare la mia dieta alle esigenze dei vegetariani, ormai numerosi in molti Paesi occidentali, così ho introdotto, e progressivamente ampliato, questa categoria di alimenti ricchi di proteine di origine vegetale. La maggior parte di queste proteine, ricavate dalla soia e dal grano, sono entrate nell'alimentazione umana prima di tutto in Asia, e in Giappone in particolare; in Occidente, infatti, hanno conosciuto un successo crescente con la diffusione della cucina e della ristorazione giapponese.

In questa categoria trovate quindi sette alimenti molto ricchi di proteine e poveri di grassi, ma solo i primi due, il **tofu** e il **seitan**, derivati rispettivamente dalla soia e dal grano, vantano una percentuale di proteine sufficiente per essere consumati «a volontà» come gli alimenti delle sette categorie precedenti. Gli altri cinque – tempeh, bistecche di soia o burger vegetali, proteine di soia ristrutturate, latte e yogurt di soia – sono alimenti molto interessanti, però li riservo ai vegetariani che non consumano carne né pesce.

1 Tofu

Farsi il tofu in casa è non solo possibile, ma anche divertente. Mettete a mollo in acqua i fagioli di soia frantumati, così da ricavare prima il latte di soia, che successivamente viene fatto cagliare con l'aggiunta di sale per ottenere un tofu sodo e compatto, dalla consistenza di un formaggio fresco. Per ottenere invece un tofu più morbido e cremoso è sufficiente aggiungere un coagulante chiamato *nigari* e far riscaldare il tutto.

Se l'idea vi stuzzica, le due ricette sono reperibili su un gran numero di siti di cucina. Se invece siete tra quelli che non hanno tempo né voglia di mettersi ai fornelli ogni mattina, sappiate che il tofu è ormai disponibile in tutti i supermercati, nei negozi di prodotti asiatici e in quelli di prodotti biologici.

Come ho detto, il tofu si presenta in due forme: morbido e compatto.

- Il **tofu morbido** è un alimento di base, e ha la consistenza di uno yogurt o di un budino. Viene venduto in scatola, a temperatura ambiente, anche se prima dell'uso è meglio conservarlo in frigorifero per 3-4 giorni. È utilizzato soprattutto nelle ricette di dessert e pasticceria, o anche nelle quiche fatte con gallette di crusca d'avena. Inoltre, si può usare per preparare salse varie, poiché sostituisce la maionese o la panna. La sua consistenza permette di lavorarlo con il frustino fino a ottenere qualcosa di simile alla panna montata.
- Il **tofu compatto** ha la consistenza di un formaggio fresco sodo, e anche questo è alla base di numerose ricette. Si può consumare sbriciolato, grattugiato, a dadini o in purè, e si adatta a ogni genere di piatti, dai primi ai dessert. Di per sé è insipido, ma assume facilmente il sapore degli alimenti con cui viene mescolato. Si sposa molto bene con l'erba cipollina, la salsa di soia e le spezie dolci. Aggiungetelo a dadini nelle insalate miste, oppure nelle torte salate di verdura a base di crusca d'avena. Se intendete cuocerlo, prima marinatelo qualche ora in

una salsa a piacimento. Se volete che questa preparazione abbia l'effetto migliore, strizzatelo per bene pressandolo tra due taglieri o due piatti servendovi di un peso. Come la mozzarella, il tofu compatto si conserva in acqua, da cambiare ogni 2 giorni e senza superare i 10 giorni complessivi. Proprio come il surimi, il tofu sta lentamente conquistando posizioni tra gli alimenti occidentali, e nella mia dieta è sicuramente in prima fila. Oggi potete trovarlo in panetti confezionati, al naturale, affumicato o aromatizzato in vari modi, oppure in diversi prodotti a base di tofu. Ma attenzione: questi preparati non sono stati confezionati per soddisfare le richieste del nostro codice dietetico, quindi occhio all'etichetta, perché il totale di materie grasse non deve superare l'8%.

2 Seitan

Il seitan, o «carne vegetale», è l'equivalente del tofu, ma è prodotto con le proteine del grano anziché con quelle della soia. La sua consistenza ricorda la carne, e può essere utilizzato per il ragù. Viene inoltre cucinato sotto forma di spiedini o stufato. Lo si trova pronto all'uso, al naturale o aromatizzato, nei negozi di alimentazione naturale o di prodotti asiatici.

Proprio come per il tofu, anche il seitan si può fare in casa (la procedura è semplice, divertente, economica e pratica), se uno ne ha il tempo e la voglia. Lo si ottiene lavando la farina di grano in un sacchetto di tessuto, così da eliminare l'amido e mantenere soltanto il glutine. Se non riuscite a farlo in casa, compratelo già pronto, ma sfruttate il tempo risparmiato per cucinarlo come si deve.

Il seitan si trova sugli scaffali dei prodotti biologici e per vegetariani, ma penso sia giunto il momento di metterlo a disposizione di un pubblico molto più ampio, in particolare di chi vuole dimagrire ampliando le scelte alimentari.

Sul piano nutrizionale il seitan è un alimento estremamente ricco di proteine (25%), poco calorico (110 calorie in 100 grammi), con un contenuto estremamente ridotto di glucidi, grassi pressoché assenti, niente colesterolo né purina.

Si conserva in frigorifero (nel liquido di preparazione) per 3 o 4 giorni, e per mesi nel congelatore. È consigliabile cucinarlo con il coperchio e a fuoco dolce, per evitare che indurisca. Meglio ancora in padella, dove si ammorbidisce più facilmente. Per conservare tutta la consistenza e il sapore del seitan, evitate di tagliarlo a fette troppo spesse.

Prima di passarlo in padella potete anche marinarlo in una miscela di salsa di soia, erbe aromatiche, spezie e aglio. Lasciate marinare le fette di seitan, così che assorbano la salsa che avete composto, e mangiatelo già dal martedì, con o senza verdure.

3 Tempeh

Altro alimento derivato dalla soia e originario dell'Indonesia, il tempeh è ottenuto grazie al processo di fermentazione dei fagioli.

Come il seitan, ha una struttura soda, e inoltre si caratterizza per un sapore naturale piacevole, un misto di nocciola e funghi. Ricco di proteine e povero di materie grasse (il colesterolo è assente) rappresenta un alimento di prima scelta per i vegetariani.

4 Bistecche di soia o burger vegetali

Sono l'alternativa vegetale alla carne, utili ai vegetariani. Chi ama la carne, invece, continuerà a preferirgliela, a meno che non sia costretto altrimenti. A ogni modo, il burger vegetale è un prodotto che i vegetariani apprezzano e a cui si abituano, perché sanno cucinarlo a dovere.

È imperativo leggere l'etichetta della confezione, perché il tenore di lipidi o materie grasse delle bistecche di soia è estremamente variabile, anche in quelle vendute nei negozi bio. Il prodotto di riferimento è quello la cui percentuale di grassi non supera l'8%, ovvero prossima a quella di una bistecca piuttosto magra comprata dal macellaio.

5 Proteine di soia ristrutturate

Si presentano sotto forma di granuli di grandezza variabile prodotti a partire dalla farina di soia sgrassata, poi mescolata all'acqua e riscaldata sotto pressione. La miscela così ottenuta viene quindi lasciata seccare e sminuzzata.

Le proteine di soia ristrutturate hanno numerosi vantaggi: il loro apporto proteico è doppio rispetto alla carne di manzo, ma sono poco caloriche e completamente prive di colesterolo. Si conservano facilmente per lungo tempo, e inoltre sono a buon mercato e facili da cucinare.

Una volta cotte hanno una struttura simile a quella della carne, il che permette ai vegetariani di usarle in tutti quei piatti e ricette che tradizionalmente sono a base di carne, per esempio il ragù. Se consumate al naturale, hanno una consistenza croccante e un leggero gusto di arachidi, e questo le rende molto piacevoli per un semplice fuoripasto.

6 Latte di soia

Questa bevanda, che non rientra affatto nella categoria dei latticini, è ricca di proteine vegetali, poco calorica, povera di lipidi, calcio e vitamina D, ed è completamente sprovvista di colesterolo. Può sostituire il comune latte per tutti quelli che devono o preferiscono rinunciarvi (vegetariani, intolleranti al lattosio o semplicemente chi non ama il gusto del latte di mucca, o ancora chi ha qualche problema di colesterolo).

Può essere consumato al naturale o aromatizzato, oppure si può usare per la preparazione di ogni genere di salsa al posto del latte comune (besciamella, salsa olandese eccetera). Si conserva in frigorifero da 5 a 7 giorni.

Attenzione: neppure il latte di soia è autorizzato «a volontà», ma nella misura di un bicchiere al giorno al posto del latte scremato di mucca, e preferendo quello al naturale senza zucchero aggiunto.

7 Yogurt di soia

Alimento a base di latte di soia, ne riproduce le stesse caratteristiche. È un'alternativa allo yogurt tradizionale per tutte le persone che manifestano un'intolleranza al lattosio, o che comunque digeriscono male i latticini.

Dal punto di vista calorico e nutrizionale non è così diverso dallo yogurt di latte di mucca parzialmente scremato, poiché a seconda del produttore ha circa il 2% di grassi, ma non contiene colesterolo.

Neppure lo yogurt di soia è autorizzato «a volontà», bensì nella misura di due yogurt al giorno, ovviamente al naturale e senza zucchero aggiunto.

Nona categoria: i latticini magri (yogurt allo 0% di grassi, formaggio fresco allo 0-5% e ricotta al 5-6%)

Questi alimenti, concepiti per figurare in un'alimentazione dietetica, sono veri latticini, del tutto simili al formaggio fresco, allo yogurt e alla ricotta tradizionale, ma sgrassati.

Il lattosio è il solo zucchero contenuto nel latte, la cui trasformazione in formaggio ne comporta l'eliminazione parziale, di conseguenza questi latticini magri ne contengono meno e sono più ricchi di proteine.

Da diversi anni i produttori di latticini hanno immesso sul mercato una nuova generazione di yogurt magri, dolcificati e aromatizzati o arricchiti con polpa di frutta. Se da un lato dolcificanti e aromi non comportano un maggiore apporto calorico, la polpa di frutta introduce un quantitativo di glucidi ridotto ma comunque da evitare.

In commercio trovate tre tipi di yogurt magri: quelli al naturale, quelli aromatizzati (per esempio alla vaniglia, al cocco, al limone eccetera) e gli yogurt contenenti frutta (sotto forma di polpa o di composta). Per quanto ci riguarda, sono autorizzati solo quelli allo 0% di grassi al naturale o aromatizzati, senza nessuna eccezione. Quelli con la frutta sono da evitare: dopotutto, a partire dal mercoledì potrete mangiare la frutta fresca!

Decima categoria: i liquidi (1 litro e mezzo al giorno)

È la sola categoria obbligatoria di questa lista, mentre tutte le altre sono facoltative e dipendono unicamente dalla vostra intenzione a includerle nella dieta.

Bere è assolutamente vitale, a maggior ragione quando si cerca di ridurre il proprio peso. Senza un intenso drenaggio il regime dimagrante, benché condotto alla perfezione, rischia di stagnare, e le scorie provenienti dalla combustione dei grassi possono accumularsi fino al punto di arrestare il processo.

Va bene qualsiasi acqua minerale, in particolare quella leggermente diuretica. Evitate invece quelle con troppo sodio. Se l'acqua minerale naturale non vi piace, optate per un'acqua frizzante, poiché bollicine e gas non hanno alcun effetto sulla dieta. L'unica cosa da evitare è l'eccesso di sali minerali.

Se poi siete refrattari alle bevande fresche, sappiate che caffè, tè o qualsiasi altro infuso o tisana equivalgono all'acqua, quindi rientrano nel computo totale di liquidi da assumere ogni giorno (che, ci tengo a sottolinearlo, è di 1 litro e mezzo). Infine, in quanto medico e nutrizionista, mi sono assunto la responsabilità di autorizzare le bibite light (come la Coca-Cola o qualsiasi altra marca non comporti più di una caloria a bicchiere).

Come sapete, a tale proposito il dibattito non si è affatto concluso, né tra l'opinione pubblica né tra gli stessi nutrizionisti. Alcuni pensano che l'effetto artificialmente gradevole di queste bevande sia rilevato e neutralizzato dall'organismo; altri ritengono che consumarle soddisfi il bisogno di sapore e di gusti dolci.

L'esperienza mi ha insegnato che nessuna forma di astinenza, per quanto prolungata, può cancellare il bisogno psicologico di particolari sapori, per esempio quello dolce. Quindi non vedo per quale motivo dovreste privarvene, a condizione che l'apporto calorico sia nullo.

D'altro canto, ho potuto constatare che il ricorso a bevande del genere facilita notevolmente il rispetto delle regole della dieta, e che il loro sapore dolce, l'aroma intenso, il colore e le bollicine (per non parlare della naturale festosità che le caratterizza) si coniugano, trasformandole in alimenti di gratificazione dal concreto effetto sensoriale, capaci quindi di placare la voglia di «qualcos'altro», fenomeno frequente tra chi ha dovuto cominciare la dieta proprio a causa dell'eccessivo ricorso a cibi di facile consumo.

Riguardo agli edulcoranti, che sono un'infinità, infuria un'altra polemica: c'è chi dice che siano cancerogeni, e capisco bene che questo possa preoccupare. Bisogna però riconoscere che negli ultimi cinquant'anni i diversi tipi di dolcificanti si sono susseguiti l'uno dopo l'altro, suscitando lo stesso genere di polemica anche immediatamente dopo la loro comparsa, cosa che mi pare sospetta. Vorrei quindi sottolineare che i dolcificanti sono «permessi» dalle autorità sanitarie di tutti i Paesi del mondo.

Che io sappia nessuno ha mai trovato un motivo per limitarne l'uso, se non attraverso la dose giornaliera consigliata, peraltro indicata per qualsiasi altro prodotto. Nessun consumatore ha mai fatto causa per eventuali danni subiti, e le persone che li consumano sono miliardi.

Voglio ricordare che sovrappeso, obesità e diabete sono invece killer di straordinaria efficacia! Ho potuto constatare quotidianamente come i dolcificanti facilitino la lotta contro tali flagelli. Quale sarebbe il principio, la precauzione estrema secondo cui dovremmo assurdamente sollevare dubbi su questi straordinari strumenti che consentono di godere del gusto e del sapore dolce senza aumentare la secrezione di insulina? Questo è il mio parere. Ovviamente, siete liberi di scegliere come meglio preferite, ma sappiate che il sottoscritto e la sua famiglia usano i dolcificanti quotidianamente.

Undicesima categoria: la crusca d'avena (1 cucchiaio e mezzo al giorno)

All'inizio le prime due fasi della mia dieta, quelle concretamente dimagranti, non prevedevano nessun alimento appartenente alla categoria dei cereali o degli amidacei. Questo non impediva affatto che si ottenessero gli effetti desiderati, ma nel lungo termine un'infinità di persone cominciava letteralmente a sognare una qualche forma di carboidrato. Poi, durante un congresso di cardiologia a New York, ho scoperto la crusca d'avena. In quel periodo gli Stati Uniti avevano dichiarato guerra al colesterolo, perché le statistiche avevano evidenziato che si trattava di uno dei Paesi al mondo con la maggiore percentuale di decessi per infarto.

Nel 1988 alcuni ricercatori americani avevano effettuato

indagini su larga scala, pubblicando studi in cui si dimostrava che la crusca d'avena aveva un effetto concreto sulla riduzione del colesterolo nel sangue. Quella notizia aveva immediatamente fatto registrare un aumento dei consumi della crusca d'avena, e durante gli anni Novanta era esplosa la moda dei muffin a base di crusca d'avena, tanto che erano finiti addirittura sulla prima pagina del *New York Times*! Poi i laboratori farmaceutici hanno scoperto i fibrati, e più tardi le statine, due generi di farmaci straordinariamente efficaci per combattere il colesterolo e oggi usati in tutto il mondo. Di conseguenza, la crusca d'avena è stata abbandonata. Per farla breve, durante quel congresso a New York un cardiologo vegetariano (ancora fedele alla crusca d'avena) me ne ha regalato un pacchetto, che ho infilato in valigia.

Tornato a casa, una mattina mia figlia Maya, non trovando niente di meglio da mangiare in quella che si poteva ben definire una «dispensa da nutrizionista», mi ha chiesto, affamata, di prepararle uno spuntino. Non disponendo di farina, ho improvvisato una specie di crêpe a base di crusca d'avena, uovo, formaggio fresco, un po' di cannella e zucchero «finto», perché già a quei tempi non c'era zucchero bianco in casa mia. Maya ne è rimasta deliziata, poi è andata a scuola soddisfatta e sazia. Verso l'una mi ha chiamato dalla mensa scolastica dicendomi che, stranamente, non aveva fame. C'era da preoccuparsi? Era tutta colpa di quella «strana crêpe»?

Ecco com'è nata la mia passione per la crusca d'avena. Ho subito cominciato a consigliarla ad alcuni miei pazienti, soprattutto quelli dall'appetito insaziabile, e la mia impressione iniziale ha trovato puntuale conferma. Così, lentamente, la crusca d'avena è entrata a far parte della mia dieta, diventando il solo carboidrato autorizzato nel mare di proteine pure che caratterizzano la fase d'attacco del metodo originale.

Sul piano strettamente clinico, grazie alla crusca d'avena ho presto constatato un miglioramento complessivo dei risultati. Non solo: i pazienti riuscivano anche a rispettare meglio le consegne, avevano meno appetito, si sentivano sazi più rapidamente e nel complesso erano molto meno frustrati.

La crusca d'avena

La crusca d'avena è il materiale fibroso che circonda e protegge il seme, quello che i produttori di farina d'avena prima e di fiocchi d'avena poi hanno sempre trovato interessante per la sua particolare consistenza. La crusca d'avena, povera di zuccheri ed estremamente ricca di fibre, era destinata all'alimentazione animale, oppure utilizzata per produrre materassi e cuscini.

Per comprendere come funziona la crusca d'avena ho fatto riferimento agli studi dei cardiologi americani, i quali avevano già dimostrato come questo alimento riducesse l'assorbimento del colesterolo a livello intestinale, e a quelli dei diabetologi, che a loro volta avevano constatato un rallentamento dell'assimilazione intestinale degli zuccheri rapidi.

Ovviamente, tutto questo ha suscitato la mia attenzione, spingendomi a indagare ulteriormente sul tragitto della crusca d'avena nell'apparato digerente, dall'esofago allo stomaco e quindi all'intestino tenue, e ho riscontrato che le fibre della crusca d'avena possiedono due proprietà fisiche che le conferiscono un ruolo terapeutico:

- **Potere di assorbimento**: la crusca d'avena può impregnarsi d'acqua e gonfiare fino a venti volte il suo volume, basta versarne un po' in un bicchiere d'acqua per constatarlo. Una volta nello stomaco, quindi, la crusca d'avena si espande al punto da trasmettere una sensazione di rapida sazietà meccanica, dovuta alla semplice estensione della parete gastrica.
- **Estrema viscosità naturale**: una volta nell'intestino tenue insieme agli altri alimenti, ormai ridotti a bolo, la crusca d'avena si unisce a tutte le sostanze nutritive presenti e ne rallenta la penetrazione nel sangue, impedendone almeno in parte l'assimilazione e trascinandole con sé nel processo di evacuazione, cosa che ovviamente aiuta a dimagrire!

Sazietà e dispersione calorica hanno trasformato la crusca d'avena in un prezioso alleato nella lotta contro il sovrappeso. Oltre a essere uno degli strumenti fondamentali del mio metodo originario, è prescritta in questo secondo fronte fin da lunedì, giorno dedicato alle proteine.

Attenzione, però: non tutte le tipologie di crusca d'avena sono uguali. La macinazione e la setacciatura (separazione della crusca dalla farina) a cui i diversi produttori fanno ricorso non si equivalgono affatto, e secondo le mie ricerche la migliore crusca d'avena è quella contraddistinta dall'indice globale M2bis-M6, ovvero una macinazione che produce particelle di taglia media e una setacciatura in sei passaggi, necessari per garantire un tenore trascurabile di zuccheri ad assorbimento rapido.

L'associazione di questi due specifici metodi di produzione tutela le proprietà medicinali della crusca d'avena e quindi i suoi effetti sul dimagrimento. Pensate che alla crusca d'avena ho persino dedicato un libro intero, *Mon secret minceur et santé* (Il mio segreto per forma e salute). Sono convinto che questo alimento meriti tutta la vostra attenzione, perché è un grande alleato e un vero amico, quindi siategli fedeli e non vi tradirà mai!

Le gallette di crusca d'avena, salate o dolci (con edulcoranti)

Versate in una ciotola 1 cucchiaio e mezzo di crusca d'avena, aggiungete 1 cucchiaio e mezzo di formaggio fresco allo 0-5% di grassi o di yogurt al naturale, poi 1 albume montato a neve o 1 uovo intero (se non avete problemi di colesterolo).
A seconda dei vostri gusti, salate poco oppure aggiungete 1 cucchiaio di stevia, di sucralosio o di un altro dolcificante a vostra scelta. Mescolate bene. Versate l'impasto così ottenuto in una padella antiaderente unta con qualche goccia d'olio e strofinata con carta da cucina. Cuocete 4-5 minuti per lato.

Come impiegare la crusca d'avena? Nel secondo fronte la dose quotidiana di crusca d'avena è di 1 cucchiaio e mezzo.

Le gallette già cotte si conservano per una settimana in frigorifero. Per evitare che si asciughino troppo sarà necessario avvolgerle nella carta stagnola o nel cellophane. Potete anche congelarle, non perderanno affatto in sapore, consistenza e valore nutrizionale.

La maggior parte dei miei pazienti consuma la galletta di crusca d'avena a colazione, così non cade in preda alla tipica fame da lupo di metà mattina. Altri la usano per prepararsi un sandwich a pranzo, magari con una bella fetta di salmone affumicato o di bresaola. C'è poi chi la consuma in pieno pomeriggio, nella fatidica «ora del crimine», quella delle voglie compulsive, o nel dopo cena, quando con il calare della notte viene voglia di frugare in giro alla ricerca di un alimento rassicurante.

Se siete incuriositi e volete approfittare di qualche variazione sul tema, su Internet troverete tutta una serie di ricette di crêpe o gallette, muffin, pan speziato, pasta per pizza o per pane, tutti rigorosamente a base di crusca d'avena.

Ormai i supermercati abbondano di prodotti a base di crusca d'avena: biscotti, barrette o gallette, tutti utilizzabili a condizione di non superare i quantitativi consigliati. Dovete semplicemente verificare con cura che tali alimenti non contengano farine raffinate, ovvero l'ingrediente che, al pari dello zucchero, scatena la più intensa secrezione di insulina, e di conseguenza l'accumulo di grassi.

Ricordate che, a pari calorie, gli alimenti che fanno ingrassare di più sono farine e zuccheri.

Una delle molte qualità della galletta di crusca d'avena è che può rivelarsi un'arma straordinaria con cui i bulimici possono difendersi dai loro tipici attacchi di fame. Chiunque sia costretto a provocarsi regolarmente il vomito è sicuramente affetto da un problema grave, e ha bisogno di un aiuto psicoterapeutico; tuttavia, se tra i lettori di questo libro ci sono dei bulimici, sappiate che avere a disposizione delle gallette di crusca d'avena aromatizzate a piacimento vi permetterà di evitare i picchi calorici dovuti all'ingestione di altri alimenti di pessima qualità. Ho potuto constatarlo di persona con i miei pazienti.

Inoltre, pur non essendo bulimici è possibile incappare in periodi difficili nei quali si è in preda a smanie incontrollabili: semplicemente si cede, ed ecco che tutto quello che si era guadagnato rispettando la dieta svanisce nel nulla! In momenti del genere, nel breve termine è possibile aumentare il consumo di crusca d'avena, portandolo a tre gallette al giorno.

Dodicesima categoria: il konjac

Dopo la crusca d'avena, il konjac è il secondo glucide a essersi integrato nella mia vita di nutrizionista, e devo dire con grande soddisfazione personale. Sono convinto che nei prossimi anni questo alimento avrà un ruolo di primo piano nella lotta mondiale contro il sovrappeso, l'obesità e il diabete.

Per come la vedo io, il konjac non è soltanto un alimento, ma un concetto alimentare comparso al momento giusto per proteggere la vita dell'uomo moderno, esposto com'è all'abbondanza alimentare. Il konjac smentisce la regola secondo cui gli alimenti che ci attirano di più sono anche i più ricchi di calorie e di glucidi. I nostri antenati, quelli che popolavano le savane primeve, l'avrebbero evitato con cura, ma nella nostra società industrializzata, e in particolare nel contesto dei regimi dietetici, è qualcosa di provvidenziale!

Lasciate che vi presenti questo alimento. Il konjac appartiene al patrimonio alimentare dei giapponesi, che se ne servono da secoli. L'ho scoperto durante un soggiorno in Giappone in compagnia del mio editore. Ho voluto assaggiare gli shirataki, un piatto del tutto simile ai vermicelli cinesi di riso o di soia.

È stato proprio il mio editore a spiegarmi che quella pasta veniva prodotta utilizzando il konjac, un tubero del posto. Mi ha raccontato che, come tutti gli alimenti preziosi, anche il konjac vantava origini gloriose e mitiche, al punto che i giapponesi lo consideravano un dono degli dei, qualcosa di sacro, e per questo celebrato ogni anno con una sorta di sagra che dura un giorno intero.

Il konjac

È un grosso tubero che cresce sottoterra. Nella bella stagione germoglia, producendo un fusto da cui si sviluppano ramoscelli e fiori.
La particolarità del konjac è che sfrutta fino in fondo le proprie riserve e, quando sono completamente esaurite, la pianta appassisce e muore. Potrebbe essere finita qui, se non fosse che i giapponesi hanno imparato a raccogliere questo tubero, che è ricco di una fibra solubile chiamata «glucomannano». Una volta macinato, il tubero di konjac si trasforma in una farina che i giapponesi utilizzano per la preparazione di un gran numero di alimenti. Nel corso dei secoli, tuttavia, non si sono mai accorti di consumare un alimento totalmente privo di calorie: lo apprezzavano soprattutto per la consistenza elastica e croccante, ovvero per motivi analoghi a quelli per cui amano le alghe o altre verdure sconosciute in Occidente. Tra i prodotti derivati del konjac più utilizzati in Giappone ci sono proprio gli shirataki, che assomigliano, come ho già detto, ai taglierini o ai vermicelli cinesi di riso, ma non hanno altrettante calorie. La farina di konjac è stata oggetto di numerose ricerche e studi scientifici volti ad analizzarne le proprietà medicinali.

Tornato in Francia, quasi per caso sono venuto a sapere che il konjac è praticamente privo di calorie, e che lo stesso valeva per la pasta che avevo assaggiato. Potete immaginare lo stupore di un nutrizionista da sempre impegnato nella lotta contro il sovrappeso che improvvisamente si trova di fronte a una tale bizzarria: una pasta «amica della dieta»! Poter finalmente disporre di qualcosa di tanto prezioso mi ha riempito di gioia.

Il konjac vanta una serie di qualità:

- Interviene sull'appetito, **provocando rapidamente sazietà**.
- **Riduce colesterolo e trigliceridi**, quindi è indicato nella prevenzione delle patologie cardiovascolari.

- **Agisce sul metabolismo dello zucchero** in virtù dell'azione intensa delle sue fibre solubili, che rallentano la digestione e l'assimilazione dello zucchero e dei glucidi a elevato indice glicemico, come la farina bianca e gli amidacei.

In seguito a tali scoperte mi sono impegnato affinché questo alimento potesse essere conosciuto dalle masse e migliorato qualitativamente, così da rientrare nelle abitudini alimentari degli occidentali del XXI secolo. Ormai mangiare pasta di konjac a volontà è possibile e persino utile anche per gli obesi o per i diabetici, poiché il konjac non è soltanto privo di calorie, ma anche estremamente ricco di fibre solubili, che rallentano l'assorbimento delle sostanze nutritive nel sangue. Che cosa potremmo volere di più?

Avevamo già le bibite light, i chewing-gum senza zucchero, i latticini allo 0-5% di grassi, quindi ho fatto di tutto per introdurre il konjac come parziale alternativa light agli amidacei.

Considerata l'odierna epidemia di sovrappeso e obesità, dobbiamo arrenderci all'evidenza: la pasta e il riso bianco, composti quasi unicamente di glucidi a velocità d'assorbimento media, sono troppo ricchi per fare al caso nostro. Tutti gli alimenti a base di farina bianca sollecitano esageratamente il pancreas e quindi la secrezione di insulina. Ricorrere spesso e in grandi quantitativi ad amidacei del genere, caratterizzati da un notevole impatto calorico, favorisce l'insorgere del diabete e l'accumulo di grassi. È proprio questo uno degli elementi chiave della diffusione del sovrappeso su scala planetaria.

Occorre peraltro notare che gli italiani, leader incontrastati della produzione e del consumo mondiale di pasta, e sicuramente tra i più accaniti sostenitori di questo alimento, oggi sono anche i più grandi consumatori di konjac d'Europa! Un esempio notevole da tenere sempre presente.

Come cucinare il konjac? Tanto per cominciare, sappiate che non ci sono restrizioni. Questo significa che anche il konjac può essere consumato a volontà, come tutti gli altri alimenti del lunedì. Vi fermerete soltanto perché, inevitabilmente, comincerete a sentirvi appagati e sazi, in virtù delle qualità magiche di questo alimento.

Il konjac viene usato nelle più diverse forme, ma per ora, tenuto conto del gusto degli occidentali, vi consiglierei di provare la pasta e il riso (o le perle).

• La pasta di konjac

In commercio trovate pasta di konjac di vario genere. La forma classica, che ho proposto fin dall'inizio, sono i vermicelli. Ma fin dalla prima introduzione del konjac nella mia dieta ho lavorato molto al fianco di alcuni produttori asiatici affinché offrissero altre versioni. Oggi sono disponibili tagliatelle e spaghetti di konjac, e presto avrete anche farfalle, penne, linguine e fusilli.

La ricetta fondamentale del lunedì è tagliatelle alla bolognese. Sarà sufficiente aggiungere alla pasta di konjac un po' di carne trita di manzo e salsa di pomodoro (per quest'ultimo ingrediente, raccomando una dose assai ridotta, perché per ora è semplicemente un condimento, non una verdura; vi ricordo che nella Scala Nutrizionale le verdure ci saranno soltanto da domani, ovvero martedì).

Ovviamente, potete gustare anche altre ricette, per esempio la pasta di konjac al pesto e al coriandolo, con un po' d'aglio, aceto di vino bianco e peperoncino. Vi consiglio inoltre di provare a condirla con lamelle di salmone affumicato, pezzettini di pollo, fegato di vitello, gamberetti, pettini di mare, capesante, rondelle di salciccia (passate al grill per sbarazzarvi del grasso), prosciutto o pancetta affumicata sgrassata. Soprattutto, non dimenticate erbe aromatiche e spezie, poiché il konjac, pur non avendo un suo gusto particolare, assorbe bene i sapori che gli vengono associati. È quindi un'ottima occasione per sperimentare coriandolo, aglio, cipolla, basilico, curry, curcuma, cumino, paprica o zenzero marinato.

• Il riso o le perle di konjac

Il riso di konjac non è ancora in vendita nei supermercati, ma comincia a essere disponibile in qualche negozio di prodotti naturali o asiatici (e su Internet, ovviamente). Potrete dunque iniziare il secondo fronte introducendo fin da subito una certa varietà.

Le perle di konjac hanno una consistenza molto diversa dalla pasta: masticarle può non essere facile, ma una cucchiaiata ne contiene quanto basta per produrre una piacevole sensazione in bocca, nonché un'azione meccanica che rivela tutto l'aroma della pietanza.

Come nel caso della pasta, il riso può essere cucinato in un'infinità di modi: tipo tabulé, come un qualsiasi risotto, o anche come riso al latte con salsa al cioccolato (usando cacao magro all'1% o aroma di cioccolato Dukan, al latte o fondente).

Il peperoncino

Le virtù termogeniche del peperoncino sono note da tempo, e riguardano direttamente chi ha problemi di sovrappeso.

La **termogenesi** è la produzione di calore da parte dell'organismo dovuta all'aumento del metabolismo delle cellule. In condizioni normali interviene in numerosi processi chimici vitali, come la digestione, l'assimilazione, la combustione eccetera. Il corpo si serve di uno di tali processi termogenici per mantenere costantemente la temperatura al di sopra del minimo vitale.

Per migliorare la resa della mia dieta, mi sono interessato all'effetto del freddo e dell'adattamento del corpo alle temperature più basse. Il principio è quello dell'omeotermia, secondo cui il corpo umano deve mantenersi a una temperatura superiore a 35,5 °C. A questo scopo è disposto a bruciare tutte le calorie necessarie per garantirsi la sopravvivenza.

Fare una doccia o nuotare in un'acqua a temperatura inferiore a quella del corpo umano costringe l'organismo a bruciare calorie per non raffreddarsi pericolosamente e rischiare l'ipotermia. Per esempio, se nuotate nell'acqua a 20 °C, per mantenere i suoi 36-37 °C il corpo dovrà «scaldarsi» molto e rapidamente, spendendo ancora più calorie di quelle consumate dai muscoli coinvolti nell'esercizio fisico.

Lo stesso discorso vale per le bevande liquide. Se bevete

un litro d'acqua appena presa dal frigorifero, a circa 4 °C, e poi la espellete sotto forma di urina a 36 °C, costringete il corpo a bruciare tutte le calorie necessarie per aumentare la temperatura di quel litro d'acqua di ben 32 °C. Si tratta dello stesso lavoro, e quindi dello stesso quantitativo di calorie che consumereste ricorrendo a un fornello (non perdetevi nei calcoli matematici, li ho già fatti io, e l'equivalente è poco più di 50 calorie).

Ecco quindi cos'è la termogenesi: combustione di calorie. La funzione della termogenesi nell'organismo umano è regolata dalla tiroide, ragione per cui chi soffre di ipotiroidismo, e non produce a sufficienza il relativo ormone, brucia meno calorie degli altri per scaldarsi e quindi risulta più freddoloso. A pari alimentazione e attività fisica, gli ipotiroidei ingrassano più facilmente degli altri e, se sottoposti a dieta, dimagriscono con maggiore difficoltà.

Come sapete, gli alimenti si compongono di una miscela variabile delle tre categorie universali: proteine, glucidi e lipidi. Ho già spiegato che la digestione del cibo, e quindi la sua assimilazione, dipende dalla natura dei nutrimenti da processare. Come ricorderete, è un lavoro poco dispendioso in termini di lipidi e di glucidi (ovvero grassi e zuccheri), solo 2-3 calorie per ogni 100 calorie assunte. Le proteine, invece, richiedono un enorme lavoro di smantellamento delle loro lunghe catene di aminoacidi, che sono caratterizzate da forti legami chimici, e ciò richiede un lavoro pari a 32 calorie consumate per ogni 100 calorie assunte. Anche in questo caso la differenza sta tutta nella termogenesi, e le proteine sono estremamente termogeniche.

Forse vi starete chiedendo che cosa c'entri il peperoncino in tutto questo. Ebbene il peperoncino, per sua stessa natura, innalza il livello di base della termogenesi dell'organismo. La sua azione è paragonabile alla reazione del corpo umano alle fredde temperature, all'attività fisica o allo smantellamento delle proteine. L'effetto è meno evidente, ma basta a motivarne l'utilizzo in una dieta dimagrante. È stato inoltre appurato che il tè verde possiede qualità simili e sufficientemente interessanti perché numerosi laboratori d'erboristeria cominciassero a commercializzare prodotti alimentari definiti «bruciagrassi».

Per quanto riguarda il mio secondo fronte, il lunedì prevede un'alimentazione ricca di proteine che si contraddistinguono per la loro attività termogenica. Vi propongo di prepararvi una bevanda destinata a favorire la termogenesi, e quindi ad aumentare la resa e l'efficacia del lunedì proteico.

Bevanda del lunedì: tè verde al peperoncino, infuso «attivatore»

Preparate un infuso con 15 grammi di tè verde in foglie o perle in 1 litro d'acqua. Aggiungete un pizzico di peperoncino in polvere, il succo di 1 lime o di ½ limone e 2 cucchiaini di sucralosio. Non dimenticate il ruolo del freddo nella termogenesi, quindi lasciate raffreddare e consumate questo infuso ben freddo e, se possibile, dividetelo in cinque porzioni quotidiane.

La **teina**, la **capsaicina del peperoncino**, le **bevande a bassa temperatura** e le **proteine**, assunte durante il primo giorno della settimana congiuntamente alla **camminata**, permettono non solo di aumentare la termogenesi del corpo, ma anche di migliorare l'eliminazione renale, e quindi la depurazione e il drenaggio del corpo.

Lo ribadisco (ripetere fa parte del mio ruolo di coach, quindi lo faccio a scopo didattico): se volete aumentare ulteriormente la termogenesi attivata con il consumo di proteine del lunedì, bevete liquidi molto freddi e camminate il più possibile. Ma non dimenticate – non mi stancherò mai di dirlo – che il miglior antifame naturale e meccanico è l'acqua!

Tra voi lettori potrebbe anche essercene qualcuno dallo stomaco molto delicato, che non solo non tollera il peperoncino o il pepe, ma tutte le spezie in generale. Ebbene, se l'infuso di tè verde non fa al caso vostro, bevete semplicemente acqua, tanta, tantissima acqua.

Facile, no?

Gli alleati

- Il **latte scremato**, fresco, a lunga conservazione e ovviamente anche in polvere, rientra tra gli alimenti autorizzati. Migliora il sapore e la consistenza del tè e del caffè, oltre a servire per la preparazione di salse, creme, flan e ricette varie (che comprendono molti altri ingredienti autorizzati come i formaggi freschi, i dolcificanti, l'agar agar, il cacao magro eccetera).
- I **dolcificanti** sono autorizzati, mentre lo zucchero è vietato. Chi non gradisce gli edulcoranti di sintesi può ricorrere alla stevia, che è di origine naturale. Per chi cerca invece il gusto perfetto, il più possibile simile a quello dello zucchero bianco, consiglio il sucralosio (io lo uso).
- Utilizzate liberamente **aceto**, **erbe aromatiche** e **aromi**: timo, aglio, prezzemolo, cipolla, scalogno, erba cipollina eccetera.
- Le **spezie**, proprio come gli aromi di cui sopra, non sono soltanto autorizzate ma vivamente consigliate. Il loro impiego consente di arricchire il sapore degli alimenti migliorandone le caratteristiche sensoriali (il che significa stimolare quelle sensazioni che dalla bocca raggiungono i centri nervosi che rilevano sazietà, e quindi aumentare il potere saziante del cibo). Le spezie esaltano i sapori, il che è di per sé un ottimo risultato, ma contribuiscono anche alla perdita di peso! Infatti alcune spezie, come vaniglia o cannella, in virtù del loro sapore dolce e rassicurante placano il bisogno di sapori zuccherati. Altre, come il coriandolo, il curry, la miscela di spezie delle Antille chiamata Colombo e il chiodo di garofano, possono ridurre il bisogno di sale, soprattutto nelle persone che soffrono di ritenzione idrica e faticano a non salare le pietanze prima ancora di averle assaggiate. Infine ricordo nuovamente l'utilità del peperoncino, nonché quella dello zenzero e del wasabi, sempre tenuto conto dell'azione termogenica.
- I **cetriolini sottaceto**, così come le **cipolle**, sono autorizzati al lunedì soltanto come **contorni**. Questo significa che il

loro quantitativo non deve essere tale da farli rientrare nella categoria delle verdure.

- Il **limone** può essere utilizzato per condire pesci o frutti di mare, ma non sotto forma di spremuta né di limonata (nemmeno senza zucchero), perché non si tratterebbe più di un semplice condimento ma di un frutto che, sebbene acidulo, in questo secondo fronte comparirà soltanto il mercoledì.
- **Sale** e **senape** sono autorizzati, in dosaggi limitati, soprattutto in caso di tendenza a ritenzione idrica, fenomeno particolarmente frequente negli adolescenti poco disposti a darsi una regolata, nelle donne prossime alla menopausa o in chi si sottopone a una terapia ormonale sostitutiva. Per chi non riesce a fare a meno di questi sapori, esistono senape senza sale e sali dietetici a basso contenuto di sodio.
- Il ketchup comunemente in commercio non è autorizzato, perché molto zuccherato e salato. Cercate il **ketchup senza zucchero né grassi**, che potrete utilizzare a piacimento, per esempio sui piatti di carne.
- I **chewing-gum** meriterebbero qualcosa di più di una semplice menzione in questa lista di alleati del secondo fronte. Infatti, a mio modesto parere, nella lotta contro il sovrappeso rappresentano un asso nella manica. Non sono un grande consumatore di chewing-gum, ma ne infilo uno in bocca quando sono un po' troppo stressato. (C'è chi durante il sonno digrigna i denti al punto da consumarne lo smalto. È un fenomeno che si chiama «bruxismo».) Poiché un gran numero di persone in sovrappeso mangia perché «stressato», il chewing-gum può evitare che lo stress venga placato con un alimento di compensazione. Inoltre, una bocca già occupata a masticare un chewing-gum non può contenere nient'altro! Ovviamente, mi riferisco ai chewing-gum senza zucchero, altrettanto buoni e stimolanti degli altri e disponibili in tutti i gusti possibili e immaginabili. Sono ormai molti gli studi scientifici che dimostrano l'utilità dei chewing-gum nella lotta contro il sovrappeso, il diabete e la carie dentaria.

Sulle caratteristiche nutrizionali dei chewing-gum senza zucchero: quali scegliere?

«Senza zucchero» significa, in realtà, «senza zucchero bianco», quello che si è soliti mettere nel caffè, quindi è come dire «senza saccarosio». Gli edulcoranti utilizzati nei chewing-gum «dietetici» sono principalmente dei polioli, composti chimici con un certo apporto calorico ma una capacità dolcificante infinitamente superiore a quella dello zucchero comune, e quindi impiegati in quantitativi minimi. Inoltre, i polioli si distinguono per un assorbimento intestinale e un'assimilazione assai lenta, tale da non richiedere secrezione di insulina né procurare accumulo di grassi. Scegliete quindi il vostro chewing-gum senza zucchero semplicemente in funzione del gusto, cercando di privilegiare quelli il cui sapore in bocca si mantiene più a lungo.

Ecco fatto: per quanto riguarda il lunedì, a parte le dodici grandi categorie sopra descritte e tutti questi alleati, non c'è assolutamente nient'altro!

Ciò significa che il resto, quello che non ho menzionato in queste pagine, è vietato, almeno per oggi. Già da domani, martedì, arriveranno novità, che continueranno ad aumentare giorno dopo giorno fino a domenica.

L'attività fisica

Tra i sette giorni della settimana, il lunedì è sicuramente il più potente e il più dimagrante. Le istruzioni dovranno quindi essere seguite alla lettera. Per quanto concerne il dispendio calorico, cercate di rinforzarne l'efficacia con una giusta dose di attività fisica. La mia consegna è di muovervi, ma senza generare appetito né fatica. Il modo migliore per riuscirci è camminare il più possibile, e comunque **non meno di 20 minuti**. L'ideale sarebbe un'ora, ma so che pochi possono permetterselo.

Per i più giovani, 20-30 minuti di jogging sono decisamente i benvenuti! A ogni modo, non dimenticate il minimo richiesto: il lunedì, almeno 20 minuti di camminata!

Qualche consiglio generale

Mangiate tutte le volte che ne sentite il bisogno
Il lunedì potete mangiare a volontà, anche prima di avere fame, perché la fame è una cattiva consigliera e potrebbe indurvi a cedere a una qualche tentazione, ovvero a lasciarvi andare a un alimento non incluso nella lista.

Non saltate mai un pasto
Benché scaturisca da buone intenzioni, questa mossa è un grave errore. Del resto, come sappiamo, la strada per l'inferno è lastricata di buone intenzioni... Saltando un pasto rischiate di destabilizzare la giornata del lunedì, che è di importanza fondamentale per il resto della settimana. Tutto ciò che non mangiate saltando un pasto non offre un vero vantaggio ai fini della dieta, perché viene immediatamente compensato da una porzione superiore al pasto successivo e, peggio ancora, l'organismo cerca di trarre maggiore profitto da tale pasto «di recupero», assorbendone tutte le calorie, fino all'ultima.

Inoltre la fame, imbrigliata e quindi attizzata, tenderà (com'è sua natura) a spingervi verso gli alimenti più gratificanti, obbligandovi a un ulteriore sforzo e a un surplus di resistenza. Sollecitazioni di questo genere, se troppo frequenti, possono minare anche la più forte delle motivazioni. Quindi non saltate mai un pasto, anzi mangiate sempre a sufficienza.

Bevete ogni volta che mangiate
Per qualche strano motivo, negli anni Settanta si è cominciato a consigliare di non bere mangiando, e gli effetti di questa cosa bizzarra si fanno sentire ancora oggi. Per i comuni mortali non è per niente utile, mentre può rivelarsi nociva per chi sta seguendo una dieta. Se non bevete mangiando correte il

rischio di dimenticarvi completamente di bere! Inoltre, bere mangiando aumenta il volume del contenuto gastrico, producendo una sensazione di replezione e appagamento. Infine, l'acqua diluisce gli alimenti, rallentandone l'assorbimento ed estendendo la durata della sazietà.

Procuratevi anzitempo gli alimenti necessari per il lunedì
Fate in modo di avere sempre a disposizione, nella dispensa o in frigorifero, un'ampia scelta delle dodici categorie di alimenti. Questi cibi si trasformeranno in grandi amici, tanto che si possono definire «alimenti portafortuna». Fate in modo di averne sempre un po' con voi nei vostri spostamenti. La maggior parte degli alimenti proteici richiede una preparazione, quindi bisogna disporre del necessario per cucinarli. Contrariamente ai glucidi e ai lipidi, si conservano meno bene, e di certo non possono essere sempre a disposizione negli armadietti o nei cassetti, come per esempio un pacchetto di biscotti o una tavoletta di cioccolato!

Prima di consumare qualcosa, controllate che sia presente sulla lista del lunedì
Per essere certi di non commettere errori, tenete nel taschino la lista degli alimenti autorizzati, almeno nei primi giorni della settimana. Infatti, ciò che è autorizzato il lunedì lo sarà anche

Lista degli alimenti autorizzati del lunedì

- carni magre e frattaglie
- pesci e frutti di mare
- pollame
- affettati sgrassati e uova
- proteine vegetali
- latticini magri
- acqua
- un po' di crusca d'avena

negli altri sei giorni, anzi, direi per il resto della vostra vita e sempre nella dose magica: a volontà!

La prima colazione

Il primo pasto della giornata è spesso oggetto di particolari discussioni, poiché a differenza dei Paesi anglosassoni, in molte parti d'Europa la prima colazione è tradizionalmente priva di alimenti proteici.

A ogni modo, neppure il primo pasto della giornata deve sfuggire alla logica degli alimenti ad alto tenore proteico. Caffè o tè (dolcificati o meno) possono essere macchiati con un po' di latte scremato; e poi perché non affiancargli un latticino, un uovo alla coque, una fettina di tacchino o di prosciutto sgrassato: sul piano nutrizionale è molto meglio del tipico dolcetto o dei cornflakes al cioccolato, e sicuramente sazia di più e rende più dinamici.

La prima colazione è anche il momento ideale per preparare la galletta di crusca d'avena. Se non avete il tempo per cucinarla, potete versare 1 cucchiaio e mezzo di crusca d'avena in un po' di latte caldo, dolcificato o no, trasformandola in porridge, o ancora mescolarla a uno yogurt al naturale, così da conferirgli una consistenza più densa e una parvenza di cereali.

Per i più pigri, ormai sono in commercio gallette di crusca d'avena già pronte all'uso. L'unica condizione è verificare che non contengano farina di grano!

Al ristorante

Se potete, il lunedì evitate il ristorante: vi renderà tutto più facile! Il ruolo di questa giornata inaugurale della dieta è talmente importante che non è il caso di giocare con il fuoco. Se invece dovete per forza mangiare fuori, non vi preoccupate: basta tenere bene a mente tutti gli alimenti autorizzati, e nessuno si accorgerà delle vostre scelte (nemmeno voi, perché vi verrà totalmente automatico).

Immaginiamo insieme questa situazione: siete al ristorante, e come antipasto potete scegliere tra un uovo in gelatina, una bella fetta di salmone affumicato o un vassoio di frutti di mare.

Dopodiché godete di un'ampia scelta tra tagliata di manzo, controfiletto alla griglia, cotoletta di vitello, pesce crudo alla giapponese o cotto alla piastra, oppure del pollame (una coscia al forno o un petto di pollo cucinato in vari modi). E perché non prendere del coniglio alla senape o del fegato di vitello deglassato nell'aceto? Potete mangiare tutto quanto fino a sazietà, quindi... buon appetito!

L'eventuale difficoltà può presentarsi dopo il piatto principale. Ci sono i golosi che non sanno rinunciare al dessert o i patiti del formaggio a fine pasto, e questo potrebbe indurli in tentazione. In base alla mia esperienza, la migliore strategia difensiva consiste nel chiedere subito un caffè, e se la conversazione prosegue e vi obbliga a restare a tavola, ordinatene un altro. Il pasto potrà concludersi anche con un chewing-gum al vostro gusto preferito, magari qualcosa che richiami il sapore di un dessert fresco e gustoso. Qualche ristoratore comincia finalmente a offrire latticini light, ma si tratta ancora di una rarità. Se non avete la fortuna di trovarne, potrete sempre tenere pronto uno yogurt al naturale o aromatizzato, magari in ufficio o anche in auto, se non fa troppo caldo. Come avrete capito, mangiare fuori e rispettare la dieta non è così difficile, soprattutto se vi siete preparati e sapete come comportarvi.

> Il primo lunedì **pesatevi spesso**. Potrebbero esserci grandi novità a ogni ora che passa!
> Prendete l'abitudine di pesarvi tutti i giorni della vostra vita, perché se la bilancia è nemica di chi sta ingrassando, è invece una buona alleata di chi sta dimagrendo, e qualsiasi successo, benché minimo, potrà stimolarvi a continuare.

Bisogna prendere vitamine?

Assolutamente no. Non è necessario né il primo lunedì, né durante i giorni seguenti, che vi condurranno, settimana dopo settimana, al traguardo del Giusto Peso. Non avrete bisogno di vitamine in questo percorso, perché non vi mancherà mai nulla!

Promemoria del regime del lunedì

- Oggi, primo giorno del vostro progetto dimagrante, potete mangiare gli alimenti contenuti nelle dodici categorie sopra descritte, più i diversi alleati secondo istruzioni. Rimanendo nell'ambito di ciascuna categoria di alimenti, siete del tutto liberi di scegliere ciò che volete nel corso dell'intera giornata.
- La regola è semplice e non negoziabile: potete mangiare tutto ciò che trovate nella lista, e nulla di ciò che non compare.

Domani aggiungeremo una nuova famiglia di alimenti, e continueremo a introdurne di nuove fino a domenica.

Gli alimenti autorizzati

1. Carni magre: vitello, manzo, cavallo (escluse la costata e la cotoletta di manzo), ai ferri o arrosto, senza aggiunta di grassi.
2. Frattaglie: fegato, rognone e lingua di vitello e di manzo (la punta).
3. Tutti i pesci (grassi, magri, bianchi, azzurri, crudi o cotti).
4. Tutti i frutti di mare (molluschi e crostacei).
5. Tutto il pollame (eccetto anatra e oca), senza mai mangiare la pelle.
6. Affettati magri di tacchino, pollo e maiale.
7. Uova.
8. Proteine vegetali.
9. Latticini magri.
10. 1 litro e mezzo di liquidi al giorno (soprattutto acqua con poco sodio).
11. 1 galletta di crusca d'avena, oppure 1 cucchiaio e mezzo di crusca d'avena sciolta nel latte o nello yogurt.
12. 20 minuti di camminata al giorno (obbligatoria).
13. Gli alleati della dieta: caffè, tè, tisane, tè verde al peperoncino, aceti vari, aromi ed erbe aromatiche, spezie, cetriolini sottaceto, succo di limone (per condire), sale e senape (con moderazione).

LE RICETTE DEL GIORNO

Ricette di proteine pure del *lunedì*

(valide anche per i giorni successivi)

Galletta di crusca d'avena

Per **1 persona**
Preparazione: **3 minuti**
Cottura: **8-10 minuti**

- *1 cucchiaio e ½ di crusca d'avena*
- *1 uovo*
- *1 cucchiaio e ½ di formaggio fresco allo 0-5% di grassi*

Mescolate tutti gli ingredienti di base fino a ottenere un composto omogeneo.

Versate un quarto del composto in una padella antiaderente riscaldata a fuoco dolce e fate cuocere per 4-5 minuti. Rivoltate la galletta servendovi di una spatola e continuate a cuocere per altri 4-5 minuti.

Per ottenere una galletta più leggera potete separare il tuorlo dall'albume, montare quest'ultimo a neve e quindi incorporarlo agli altri ingredienti già amalgamati.

Per preparare una galletta al cioccolato potete aggiungere 1 cucchiaino di cacao magro, oppure creare varianti salate insaporendo con spezie a piacere, fili di alga nori, semi di finocchio, curcuma, qualche seme di sesamo e così via.

Torta «Mininà» di pollo alla curcuma

Tra tutte le spezie, la curcuma vanta una delle più elevate funzioni preventive. In particolare, protegge dal cancro e, in misura minore, dal diabete. Se vi piace, mettetene in abbondanza.

Per **4 persone**
Preparazione: **10 minuti**
Cottura: **20 minuti**

- *2 petti di pollo*
- *8 uova*
- *Succo di 2 limoni*
- *1 pizzico di coriandolo*
- *1 pizzico di curcuma*
- *Sale, pepe*

Portate il forno a 180 °C.

Tritate finemente i petti di pollo crudi. Preparate 2 uova sode bollendole per una decina di minuti, lasciatele raffreddare e sgusciatele. Rompete le uova restanti in una ciotola, miscelatele unendo sale, pepe, un pizzico di coriandolo, uno di curcuma e il succo di un limone, poi incorporate anche i petti di pollo tritati.

Ungete con poche gocce d'olio una teglia rotonda da forno, strofinatela con carta da cucina poi versate il preparato. Tagliate le uova sode a metà e disponetele nella teglia.

Infornate la teglia con un piccolo recipiente con 15-20 cl d'acqua e cuocete per circa 20 minuti. Una bella doratura in superficie indica che la cottura è terminata, ma potete comunque sondarla con la punta di un coltello.

Servitela tiepida, condita con il succo dell'altro limone.

Petto di tacchino in crosta speziata

Per **4 persone**
Preparazione: **20 minuti**
Marinatura: **2 ore**
Cottura: **30 minuti**

- *600 g di petto di tacchino*
- *1 cipolla bianca*
- *200 g di formaggio spalmabile allo 0,2% di grassi*
- *1 cucchiaio di senape*
- *100 g di tofu morbido*
- *½ cucchiaino di miscela 4 spezie**
- *Pepe macinato al momento*
- *Succo di ½ limone*

Sbucciate la cipolla bianca e tritatela finemente. Mettetela in una ciotola capiente, aggiungete il formaggio spalmabile e la senape. Mescolate bene per ottenere un composto omogeneo, quindi aggiungete il tofu morbido e la miscela 4 spezie. Pepate.

Tagliate il petto di tacchino a listarelle, mettetelo nella ciotola e mescolate bene immergendolo nel preparato. Coprite con pellicola trasparente e conservate in frigo per almeno 2 ore (meglio se per una notte intera).

Portate il forno a 210 °C. Disponete le listarelle di tacchino con la loro marinata in una pirofila, poi infornate per 30 minuti, mescolando più volte durante la cottura. Servite ben caldo ed eventualmente condite con un filo di succo di limone.

* Pepe, noce moscata, chiodi di garofano e cannella, il tutto macinato e ridotto in polvere. (*N.d.T.*)

Gamberoni saltati allo zenzero caramellato

Per **4 persone**
Preparazione: **10 minuti**
Cottura: **5 minuti**

I gamberoni, che per molto tempo sono stati un alimento per le occasioni speciali, sono ormai di uso comune, proprio come il salmone affumicato. Risultano particolarmente accessibili nella versione surgelata. Se vi piacciono, sono una scelta perfetta per la fase d'attacco della mia dieta: infatti, sono tra i dieci alimenti con il maggiore potere saziante.

- *16 gamberoni crudi, freschi o surgelati*
- *1 pezzettino di zenzero fresco*
- *½ bustina di Diete.tic*
- *½ cucchiaino di miscela 5 spezie**
- *150 g di formaggio spalmabile allo 0,2% di grassi alle erbe fini***

Se i gamberoni sono surgelati, lasciateli scongelare in frigorifero su un foglio di carta da cucina, poi sgusciateli con cura.

Riscaldate una padella antiaderente, versatevi lo zenzero sbucciato e tagliato a bastoncini sottili, poi aggiungete il dolcificante e la miscela 5 spezie. Aggiungete infine i gamberoni e fateli saltare per 2-3 minuti a fuoco molto vivo, girandoli regolarmente.

Deglassate il fondo di cottura sciogliendovi il formaggio spalmabile, abbassate il fuoco al minimo e fate cuocere per 1 minuto, mescolando delicatamente. Servite subito.

* Pepe, anice stellato, cannella, chiodi di garofano, finocchio, il tutto macinato e ridotto in polvere. (*N.d.T.*)
** In alternativa aromatizzate quello normale con un po' di aglio ed erbe aromatiche.

Bistecche marinate con aceto balsamico e senape

Per **4 persone**
Preparazione: **15 minuti**
Marinatura: **3 ore minimo**
Cottura: **15 minuti**

Una ricetta eccellente, che permette di dare a una normalissima bistecca un che di festoso. L'aceto balsamico ha conquistato tutto il mondo, un successo giustificato dal suo aroma intenso e originale. L'accostamento di questo prodotto tipico con zenzero e paprica non ammette mezze misure: o non piace, e allora si cancella subito dal proprio ricettario, oppure entusiasma, e in questo caso non smetterete più di consumarlo.

- *4 bistecche di manzo (roastbeef)*
- *3 cucchiai di aceto balsamico*
- *1 cucchiaio di salsa di soia*
- *2 cucchiai di senape di Digione o all'antica (con i semi)*
- *1 cucchiaio di zenzero tritato*
- *Sale, pepe, paprica*

Mescolate l'aceto, la salsa di soia e la senape in un piatto fondo capiente.

Posate le bistecche nella salsa e coprite il piatto con la pellicola trasparente. Conservate in frigorifero per almeno 3 ore (la marinatura può durare anche 24 ore), girando la carne almeno una volta.

Togliete le bistecche dal frigorifero, posatele su un vassoio o su un tagliere e insaporitele con pepe macinato al momento e paprica.

Fate cuocere ai ferri le bistecche mantenendole molto succose (al sangue). Toglietele dalla padella e cospargetele di zenzero tritato, poi salate e pepate.

Cozze alla marocchina

Per **4 persone**
Preparazione: **15 minuti**
Cottura: **15 minuti**

Lo sapevate che in molti siti preistorici sono stati ritrovati fossili di cozze? Questo dimostra quanto fossero apprezzate anche dai nostri antenati cacciatori-raccoglitori!

- *2 kg di cozze*
- *2 carote*
- *1 pezzo da 2 cm circa di zenzero fresco*
- *4 scalogni*
- *2 spicchi d'aglio*
- *½ mazzetto di coriandolo fresco*
- *½ mazzetto di prezzemolo fresco*
- *1 cucchiaino di paprica*
- *1 cucchiaino di semi di cumino*
- *1 limone confit*
- *Succo di 1 limone*
- *Sale, pepe*

Sciacquate le cozze e mettetele in una bacinella coprendole d'acqua, poi raschiatele con una spazzola e cambiate più volte l'acqua finché risultano perfettamente mondate. Eliminate le cozze che galleggiano, quelle semiaperte o con il guscio rotto. Scolate.

Sbucciate le carote e lo zenzero, poi tagliateli a fettine molto sottili. Pelate gli scalogni e gli spicchi d'aglio e affettateli finemente. Tagliate il limone confit a pezzettini. Tritate il prezzemolo e il coriandolo.

Versate in una casseruola capiente la paprica, il cumino, il sale, metà del coriandolo e del prezzemolo tritati e l'aglio. Scaldateli a fuoco dolce per 10 minuti in pochissima acqua, quindi unite le carote, lo zenzero e il limone confit.

Versate le cozze e il succo di limone, poi mescolate. Cuocete per qualche minuto, fino a quando tutte le valve si saranno aperte.

Pepate e condite con il coriandolo e il prezzemolo rimasti. Servite ben caldo.

Spezzatino di vitello alla crema di tartufi

Per **4 persone**
Preparazione: **10 minuti**
Marinatura: **1 notte**
Cottura: **5 minuti**

- *4 fette sottili di noce di vitello*
- *1 vasetto di briciole di tartufo*
- *4 cucchiai di formaggio fresco allo 0-5% di grassi*
- *Sale, pepe*

Tagliate le fette di carne a listarelle sottili e disponetele in un contenitore di plastica dotato di coperchio ermetico.

Aggiungete le briciole di tartufo con il loro liquido. Mescolate il tutto e conservate in frigo per una notte.

Scaldate a fuoco vivo una padella antiaderente, aggiungete le listarelle di carne e fatele saltare per circa 4 minuti, fino a quando avranno assunto un colore leggermente dorato. Salate, pepate e mettete da parte.

Versate nella padella i 4 cucchiai di formaggio fresco e deglassate il fondo di cottura mescolando bene.

Lasciate cuocere ancora per 1 minuto, in modo da ridurre la salsa, quindi distribuitela sulla carne e servite ben caldo.

Martedì

Leitmotiv del giorno

Lunedì, il vitale
Martedì, l'essenziale
Mercoledì, l'importante
Giovedì, l'utile
Venerdì, il cremoso
Sabato, l'energetico
Domenica, libertà!

STATE per mettere il piede sul secondo gradino della Scala Nutrizionale, che, come ho spiegato, è il modello settimanale su cui si costruisce questo secondo fronte. Inerpicandovi lungo la scala, a ogni giorno che passa incontrerete una novità e la relativa ricompensa.

Se ieri avete seguito nel dettaglio le mie consegne, avrete sicuramente perso peso. Quanto? Dipende da quanti chili avete da smaltire, ovvero dalla differenza tra peso di partenza e Giusto Peso (ricordo ancora una volta che potete calcolarlo gratuitamente sul mio sito, **www.dietadukan.it**).

Per esempio, dopo il lunedì proteico un uomo in sovrappeso di 10 chili ne avrà probabilmente perso 1, e forse anche di più. Tutto dipende dalla storia del suo peso e dalle diete che ha seguito in precedenza. Un uomo in sovrappeso di 15 chili dovrebbe averne perso 1 e mezzo; se invece il sovrappeso era soltanto di 7-8 chili, è presumibile che abbia smaltito poco meno di 1 chilo.

Per le donne entrano in gioco fattori diversi relativi all'età e all'equilibrio ormonale (mestruazioni, pillola anticoncezionale eccetera). In condizioni normali, il lunedì una donna in sovrappeso di 10 chili o più ne avrà perso 1; se invece il sovrappeso è di 7 chili soltanto, saranno scomparsi dalla bilancia circa 700-800 grammi. È difficile ipotizzare che cosa succeda per un sovrappeso ancora meno importante, ma il lunedì normalmente consente di perdere almeno 500 grammi.

Ieri vi ho promesso una novità, quindi eccola: la grandissima, sconfinata famiglia delle verdure. Come vedete, non vi ho mentito! A partire dal martedì, oltre agli alimenti proteici del lunedì potete cibarvi di tutte le verdure, crude o cotte, ancora una volta senza nessuna restrizione di quantità, orario o composizione.

Quindi potete fare incetta di pomodori, cetrioli, ravanelli, spinaci, asparagi, porri, fagiolini, cavoli, funghi, sedani, finocchi, tutte le insalate (compresa l'indivia), bietole, melanzane, zucchine, peperoni e persino di cuori di palma.

Attenzione, però: non è consentito nessun alimento contenente amido (questa categoria arriverà più avanti). Quindi per ora niente patate, riso, mais, piselli (di ogni forma e tipo, freschi o secchi), ceci, fave, lenticchie o fagioli. Dovrete rinunciare anche all'avocado, che spesso viene considerato una verdura per via del suo colore verde, ma in realtà è un frutto, e per giunta oleaginoso e molto grasso.

Volendo ottenere la massima efficacia, vi chiedo di evitare anche le carote e le barbabietole, così come i carciofi. Siete però autorizzati a consumare il rabarbaro, unico «frutto» del martedì. Perché? Semplice: il rabarbaro è una verdura, non un frutto!

Come preparare le verdure

Le verdure crude

Se non vi causano problemi all'intestino, è il modo ideale di consumarle, perché cuocendole si perde una buona parte delle loro vitamine.

Il problema del condimento

Per quanto possa sembrare un problema di poco conto, in realtà quello del condimento costituisce uno dei nodi cruciali di una dieta dimagrante. Molte persone mettono le verdure crude e le insalate alla base di un'alimentazione dietetica, poco calorica e ricca di fibre e vitamine. Giusto! Ma non bisogna dimenticare che il condimento (salsa, olio eccetera) può fare la differenza e rovinare tutto.

Facciamo un esempio: una comune insalatiera normalmente contiene due belle lattughe o indivie e 2 cucchiai d'olio d'oliva. A conti fatti, questo equivale a 20 calorie di insalata e 280 calorie d'olio. La malcelata invasione delle materie grasse spiega perché molte delle diete basate sulle cosiddette «insalate miste» non ottengano il risultato voluto: perché dimenticano il valore calorico dei condimenti!

Quindi la mia consegna è semplice, e si riassume nella seguente ricetta: una vinaigrette sicura al 100%.

Vinaigrette Maya

Versate in un vasetto vuoto:

- 1 cucchiaio di senape di Digione, o meglio ancora quella all'antica, che ha i semini di senape intatti;
- 10 cucchiai di aceto balsamico;
- 6 cucchiai di acqua frizzante;
- 1 cucchiaino di un olio a vostra scelta.

Se vi piace l'aglio, aggiungetene uno spicchio intero (basterà per regalarvi il suo aroma) e 8 foglie di basilico.
Lasciate in infusione per un attimo, poi mescolate bene, agitando ulteriormente prima di servire.

Se non dovesse piacervi l'aceto balsamico sarebbe un gran peccato, perché regala un sapore unico. Potete comunque scegliere un altro aceto, però mettetene un po' di meno. Per l'esattezza: 4 cucchiai per l'aceto di vino, di fragole o di sherry; 3 cucchiai per l'aceto di alcol.

Sapevate che l'aceto può avere un ruolo di grande importanza in qualsiasi dieta dimagrante? Le capacità gustative umane sono state classificate in quattro sapori universali: dolce, salato, amaro e aspro (o acido). Per quanto riguarda l'alimentazione umana, l'aceto è il solo alimento che può procurarci la preziosa e rara sensazione dell'acidità, per cui raccomando sempre di non privarsene.

Studi recenti hanno dimostrato l'importanza della quantità e della varietà dei sapori percepiti dalle papille gustative, i quali contribuiscono a trasmettere una sensazione di appagamento e di sazietà. Per esempio, si è potuto riscontrare che alcune spezie, capaci di sprigionare aromi particolari (per esempio, il chiodo di garofano, lo zenzero, l'anice stellato o il cardamomo), favoriscono l'accumularsi di sensazioni forti e penetranti, le quali migliorano la calibrazione dell'ipotalamo, centro cerebrale che «riceve e somma» le informazioni gustative, generando il senso di sazietà. Ecco perché è importante usare le spezie, magari già a inizio pasto, ampliando la gamma delle possibilità e cercando di abituarsi ai nuovi sapori, anche nei casi di scarsa propensione per i cibi speziati.

Se soffrite abitualmente di stitichezza, o anche se il problema si presenta di tanto in tanto, sostituite l'olio vegetale con un olio minerale, per esempio quello di vaselina, il più antico lubrificante intestinale al mondo.

Riguardo alle salse, voglio sottolineare un altro aspetto, approfittandone per dissipare ogni dubbio circa l'olio d'oliva. Spesso, quando parlo con i miei pazienti e chiedo loro se facciano abitualmente uso dell'olio, molti rispondono: «No, soltanto un po' d'olio d'oliva...» Attenzione: l'olio d'oliva, simbolo della civiltà mediterranea, è unanimemente riconosciuto come il migliore alimento per la prevenzione dei problemi cardiovascolari, ma si tratta pur sempre di un olio come gli altri, e quindi estremamente calorico. Basti pensare che 1 grammo di olio d'oliva equivale a 9 calorie. Lo stesso quantitativo di glucidi ha 4 calorie, e le proteine poco meno.

Ecco un'alternativa per chi non ama particolarmente l'aceto

né la vinaigrette: si tratta di una salsa appetitosa e naturale a base di latticini light.

Salsa allo yogurt al naturale o al formaggio fresco allo 0-5% di grassi

Scegliete uno yogurt al naturale vellutato, magari uno intero un po' più cremoso di quello magro e appena più calorico; in alternativa potete utilizzare formaggio fresco allo 0-5% di grassi. Aggiungete 1 cucchiaio raso di senape e frullate il preparato, proprio come fareste con una maionese.
Infine condite con un filo d'aceto (facoltativo), salate, pepate e cospargete di erbe aromatiche.

Le verdure cotte come contorno

È ora di mangiare i fagiolini, gli spinaci, i porri, i cavoli di vario tipo, i funghi, l'indivia, il finocchio e il sedano, tutte verdure che possono essere bollite o ancora meglio cotte al vapore, perché conservano tutto il gusto e le vitamine. Un'ottima alternativa è il forno, dove le verdure possono cuocere nel succo della carne o del pesce. Per esempio: branzino al finocchio, orata al pomodoro o cavolo farcito con carne trita di manzo.

La cottura al cartoccio non va assolutamente trascurata, poiché offre tutti i possibili vantaggi sia a livello di gusto sia per quanto concerne il valore nutrizionale. È particolarmente indicata per il pesce: per esempio il salmone, che conserva la sua consistenza vellutata se cotto su un letto di porri o di caviale di melanzane.

Infine, provate anche la cottura alla piastra, decisamente gustosa. È un'abitudine che ho acquisito in Spagna, dove talvolta le cipolle sono dolci e grosse come meloni nostrani. Provate a immaginare un bel piatto di verdure alla piastra: fette di cipolla spesse quasi mezzo centimetro, squisite e accompagnate da pomodori tagliati in due, indivia tagliata trasversalmente a metà, delicatissime fette di melanzana alla diavola e, per finire, rondelle di zucchine appena scottate.

In questi momenti di puro piacere del palato mi vengono in mente i nostri antenati cacciatori-raccoglitori. Per i nove decimi della sua esistenza, la nostra specie si è infatti nutrita proprio come voi durante questo martedì del secondo fronte. Dico sul serio: la stragrande maggioranza degli individui che ha vissuto l'avventura dell'evoluzione umana mangiava *solo quando poteva*, e soprattutto alimenti ricchi di proteine (carne delle prede cacciate in gruppo, pesce pescato, volatili e uova rubacchiate qua e là). Procurarsi il nutrimento necessario richiedeva all'incirca sei ore di cammino al giorno!

Le donne si occupavano della raccolta, ovvero fornivano al gruppo le verdure, i germogli e le piante commestibili selvatiche, l'insalata, le foglie di bambù e tutto quello che il territorio e il clima potevano offrire.

Ma non è tutto: un paio di volte all'anno nei climi temperati arrivava la stagione della frutta e delle graminacee. Però non dovete nemmeno pensare che mangiassero la frutta coltivata artificialmente, selezionata e piena di linfa zuccherata che abbiamo noi oggi! Lo studio dei pollini dimostra che a quei tempi c'era soltanto frutta selvatica, fibrosa, perlopiù bacche di piccole dimensioni, simili alle more, ai mirtilli e al ribes rosso e nero dei giorni nostri. Inoltre, la stagione favorevole era molto breve, e gli uccelli si servivano per primi. Lo stesso discorso vale per le graminacee, che erano selvatiche, tipo il farro, la spighetta e l'orzo.

Dico tutto questo perché vi rendiate conto che nel martedì del secondo fronte disponete di tutti gli alimenti fondamentali su cui si è costruito il lungo cammino della specie umana. Quindi potrete cominciare la settimana davvero bene, con la dovuta intensità e velocità!

L'aggiunta delle verdure del martedì apporta all'alimentazione del lunedì maggiore varietà e freschezza, rendendola più facile e agevole. È estremamente pratico cominciare il pasto con un'insalata variamente condita, con molti colori e sapori, o ancora iniziare la cena invernale con una zuppa, per poi passare alla carne o al pesce cucinati con le verdure di contorno, ricche di gusti e aromi.

Quante verdure potete consumare?

Come ho già spiegato, non ci sono limiti di quantità. Vi consiglio però di non superare quelli dettati dal buonsenso. So di pazienti che siedono davanti a insalate miste enormi, ingurgitandole senza avere davvero fame e solo per sfruttare fino in fondo il fatto che non ci sono dosi da rispettare. Masticano le verdure come se si trattasse di chewing-gum!

Evitate di cadere in questa tentazione, perché le verdure non sono contenitori vuoti. Mangiatene fino a saziarvi, ma non di più. A ogni modo, questo non altera il principio della quantità illimitata, che rappresenta il nocciolo della mia filosofia e della mia dieta in generale: indipendentemente da quante verdure ingerite, continuerete a perdere peso, anche se a ritmo meno sostenuto, e soprattutto all'inizio della dieta, quindi non esagerate!

Le pietanze precotte in commercio

Nei supermercati trovate piatti pronti di ogni genere. Qualcuno si propone come «dietetico» e/o equilibrato dal punto di vista nutrizionale, e quindi perfetto per una dieta dimagrante. Anche in questo caso, però, tale pretesa si basa sul nudo e crudo calcolo delle calorie.

Se volete rispettare i principi di questo secondo fronte, mettete decisamente da parte la vecchia filosofia del calcolo delle calorie, che nella lotta contro il sovrappeso ha già fatto troppi danni! Quando vi capita in mano una pietanza precotta, passate al vaglio la lista degli ingredienti, e soprattutto il contenuto di glucidi. Normalmente i glucidi riguardano gli amidacei (patate, riso bianco, semola per couscous o purè). Cotti e stracotti come sono, tali amidacei si caratterizzano per un elevato indice glicemico, valore di cui si sente parlare sempre più spesso e che misura il potenziale invasivo degli alimenti ricchi di glucidi.

Che cosa significa «potenziale invasivo»?

Con questa definizione ci si riferisce semplicemente alla velocità con cui l'alimento passa dalla bocca al sangue. Perché si parla di «invasione»? E perché tale fenomeno può risultare dannoso, se non addirittura pericoloso, sia per il peso sia per la salute? La risposta è semplice: i glucidi assimilati troppo rapidamente e in grande quantità hanno lo stesso effetto di un veleno. Fisiologicamente, l'essere umano deve difendersi da un tale attacco per evitare guai peggiori, e l'aspetto collaterale della soluzione provvisoria è, come abbiamo visto, l'accumulo di grassi. Senza secrezione di insulina basterebbe mezza baguette per gettarvi in un coma diabetico. L'operazione di salvataggio non ha però un esito perfetto, perché gli zuccheri si trasformano in grassi, e il resto lo sapete già!

È questo il motivo per cui, se vi risulta più pratico comprare qualcosa di già pronto, dovete assolutamente evitare le pietanze contenenti amidacei (a meno che non siate già arrivati al sabato).

Qualcuno potrebbe chiedersi perché l'industria alimentare continui a proporre amidacei a volontà, e di cui si conoscono bene gli effetti, in piatti che vengono presentati come ideali per il controllo del peso. Alla fine chi ci guadagna? Anche in questo caso la risposta è semplice: patate o riso sono infinitamente meno cari delle verdure. Non mi stancherò mai di ripeterlo: gli zuccheri (ovvero i glucidi) sono i *principali* responsabili del sovrappeso. Non solo:

> Se riducessimo l'apporto globale di glucidi, passando dal quantitativo attualmente prescritto (55-60%) a uno più che sufficiente per la vita di un sedentario (25-30%), nel giro di vent'anni il problema del sovrappeso sarebbe praticamente risolto in tutto il Pianeta!

Tornando ai cibi precotti, quando leggete l'etichetta prendete nota anche della percentuale di proteine. Prendiamo per esempio un piatto da take away: maiale in agrodolce e riso alla cantonese. Gli ingredienti sono all'incirca il 19% di carne di maiale cotta e il 47% di riso cantonese, per il resto acqua, ananas, carota, farina di grano, amido di mais eccetera. Perché mai in un piatto che viene presentato come «maiale e riso» ci sono così poche proteine animali? Semplice: le proteine animali costano molto di più degli amidacei, e a loro volta carne e verdure costano molto di più rispetto a pasta, patate, fagioli o riso. Il discorso è sempre lo stesso: preferendo ingredienti a basso costo, l'industria agroalimentare raggranella cifre notevoli, perché per quanto possano sembrarvi a buon mercato, questi piatti pronti all'uso non lo sono così tanto: gli ingredienti realmente «buoni» scarseggiano, e il riso costa al produttore meno di 40 centesimi al chilo!

Se volete seguire le regole del mio secondo fronte, continuando di tanto in tanto a consumare cibi precotti, dovrete scegliere piatti privi di amidacei e con il minore contenuto possibile di grassi. Ma come potrete constatare, trovare prodotti che rispettino questa regola non sarà affatto facile…

La crusca d'avena

Il martedì, come il lunedì, mantenete il vostro bel cucchiaio e mezzo di crusca d'avena, ovvero quello che serve per preparare la galletta quotidiana.

Il konjac

La consegna, che resterà identica per tutta la settimana, è ancora una volta libertà totale e varietà delle ricette. Non fate come un mio paziente, che tutti i giorni a pranzo e a cena mangiava un piatto di shirataki di konjac alla bolognese già pronti. Variate nella presentazione e nel gusto sperimentando nuove ricette, ne trovate molte in questo e negli altri libri che

Bevanda del martedì: tè verde al peperoncino, infuso «attivatore»

Come avete fatto ieri, continuate a bere l'infuso bruciagrassi, preparato con gli stessi ingredienti:

- 15 grammi di foglie o perle di tè verde in 1 litro d'acqua
- un pizzico di peperoncino in polvere
- succo di 1 lime o di ½ limone
- 2 cucchiaini di sucralosio

Bevetelo freddo e in due volte: ½ litro durante ciascuno dei pasti principali.

ho scritto, ma anche sul mio sito (**www.dietadukan.it**) o in diversi forum su Internet.

Il konjac è un alimento straordinario per dimagrire rapidamente, e se lo fate diventare un'abitudine (nell'accezione positiva del termine) avrete ottime possibilità di non ingrassare di nuovo. È un prezioso alleato, quindi trasformatelo anche in un piatto piacevole!

L'attività fisica

Oggi aumentiamo un po' la camminata e passiamo da 20 a **30 minuti al giorno**. Permettetemi di ribadirlo: più camminate, migliori saranno i risultati. L'attività fisica che vi propongo non è efficace solo per la combustione calorica che comporta, ma anche per un altro motivo più importante e significativo che riguarda il processo dimagrante.

Quando praticata quotidianamente, in misura sufficiente e regolare (per esempio, 25 minuti ogni mattina per almeno quattro giorni consecutivi), l'attività fisica induce il cervello a produrre serotonina.

Come abbiamo visto nella prima parte di questo libro, è la serotonina a farci sentire profondamente appagati e soddisfatti della nostra vita. Questa sostanza agisce in profondità, sulla pulsar vitale, ricaricandola in modo da mantenere alto il bisogno e la voglia di vivere (ovvero facendoci sentire «in forma», quando l'effetto è momentaneo, o letteralmente felici, quando l'effetto si prolunga nel lungo termine).

Con questo non intendo dire che la felicità sia semplicemente dovuta all'attività fisica, perché sarebbe troppo semplicistico. Tale sensazione così ambita, che ogni essere umano cerca spontaneamente, si fonda su dieci fonti di benessere, ovvero i dieci pilastri della felicità di cui vi ho parlato, e l'attività fisica è soltanto uno di questi! Ho già spiegato, infatti, che i tre maggiori produttori di energia vitale sono la sessualità, il cibo e una buona vita sociale.

Poiché avete deciso di vigilare maggiormente sull'alimentazione e di rinunciare agli alimenti consolatori, un ulteriore apporto di serotonina come quello garantito da una bella camminata quotidiana è sicuramente il benvenuto e facilita le cose.

Del resto, c'è un semplice esperimento che vi dimostrerà quanto sia vero tale principio.

Se un giorno non vi sentite troppo bene nella vostra pelle e siete magari un po' depressi e/o pessimisti, invece di rimuginare al chiuso uscite, andate a correre, a camminare, a nuotare... E metteteci tutta la forza che avete, correte davvero, o se preferite camminare mantenete un'andatura sostenuta. Non pensate ad altro che al corpo in movimento. Vi ci vorrà al massimo una mezz'oretta, poi sarete sorpresi dei risultati, perché una volta tornati a casa vi sentirete meglio, più ottimisti, fiduciosi e persino allegri. È un'abitudine che seguo da una ventina d'anni, e vi assicuro che oltre a farmi conservare la linea mi ha regalato un morale inossidabile. È qualcosa da provare di persona, perché è difficile immaginare come uno sforzo così modesto possa influire sul cervello e sulla produzione di serotonina, e quindi sull'umore e sulla voglia di vivere.

Una domanda importante: come rimediare a una malefatta?

Vi siete lasciati convincere dagli amici, oppure per un colpo di testa o chissà cos'altro avete trasgredito le regole? Non fatevi prendere dal panico: **da domani (e in generale dal giorno successivo a quello in cui vi dovesse capitare un incidente del genere) tornate al programma del lunedì, ovvero rispettate le regole di una giornata a base di alimenti proteici**. Sarà sufficiente per rimediare alla vostra piccola malefatta!

Ho costruito questo secondo fronte in modo che abbia la migliore efficacia possibile, alleando flessibilità e un'apertura progressiva a una gamma sempre più ampia di alimenti. Indipendentemente dalla giornata in cui siete, la mia risposta rimane la stessa, almeno finché non avrete perso i primi 5 chili. Oltrepassata questa soglia, sarete a metà dell'opera, poi starà a voi decidere se andare dritti alla meta alla mia velocità o se prendervi più tempo. Tuttavia, sulla base dell'esperienza finora accumulata nell'ambito di questo secondo fronte, vi consiglio di approfittare dello slancio e completare la missione.

Promemoria del regime del martedì

- Oggi, primo martedì del vostro progetto dimagrante, potete nutrirvi degli alimenti compresi nelle dodici categorie del lunedì, più le **verdure del martedì**.
- Le verdure possono essere consumate senza limiti di quantità e di orario, ma attenzione ai condimenti, per cui sarà opportuno osservare le mie ricette della vinaigrette Maya o della salsa allo yogurt o al formaggio fresco (*vedi* p. 117 e 119).

Gli alimenti autorizzati

1. Carni magre: vitello, manzo, cavallo (escluse la costata e la cotoletta di manzo), ai ferri o arrosto, senza aggiunta di grassi.
2. Frattaglie: fegato, rognone e lingua di vitello e di manzo (la punta).
3. Tutti i pesci (grassi, magri, bianchi, azzurri, crudi o cotti).
4. Tutti i frutti di mare (molluschi e crostacei).
5. Tutto il pollame (eccetto anatra e oca), senza mai mangiare la pelle.
6. Affettati magri di tacchino, pollo e maiale.
7. Uova.
8. Proteine vegetali.
9. Latticini magri.
10. 1 litro e mezzo di liquidi al giorno (soprattutto acqua con poco sodio).
11. 1 galletta di crusca d'avena, oppure 1 cucchiaio e mezzo di crusca d'avena sciolta nel latte o nello yogurt.
12. 30 minuti di camminata al giorno (obbligatoria).
13. Gli alleati della dieta: caffè, tè, tisane, tè verde al peperoncino, aceti vari, aromi ed erbe aromatiche, spezie, cetriolini sottaceto, succo di limone (per condire), sale e senape (con moderazione).
14. Tutte le verdure, crude o cotte.

LE RICETTE DEL GIORNO

Ricette di proteine pure + verdure del *martedì*

(valide anche per i giorni successivi)

Vellutata di porcini

Per **4 persone**
Preparazione: **10 minuti**
Cottura: **20 minuti**

- *200 g di tofu morbido*
- *200 g di formaggio spalmabile allo 0,2% di grassi*
- *40 g di porcini secchi*
- *1 litro di brodo di pollo (1 litro d'acqua bollente + 1 dado per brodo di pollo)*
- *Qualche rametto di cerfoglio*
- *Sale, pepe*

Portate il brodo a ebollizione in una casseruola insieme ai funghi e fatelo ridurre per 15 minuti. Filtrate e mettete da parte.

Frullate i funghi con il tofu, il sale, il pepe e il formaggio spalmabile. Unite al brodo il frullato così ottenuto.

Rimettete il tutto sul fuoco e riducete per altri 5 minuti a fuoco dolce.

All'ultimo istante tritate il cerfoglio e cospargetelo sulla vellutata servita nelle fondine o nella zuppiera.

Tortilla ai due pomodori

Per **4 persone**
Preparazione: **10 minuti**
Cottura: **20 minuti**

- *8 uova*
- *300 g di pomodori secchi*
- *150 g di pomodori ciliegia*
- *1 scalogno*
- *100 g di formaggio fresco allo 0-5% di grassi*
- *8 foglie di basilico fresco*
- *Sale, pepe*

Sbucciate lo scalogno, tritatelo finemente e mettetelo in una padella antiaderente a fuoco dolce. Aggiungete un dito d'acqua e salate. Cuocete a fuoco dolce per 5 minuti circa, finché l'acqua non sarà evaporata. Mettete da parte.

Portate il forno a 180 °C.

Tagliate i pomodori secchi a dadini e i ciliegia a metà.

Rompete le uova in una ciotola capiente, sbattetele con un frustino poi unite il formaggio fresco, il basilico sminuzzato, sale e pepe.

Disponete i due tipi di pomodoro e lo scalogno in una pirofila, versate sopra le uova sbattute e infornate per 15-20 minuti. A metà cottura coprite con un foglio di carta stagnola. Sfornate la tortilla e servitela con un'insalata verde.

Involtini di bresaola agli asparagi e insalata d'erbe

La bresaola è carne di manzo salata ed essiccata tipica della Valtellina. Oltre a essere deliziosa, vanta eccellenti qualità nutritive.

Per **4 persone**
Preparazione: **15 minuti**
Cottura: **4 minuti**

- *20 asparagi verdi*
- *20 fettine di bresaola*
- *50 g di erba cipollina*
- *Rucola, cerfoglio, songino (o altre varietà di insalata)*
- *8 rametti di prezzemolo*
- *8 rametti di menta*
- *8 rametti di coriandolo fresco*
- *1 cucchiaio di aceto balsamico*
- *4 cucchiai di formaggio fresco allo 0-5% di grassi*
- *Sale, pepe*

Mondate gli asparagi e cuoceteli per 4 minuti in abbondante acqua salata. Devono rimanere ben sodi. Scolateli e posateli sulla carta assorbente.

Preparate l'insalata mescolando la rucola, il cerfoglio, il songino e i rametti di prezzemolo, menta e coriandolo tritati. Aggiungete anche l'erba cipollina sminuzzata finemente.

Sistemate l'insalata nei piatti. Avvolgete ogni asparago in una fettina di bresaola, quindi disponete 5 involtini per piatto.

Mescolate aceto balsamico, formaggio fresco, sale e pepe e guarnite i piatti con la salsa.

Shirataki di konjac al ragù alla bolognese

Per **2 persone**
Preparazione: **10 minuti**
Cottura: **1 ora minimo**

Variante di mare: sostituite la carne con 300 g di salmone fresco tagliato a dadini, il pomodoro con 8 cucchiai di formaggio fresco allo 0-5% di grassi e le erbe aromatiche con un mazzetto di aneto fresco sminuzzato. Eliminate la carota.

- *2 confezioni di shirataki di konjac Dukan**
- *1 cipolla*
- *1 carota*
- *1 gambo di sedano*
- *1 spicchio d'aglio*
- *Origano, timo, alloro*
- *Sale, pepe*
- *300 g di carne magra di manzo macinata*
- *1 vasetto di salsa di pomodoro senza zuccheri e grassi aggiunti (oppure 2 grossi pomodori sbucciati e tagliati a pezzi)*
- *1 tazza di brodo di manzo magro*

Mettete un tegame piuttosto grande sul fuoco, versate un dito d'acqua, aggiungete lo spicchio d'aglio tritato, la cipolla a dadini e fate appassire il tutto. Dopo 1 minuto aggiungete la carota a dadini, il sedano tritato, il timo, l'origano e l'alloro, il sale e il pepe. Cuocete il tutto per una decina di minuti.

Aggiungete la carne macinata sgranandola bene, e poi il vasetto di pomodoro (o i 2 pomodori sbucciati e tagliati a pezzi). Bagnate con il brodo. Portate a ebollizione, regolate di sale e pepe quanto basta e lasciate cuocere a fuoco dolce per 1 ora.

Quando la salsa è pronta, sciacquate gli shirataki in abbondante acqua fredda e cuoceteli per 2-3 minuti in acqua bollente salata. Scolateli e passateli sotto il getto d'acqua fredda.

Condite gli shirataki con il ragù alla bolognese e servite.

* Potete trovare i miei prodotti sul sito www.lamiaboutiquedietadukan.it.

Tagliatelle di konjac alla carbonara

Per **4 persone**
Preparazione: **10 minuti**
Cottura: **12 minuti**

- *200 g di prosciutto magro*
- *2 confezioni di tagliatelle di konjac Dukan*
- *4 cucchiai di panna light all'11% di grassi*
- *4 tuorli*
- *Sale, pepe*

Tagliate il prosciutto a listarelle. Rosolatele in una padella antiaderente per circa 5 minuti. Aggiungete la panna light. Cuocete a fuoco dolce per 3 minuti. Salate e pepate.

Nel frattempo sciacquate le tagliatelle di konjac in abbondante acqua fredda e cuocetele per 2 minuti in una pentola d'acqua bollente e salata. Scolate bene e versate le tagliatelle in padella. Continuate la cottura a fuoco dolce per altri 2 minuti, poi distribuite la carbonara in 4 piatti e depositate delicatamente 1 tuorlo intero su ogni piatto prima di servire.

Tartara di verdure al salmone affumicato

Per **4 persone**
Preparazione: **15 minuti**

- *2 pomodori*
- *100 g di ravanello nero (ramolaccio)*
- *50 g di cetriolo*
- *50 g di peperone rosso*
- *2 fette di salmone affumicato*
- *8 foglie di insalata romana o lattuga*
- *8 rametti di aneto*
- *8 rametti di cerfoglio*
- *Pepe rosa*
- *1 cucchiaio di senape*
- *2 cucchiai di formaggio fresco allo 0-5% di grassi*
- *2 cucchiai di aceto di mele*
- *2 cucchiai di aceto balsamico*
- *Sale, pepe*

Lavate i pomodori e sbucciateli. Togliete i semi, poi tagliateli a dadini. Mondate il ravanello, il cetriolo e il peperone e tagliate anche questi a dadini. Tagliate a striscioline le fette di salmone.

Unite e mescolate senape, formaggio fresco, aceto di mele e balsamico, sale e pepe. Condite le verdure con questa salsa e cospargete con metà delle erbe aromatiche tritate finemente.

Suddividete il preparato in 4 piatti o ciotole e guarnite omogeneamente con le striscioline di salmone. Completate con il pepe rosa.

Decorate ogni piatto con 2 foglie di insalata romana o di lattuga e i rametti di aneto e cerfoglio rimasti.

Pizza Dukan alla napoletana

Per **1 persona**
Preparazione: **10 minuti**
Cottura: **15 minuti**

Ecco un bell'esempio di ricetta dietetica da condividere in famiglia. Una pizza che farà contenti grandi e piccoli. Dimenticate le pizze surgelate!

Per l'impasto:
- *1 cucchiaio e ½ di crusca d'avena*
- *1 uovo*
- *1 cucchiaio e ½ di formaggio fresco allo 0-5% di grassi*

Per la farcitura:
- *50 cl di polpa di pomodoro*
- *5 filetti di acciughe*
- *2 cucchiai di capperi*
- *2 cucchiai di formaggio spalmabile all'8% di grassi*
- *1 spicchio d'aglio tritato*
- *Origano*
- *1 pizzico di peperoncino*
- *Pepe macinato al momento*

Portate il forno a 180 °C. Preparate l'impasto (*vedi* p. 107) e stendetelo su una teglia, poi ricopritelo con la polpa di pomodoro, l'aglio tritato, i filetti di acciughe scolati dall'olio di conservazione, i capperi, il formaggio, l'origano e il peperoncino.

Spolverate con il pepe e infornate per 15 minuti.

Composta di rabarbaro meringata

Per **4 persone**
Preparazione: **30 minuti**
Cottura: **30 minuti**

Nel contempo frutta e verdura, il rabarbaro è molto ricco di vitamina C, potassio e fosforo. Grazie all'elevato contenuto di fibre è inoltre un alimento molto interessante per una dieta.

- *600 g di rabarbaro fresco o surgelato*
- *6 cucchiai di stevia cristallizzata (o anche di più, se vi piace)*
- *Vaniglia in polvere o aroma vaniglia Dukan*
- *3 albumi*
- *6 bustine di Diete.tic*
- *1 pizzico di sale*

Lavate il rabarbaro e tagliatelo a tocchetti di 2-3 cm di spessore senza sbucciarlo. Mettete i pezzi di rabarbaro in una casseruola e cospargeteli di stevia cristallizzata. Lasciate spurgare per 10-15 minuti.

Quando il rabarbaro avrà rilasciato una parte del suo liquido, cuocetelo a fuoco dolce nel suo succo, mescolando spesso. Se necessario aggiungete un po' d'acqua, così che il rabarbaro si sfaldi in una composta omogenea.

Aggiungete la vaniglia in polvere o l'aroma vaniglia Dukan. Cuocete per mezz'ora, fino a raggiungere la consistenza desiderata. Lasciate raffreddare.

Distribuite la composta in 4 recipienti da forno e accendete il grill.

Montate gli albumi a neve con 2 bustine di Diete.tic e un pizzico di sale. Al termine dell'operazione aggiungete le altre bustine di Diete.tic e sbattete ancora per 15-20 secondi.

Versate la meringa nei recipienti, sulla composta, e passate al grill per 10 secondi.

Mercoledì

Leitmotiv del giorno

Lunedì, il vitale
Martedì, l'essenziale
Mercoledì, l'importante
Giovedì, l'utile
Venerdì, il cremoso
Sabato, l'energetico
Domenica, libertà!

OGGI saliamo sul terzo gradino. Il viaggio continua, e la direzione è quella giusta. Prima di entrare nei dettagli della giornata, vorrei aprire una parentesi.

Mi si rimprovera spesso di essere ripetitivo. È vero, ma lo faccio apposta. Ho insegnato a un gran numero di studenti, seguito moltissimi pazienti e scritto libri a sufficienza per sapere che dicendo una cosa una volta sola si hanno poche possibilità che venga veramente ascoltata, capita e soprattutto ricordata. Se le mie ripetizioni vi infastidiscono, significa che avete già recepito il messaggio che intendevo trasmettere, e che l'avete persino memorizzato, proprio come desideravo!

Volete un esempio? Quando dico o scrivo ai miei pazienti che hanno diritto a un «pasto della festa a settimana», troppo spesso alcuni capiscono, in assoluta buona fede, «cena di gala»! Oppure, quando accenno alla libertà assoluta riguardo alle verdure, qualcuno ci infila dentro l'avocado, che è un frutto e non una verdura! Per non parlare di quando le mie prescrizioni, sebbene precise e dettagliate, passano da una persona all'altra o da un sito Internet all'altro, attraversando le frontiere dei diversi Paesi. Questo mi obbliga a ripetermi più volte, affinché il mio messaggio giunga integro e sia compreso chiaramente. Chiusa parentesi.

Tornando a noi, eccoci dunque arrivati al mercoledì, e per quanto riguarda la perdita di peso – siamo qui per questo, no? – la settimana si divide in tre:

- **Una prima parte propriamente dimagrante**, in cui rientrano i primi quattro giorni (dal lunedì al giovedì incluso). Il lunedì rappresenta la punta di diamante, poi la perdita di peso continua il martedì e il mercoledì, e si riduce progressivamente fino al giovedì.
- **La seconda parte** è costituita solo dal venerdì. È una sorta di transizione, un giorno durante il quale smettete di perdere peso senza però cominciare a riprenderne. L'ago della bilancia resta fermo, in equilibrio.
- **La terza parte** è quella che copre l'intero weekend, sabato e domenica. Durante questi due giorni il peso potrebbe aumentare leggermente, ma ovviamente tutto dipenderà dal modo in cui sfrutterete la libertà concessa. Ne riparleremo meglio una volta arrivati a questi specifici gradini della Scala Nutrizionale.

Prima di passare alle consegne del mercoledì, vi ricordo il principio fondamentale della settimana del secondo fronte: ogni giorno, dal lunedì alla domenica, si aggiunge una nuova famiglia di alimenti, cominciando dai più nutrienti e terminando con i più gratificanti. Oggi, però, siamo ancora nella fase dimagrante della settimana.

Il mercoledì consumate avidamente gli alimenti ricchi di proteine del lunedì, sempre a volontà, e tutte le verdure del martedì, anche queste senza limite, fino a sazietà.

Oggi aggiungete un frutto!

Quale? Uno qualsiasi, escluse banane, uva e frutta secca come albicocche e prugne, e nemmeno frutti oleosi tipo noci, mandorle, arachidi, pistacchi eccetera.

Vi prego inoltre di rinunciare alla frutta sciroppata, mentre avete il via libera per la frutta surgelata, e naturalmente anche per le composte, purché riportino la scritta «senza zuccheri aggiunti». Anche in questo caso dovete fare molta attenzione alle etichette!

C'è dunque grande libertà di scelta, ma la porzione autorizzata varia di caso in caso:

- 1 ciotola di fragole o di lamponi
- 1 arancia media o 2 mandarini
- 2 fichi freschi
- 2 kiwi medi
- 1 mela medio-grande
- 1 pera medio-grande
- 1 fetta d'ananas fresco da circa 2 centimetri
- ½ melone medio
- 1 fetta d'anguria
- ½ mango o papaya

Autorizzata senza limiti di quantità è la composta di rabarbaro, preparata in casa o acquistata al supermercato, purché l'etichetta riporti «senza zuccheri aggiunti» e non sia consumata insieme ad altri frutti.

Quando gustarsi la frutta autorizzata?

Consiglio di consumare la frutta a fine pasto, perché il fruttosio è uno zucchero rapido, ma se raggiunge l'apparato digerente dopo la carne e le verdure è costretto ad aspettare la fine della lunga digestione, e questo ne rallenta la velocità di penetrazione nel sangue e il potere lipidogenico (ovvero la capacità di trasformarsi in grassi).

Annotatevi questo principio fisiologico: nessuno zucchero rapido può restare a lungo nel sangue, dove risulterebbe troppo pericoloso per gli occhi, il cuore, il cervello, i reni e le arterie degli arti inferiori. Ne consegue che se gli zuccheri superassero la soglia dei 10 grammi per litro di sangue, sarebbe sufficiente per provocare un coma diabetico. Per questo il pancreas lo neutralizza con la sua arma totale, l'insulina, che è sicuramente un ormone salvavita, ma espellendo vigorosamente lo zucchero dal sangue ne provoca l'accumulazione nei tessuti adiposi.

> Una porzione di frutta equivale a 15 grammi di zucchero, ovvero tre zollette da 5 grammi ciascuna. Per un uomo sedentario o una donna già in menopausa questo si traduce in accumulo di grasso a livello addominale; per una donna non ancora in menopausa il grasso andrà a finire sui fianchi e nelle cosce.

Occorre inoltre considerare che tra un frutto intero e un succo di frutta c'è una grande differenza. Un frutto intero contiene la sua bella proporzione di polpa e di fibre solubili, che nella mela contengono pectina, a cui si deve la gelificazione delle composte. Tali fibre rallentano concretamente la digestione, frenando il ciclo di produzione di insulina e di grassi, e quindi limitando l'accumulo di peso. In un succo di frutta le fibre non ci sono più, e questo accelera la velocità con cui gli zuccheri vengono assimilati e finiscono nel sangue. Inoltre, le fibre della frutta sono fondamentali per favorire la sensazione di sazietà. Qualsiasi frutto, infatti, sazia molto di più del suo semplice succo: dopotutto, uno si mangia e l'altro si beve. Infine, non dimenticate che qualsiasi succo di frutta contiene almeno due frutti interi.

Se potete, consumate alla sera la frutta autorizzata, perché i glucidi che contiene possono favorire il sonno e migliorarne la qualità.

Come gustarsi la frutta autorizzata?

Ecco qualche altro consiglio sulla frutta. In particolare, voglio subito rispondere alla domanda che qualcuno si sarà sicuramente posto: perché limitarne il quantitativo quando siamo continuamente bersagliati dal messaggio secondo cui dovremmo mangiare cinque porzioni di frutta e verdura al giorno? È uno slogan ambiguo. Per quanto mi riguarda, sono perfettamente d'accordo se parliamo di quattro verdure e un solo frutto, ma non se intendiamo quattro frutti e una sola verdura. Tra queste due categorie di alimenti, verdura e frutta, c'è una bella differenza: lo zucchero.

Possiamo considerare le verdure come frutta senza zucchero. Sì, avete capito bene! In termini di composizione e apporto nutrizionale, tra un frutto e una verdura non c'è differenza, poiché le vitamine sono rigorosamente le stesse. Un peperone o un cavolo contengono tanta vitamina C quanto la «vitaminica» arancia. La differenza è tutta nella quantità di zuccheri. Il frutto abbonda di fruttosio, uno dei più pericolosi per i diabetici, e sicuramente da evitare per chi ha problemi di peso.

Certo, la frutta è un alimento naturale, ma non basta: dobbiamo chiederci quanto sia naturale per l'essere umano. Torniamo quindi alle origini, ai cibi di cui si nutrivano i nostri antenati. La frutta odierna non ha niente a che vedere con quelle poche bacche disponibili allo stato selvatico che mangiavano i primi uomini. Ciò che trovate sugli scaffali del supermercato è frutta che spesso è stata pompata con concimi e irrorata con pesticidi.

L'agronomo Claude Aubert mi ha fatto notare come le analisi effettuate annualmente sulla frutta rilevino la presenza di ben 318 pesticidi diversi. «La buccia della frutta è la parte del frutto in cui si concentra il maggior numero di antiossidanti e di vitamine, ma spesso è anche ricoperta di pesticidi», ha scritto Aubert nel suo libro *Un altro piatto. Consigli pratici per una alimentazione sana, semplice, gustosa ed economica*.

Oltre a tale disastro di carattere ecologico, la frutta è tra gli alimenti che fanno ingrassare, mentre di norma viene presentata come «dietetica». Ricordatevene, una volta raggiunto il vostro Giusto Peso!

Lo ribadisco: sì alla frutta, ma in quantità moderata, ovvero circa **due frutti al giorno**. Se questo limite viene superato, si tratta di pura e semplice golosità, niente affatto indispensabile per la vostra salute. Per la verdura, che invece comporta solo vantaggi, il discorso è totalmente diverso. Se può interessarvi, di solito mangio due mele al giorno, e preferisco quelle di coltivazione biologica, perché adoro sgranocchiarle con la buccia.

La crusca d'avena

Il mercoledì, stessa dose dei giorni precedenti: 1 cucchiaio e mezzo di crusca d'avena per la galletta, oppure sciolto nel latte o nello yogurt.

Il konjac

Spero che ormai vi siate abituati a consumare quotidianamente questo alimento formidabile. Come ho già detto, sto facendo del mio meglio per migliorarne la disponibilità e la varietà sul mercato, che peraltro è sempre un po' lento quando si tratta di integrare nuovi prodotti. Inoltre, sto cercando di

La bevanda del mercoledì: tè verde al peperoncino, infuso «attivatore»

Se vi piace il suo gusto speziato, continuate a prepararvi l'infuso già descritto nei giorni precedenti, che non comporta nessuna controindicazione. Un pizzico al giorno di peperoncino piccante è ben poca cosa, una dose strettamente culinaria, e lo stesso vale per il tè verde e il limone, e anche il sucralosio è universalmente accettato. Cercate di suddividere il litro di infuso in due dosi, una per pasto. L'acqua è un formidabile taglia-fame, il tè verde facilita il drenaggio e brucia un piccolo quantitativo di grassi, mentre il peperoncino è un ottimo bruciagrassi e ha anche un leggero effetto saziante. Berlo freddo, a circa 4 °C, vi consentirà di bruciare un surplus di calorie.

creare nuove ricette di piatti precotti, per facilitare i compiti di chi, dopo una dura giornata di lavoro, non ha più l'energia per cucinare.

L'attività fisica

Inoltrandoci in questo percorso settimanale, vi chiedo di prestare un'attenzione crescente all'attività fisica. Indipendentemente dalle calorie che permette di bruciare, e dalla serotonina che il cervello produce di conseguenza, l'esercizio fisico è uno degli elementi fondamentali della vita animale. È proprio questa la differenza tra un vegetale e un animale: il primo non si muove mai, è legato alla terra attraverso le radici, che assimilano dal suolo le sostanze nutritive, mentre le foglie, grazie alla clorofilla, sfruttano l'energia del sole. Per milioni di anni la Terra è stata abitata soltanto dai vegetali, ma la comparsa del regno animale (o animato) ha introdotto proprio la mobilità, il movimento. Non più solo radici e foglie con la loro clorofilla: ecco dunque ossa, muscoli, articolazioni, tendini, e con questi l'istinto di nutrirsi e di riprodursi! E gli animali hanno continuato a spostarsi per circa un miliardo di anni, altrimenti sarebbero morti di inedia.

Ma non è tutto: se l'animale doveva necessariamente spostarsi, era anche opportuno che lo facesse in modo intelligente, per non faticare invano. Ciò significa che doveva ricorrere all'intelligenza, utilizzando tutte le risorse cerebrali a disposizione. Gli esseri umani, infatti, si distinguono per un cervello particolarmente sofisticato.

Negli ultimi cinque anni la comunità scientifica internazionale ha scoperto qualcosa di inaudito e completamente inaspettato: oltre agli altri effetti positivi, l'attività fisica stimola la produzione di nuovi neuroni a partire dalle cellule staminali cerebrali. È la cosiddetta **neurogenesi**, ovvero la **plasticità cerebrale**. Tale scoperta ha sconvolto il mondo della neurologia: soltanto una decina di anni fa pensavamo di venire al mondo con una riserva predeterminata di neuroni, e di essere destinati a perderne ineluttabilmente alcune centinaia di migliaia al giorno.

Per tornare a noi, camminando o correndo non soltanto bruciate calorie e producete serotonina, ma contribuite alla conservazione del vostro capitale neuronale. Chi cammina, dunque, ha solo da guadagnarci: dimagrisce più rapidamente, alimenta la voglia di vivere ed è mentalmente più attivo nel lungo termine.

Promemoria del regime del mercoledì

- Oggi, primo mercoledì del vostro progetto dimagrante, potete consumare le proteine del lunedì, le verdure del martedì e la frutta del mercoledì.
- Gustatevi la vostra porzione di frutta a fine pasto, di preferenza dopo cena, perché contiene zucchero rapido. Soprattutto, rispettate attentamente le porzioni autorizzate!

Gli alimenti autorizzati

1. Carni magre: vitello, manzo, cavallo (escluse la costata e la cotoletta di manzo), ai ferri o arrosto, senza aggiunta di grassi.
2. Frattaglie: fegato, rognone e lingua di vitello e di manzo (la punta).
3. Tutti i pesci (grassi, magri, bianchi, azzurri, crudi o cotti).
4. Tutti i frutti di mare (molluschi e crostacei).
5. Tutto il pollame (eccetto anatra e oca), senza mai mangiare la pelle.
6. Affettati magri di tacchino, pollo e maiale.
7. Uova.
8. Proteine vegetali.
9. Latticini magri.
10. 1 litro e mezzo di liquidi al giorno (soprattutto acqua con poco sodio).
11. 1 galletta di crusca d'avena, oppure 1 cucchiaio e mezzo di crusca d'avena sciolta nel latte o nello yogurt.
12. 30 minuti di camminata al giorno (obbligatoria).
13. Gli alleati della dieta: caffè, tè, tisane, tè verde al peperoncino, aceti vari, aromi ed erbe aromatiche, spezie, cetriolini sottaceto, succo di limone (per condire), sale e senape (con moderazione).
14. Tutte le verdure, crude o cotte.
15. Una porzione di frutta, escluse banane, uva e frutta secca come albicocche e prugne, e nemmeno frutti oleosi tipo noci, mandorle, arachidi, pistacchi eccetera.

LE RICETTE DEL GIORNO

Ricette di proteine pure + verdure e frutta del *mercoledì*

(valide anche per i giorni successivi)

Capesante alle arance speziate

Per **4 persone**
Preparazione: **5 minuti**
Cottura: **9 minuti**

- *24-32 noci di capesante medie (6-8 a persona)*
- *2 arance*
- *2 arance non trattate: succo + scorza grattugiata*
- *1 cucchiaino di cannella in polvere*
- *2 pizzichi di peperoncino in polvere*
- *4 pizzichi di vaniglia in polvere*
- *4 cucchiai di formaggio fresco allo 0-5% di grassi*
- *4 cucchiai di coriandolo tritato*
- *Sale, pepe*

Questa ricetta può essere preparata con capesante surgelate o fresche. Se decidete di usare quelle surgelate, fatele scongelare a mollo nel latte scremato.

Sbucciate delicatamente le 2 arance e tagliatele a fettine sottili utilizzando un coltello affilato. Cospargetele con un po' di cannella.

Scaldate a fuoco vivo una padella antiaderente. Distribuitevi le fette d'arancia e cuocetele per 5 minuti. Toglietele e tenetele da parte.

Versate nella padella le noci di capesante e saltatele mescolando delicatamente per 1 minuto, finché dorano leggermente.

Aggiungete nella padella il succo delle altre 2 arance, la cannella rimasta, il peperoncino e la scorza d'arancia grattugiata, poi sale e pepe. Fate ridurre la salsa per circa 3 minuti.

Abbassate il fuoco e aggiungete il formaggio fresco. Cospargete di coriandolo tritato. Distribuite in 4 piatti, deponendo prima le fette d'arancia e poi le capesante. Spruzzate di vaniglia in polvere e servite.

Sorbetto alla menta su coulis di fragole

Per **4 persone**
Preparazione: **10 minuti**
Cottura: **15 minuti**

- *500 g di fragole*
- *1 cucchiaio di aroma vaniglia Dukan*
- *24 bustine di Diete.tic*
- *100 g di formaggio spalmabile allo 0,2% di grassi*
- *1 mazzetto di menta fresca*
- *400 ml d'acqua*

Lavate le fragole, privatele del picciolo e tagliatele a metà. Aggiungete l'aroma vaniglia, il formaggio spalmabile e 12 bustine di Diete.tic. Frullate il tutto e conservate in frigorifero.

Portate a ebollizione l'acqua in una casseruola, aggiungendo le altre bustine di Diete.tic e la menta (conservatene qualche fogliolina per la decorazione finale) e cuocete per 15 minuti; lasciate la menta in infusione fino a quando l'acqua sarà completamente fredda.

Filtrate, eliminate la menta e preparate il sorbetto nella gelatiera.

Servite il sorbetto alla menta nappato con il coulis di fragole.

Sogliole al cartoccio con mango e finocchio

Il mango e il finocchio acidulati con il succo di limone creano uno stupendo contrasto agrodolce, a cui si aggiunge la morbidezza vellutata del formaggio fresco. Un piatto di grande delicatezza, adatto a una cena tra innamorati.

Per **4 persone**
Preparazione: **15 minuti**
Cottura: **20 minuti**

- *8 filetti di sogliola*
- *2 manghi freschi*
- *1 finocchio*
- *Succo di 2 limoni*
- *Aneto*
- *4 cucchiai di formaggio fresco allo 0-5% di grassi*
- *100 g di formaggio spalmabile allo 0,2% di grassi*
- *Sale, pepe*

Portate il forno a 180 °C.

Sbucciate i 2 manghi, tagliateli a metà e poi a fettine. Dividete in 4 porzioni.

Lavate il finocchio, tagliatelo in 4 e riducetelo a lamelle sottili.

Tagliate 4 fogli di carta da forno per i cartocci e disponete su ognuno un lettino di mango, uno di lamelle di finocchio, due filetti di sogliola e qualche pezzetto di mango. Versate su ogni preparazione il succo di mezzo limone e cospargete con un po' d'aneto. Richiudete i cartocci.

Infornate e cuocete per 10 minuti, dopodiché aprite ogni cartoccio, distribuitevi un cucchiaio di formaggio fresco e ricoprite il tutto con 25 g di formaggio spalmabile. Salate e pepate leggermente, quindi passate di nuovo in forno per altri 10 minuti.

Cheesecake alla vaniglia e coulis di lamponi

Per **8 persone**
Preparazione: **25 minuti**
Cottura: **55 minuti**
Refrigerazione: **24 ore**

Per la base biscottata:

- *5 cucchiai di crusca d'avena*
- *6 bustine di Diete.tic*
- *150 g di formaggio spalmabile allo 0,2% di grassi*

Per il coulis di lamponi:

- *500 g di lamponi*
- *12 bustine di Diete.tic*
- *1 cucchiaio di succo di limone*

Per la crema di formaggio:

- *375 g di formaggio spalmabile allo 0,2% di grassi*
- *200 g di formaggio fresco allo 0-5% di grassi*
- *10 bustine di Diete.tic*
- *3 uova*
- *1 cucchiaino di estratto di vaniglia liquido*

Preparate la base biscottata mescolando crusca d'avena, dolcificante e formaggio spalmabile. Distribuite il preparato sul fondo e sulle pareti di una teglia a cerniera a bordo alto premendo bene. Conservate in frigorifero per 20 minuti.

Portate il forno a 160 °C. In una ciotola lavorate il formaggio spalmabile con il dolcificante e il formaggio fresco fino a ottenere un composto omogeneo. Aggiungete le uova, una alla volta, poi l'estratto di vaniglia.

Versate la crema sulla base biscottata e infornate. Dopo circa 15 minuti di cottura abbassate il forno a 120 °C e cuocete per altri 40 minuti. Lasciate raffreddare a forno spento, poi mettete in frigorifero per 24 ore.

Durante la cottura preparate il coulis: passate i lamponi in un setaccio a maglia fine per trattenere i semini e mescolatene la polpa ricavata con il dolcificante e il succo di limone. Conservate in frigorifero.

Il giorno dopo sformate delicatamente la torta e guarnitela con il coulis di lamponi.

Crumble di mele, pere e lamponi

Per **4 persone**
Preparazione: **25 minuti**
Cottura: **25 minuti**

Il lampone non è soltanto un frutto delizioso, ma contiene anche poco zucchero e favorisce il transito intestinale. Inoltre, grazie all'acido ellagico che contiene, è utile nella prevenzione di alcuni tipi di cancro.

- *1 mela*
- *2 pere*
- *Succo di 1 limone*
- *150 g di lamponi freschi o surgelati*
- *10-15 foglie di menta fresca*
- *150 g di formaggio spalmabile allo 0,2% di grassi*
- *2 cucchiai di crusca d'avena*
- *4 bustine di Diete.tic*

Portate il forno a 190 °C. Sbucciate la mela e le pere e privatele del torsolo, quindi tagliatele a dadini e spruzzatele di succo di limone, per evitare che anneriscano. Mescolatele ai lamponi e mettete il tutto in 4 pirofile piccole o in una grande. Cospargete la frutta con la menta finemente tritata.

Mescolate il formaggio spalmabile con la crusca d'avena e il dolcificante. Lavorate il preparato con il palmo delle mani, frantumandolo e lasciando cadere le briciole sulla frutta, senza premere. Passate in forno per 25 minuti.

Lasciate intiepidire prima di servire.

Mousse di fragole ultraleggera

Per **4 persone**
Preparazione: **15 minuti**
Refrigerazione: **2 ore**

- *500 g di fragole*
- *2 bustine di Diete.tic*
- *Succo di limone*
- *200 g di formaggio spalmabile allo 0,2% di grassi*
- *3 albumi*

Lavate le fragole e privatele del picciolo. Tagliatene una metà in 4 e versatela nel frullatore. Tagliate l'altra metà in 2 e mettetela da parte. Versate nel frullatore anche il dolcificante (eventualmente, assaggiate e se necessario correggete), un filo di succo di limone e il formaggio spalmabile. Frullate il tutto fino a ottenere una crema omogenea, poi versatela in una ciotola.

Montate gli albumi a neve e uniteli progressivamente alla crema di fragole, sollevando delicatamente il preparato con una spatola. Distribuite il tutto in 4 coppette e decorate con le mezze fragole tenute da parte. Prima di servire lasciate riposare in frigorifero per almeno 2 ore.

Gratin di agrumi allo zabaglione

Per **4 persone**
Preparazione: **10 minuti**

Molto popolare nei Paesi che si affacciano sul Mediterraneo, l'acqua di fiori d'arancio fa venire in mente l'infanzia. Potete usarla anche per preparare una bevanda deliziosa, versandone un cucchiaio in una tazza d'acqua calda con un po' di edulcorante: è questo il celebre «caffè bianco» libanese.

- *1 pompelmo*
- *2 arance*
- *2 mandarini*
- *2 tuorli*
- *50 ml di latte scremato*
- *4 bustine di Diete.tic*
- *Acqua di fiori d'arancio*

Fate scaldare dell'acqua in una casseruola abbastanza grande da contenere un'insalatiera o una ciotola stretta e alta (dovrete cuocere a bagnomaria).

Sbucciate gli agrumi e tagliateli a pezzetti. Disponeteli in 4 recipienti adatti alla cottura al forno.

Mescolate i tuorli, il latte, il dolcificante e un po' d'acqua di fiori d'arancio nell'insalatiera adagiata nella casseruola.

Cuocete il preparato a bagnomaria e a fuoco dolce, mescolando per 5 minuti circa e continuando finché è ben spumoso.

Nappate i recipienti con gli agrumi, e prima di servire passateli al grill per qualche istante. Da gustare tiepido.

Gelato al cacao con lamponi freschi

Per **4 persone**
Preparazione: **5 minuti**

- *150 g di cacao in polvere Dukan 1%*
- *400 ml d'acqua*
- *1 cucchiaino di estratto di vaniglia*
- *10 bustine di Diete.tic*
- *200 g di formaggio spalmabile allo 0,2% di grassi*
- *4 manciate di lamponi*

Mescolate in una ciotola il dolcificante in polvere e il cacao.

Portate a ebollizione l'acqua e versatevi gradualmente la miscela, lavorando con il frustino fino a ottenere un composto omogeneo. Incorporatevi il formaggio spalmabile e l'estratto di vaniglia, quindi frullate il tutto.

Versate il preparato in una gelatiera e azionatela fino a quando il gelato sarà addensato.

Al momento di servire aggiungete in ogni coppetta una manciata di lamponi.

Giovedì

Leitmotiv del giorno

Lunedì, il vitale
Martedì, l'essenziale
Mercoledì, l'importante
Giovedì, l'utile
Venerdì, il cremoso
Sabato, l'energetico
Domenica, libertà!

OGGI saliamo un altro gradino della Scala Nutrizionale. Abbiamo cominciato la nostra marcia verso il Giusto Peso con un lunedì riservato esclusivamente agli alimenti ricchi di proteine. Sapevate che si tratta dell'unico modo per mantenersi in vita? Se non si consumano alimenti di origine animale, si MUORE! E i vegetariani? direte voi. Assumono le proteine vegetali contenute nei cereali (grano o riso) e nelle leguminose (ceci, lenticchie, piselli, fagioli), ma né le proteine dei cereali né quelle delle leguminose possono vantare gli otto aminoacidi essenziali, senza i quali il corpo umano non è in condizione di produrre le proprie proteine, che sono indispensabili per vivere.

Quando assumete proteine animali – carne, pesce, uova, pollame o latticini – vi procurate una gamma di venti aminoacidi, tra cui quelli assolutamente fondamentali per la sopravvivenza.

Durante la digestione il corpo disintegra le lunghe catene di aminoacidi che, terminato il lavoro, entrano in circolazione nel sangue attraverso la mucosa intestinale. Una volta in circolo, si potrebbero paragonare ai mattoncini del Lego o alle parti del Meccano. Tocca poi al vostro corpo assemblarli nell'unico modo che conosce, cioè costruendo proteine umane, diverse dalle proteine animali di cui vi siete nutriti. In altre parole, quando mangiate una coscia di pollo ne smantellate la struttura proteica, poi la riassemblate sotto forma di proteine umane.

Se vi nutrite unicamente di cereali (per esempio grano, farro o grano saraceno), nelle proteine che contengono manca un aminoacido fondamentale, la fenilalanina, e di conseguenza il processo di costruzione delle proteine umane si arresta. Avete tutti i mattoncini eccetto uno, senza il quale è impossibile costruire la «casa» (il corpo umano). Quando consumate solo leguminose accade esattamente la stessa cosa: questa volta l'aminoacido mancante è la metionina, e il risultato è il medesimo, cioè non potrete andare avanti per molto!

Per continuare a creare le proteine umane vitali sulla base di una sola alimentazione vegetale, come i vegetariani, dovete consumare nel contempo e in proporzioni uguali cereali ricchi di metionina ma privi di fenilalanina, e leguminose ricche di fenilalanina ma sprovviste di metionina. Ma non è tutto, perché le proteine vegetali comportano un altro problema: abbondano anche di glucidi, e cioè di «zuccheri», di certo rallentati dalle fibre contenute in questi alimenti, ma il cui consumo non esclude i meccanismi che ho ampiamente descritto (insulina e sovrappeso).

Fino all'adolescenza le proteine hanno un ruolo talmente vitale che, in caso di carenza, il corpo non si sviluppa. E continuano ad avercelo anche una volta raggiunta la maturità, perché il corpo e i suoi organi non potrebbero sopravvivere senza. Le proteine vengono utilizzate continuamente per rinnovare la pelle, le unghie e i capelli, ovvero tutto ciò che conta per il proprio aspetto esteriore. Ma le proteine sono indispensabili anche per consolidare e rinnovare le ossa, i globuli rossi e bianchi e persino la memoria.

Ciò che state leggendo in questo preciso istante verrà puntualmente registrato nella vostra memoria «elettrica», l'equivalente della memoria RAM del computer, e questa notte tale ricordo si fisserà grazie a una molecola proteica, registrandosi nell'hard disk della vostra memoria a lungo termine.

Credo abbiate finalmente compreso perché le proteine sono assolutamente vitali. Lo stesso non può dirsi dei glucidi o degli zuccheri. Almeno in teoria, si potrebbe vivere un'intera esistenza facendone a meno. Per esempio gli inuit, etnia eschimese lungamente studiata, trascorrevano sette mesi all'anno senza consumare frutta, verdura o amidacei. Prima dell'emigrazione americana questo popolo si nutriva esclusivamente di pesci e foche, quindi la sua dieta comprendeva soltanto proteine e lipidi: nessun carboidrato, nessuno zucchero, e ovviamente niente farina bianca e saccarosio. Eppure godevano di ottima salute!

Martedì avete aggiunto alla vostra dieta la famiglia delle verdure, che non possono essere considerate alimenti vitali ma sicuramente essenziali, perché garantiscono le preziose vitamine, che peraltro sono onnipresenti e si trovano persino nelle stesse proteine.

Mercoledì si è aggiunta la frutta, un alimento non vitale né essenziale ma comunque importante per il suo apporto di vitamine e sali minerali, e un po' di zuccheri rapidi, molto utili per le persone non sedentarie.

Vorrei ricordare che, lontano dai fasti della civiltà moderna, un aborigeno non consuma che 2-3 chili di zucchero all'anno, mentre un americano medio ne ingurgita 72! Credo che questo record mondiale nel consumo di zuccheri sia tra le cause primarie dell'epidemia americana di sovrappeso. C'è poi un altro aspetto, sociale e comportamentale, secondo cui molte persone ricorrono allo zucchero per trovare un po' di pace nella principale società dei consumi del mondo. Sì, lo so, vi ho già detto anche questo!

Prima di passare alle consegne del giovedì, vi ricordo nuovamente il principio fondamentale della settimana tipo del secondo fronte: dal lunedì alla domenica, ogni giorno si aggiunge una nuova famiglia di alimenti, seguendo un percorso che parte da quelli più nutrienti e finisce con quelli più gratificanti. Vi prego di tenerlo a mente, perché è uno schema di grande valore didattico e si ripeterà, settimana dopo settimana, fino al raggiungimento del vostro Giusto Peso.

Tutto quello che imparate leggendo queste pagine, per quanto semplice e chiaro, è puramente teorico e potreste facilmente dimenticarlo. Quando invece si trasforma in vissuto attraverso il vostro corpo, come in una sorta di «addestramento», la ripetizione rinforza l'informazione. Si tratta di creare un nuovo cammino neuronale, una sequenza così collaudata da diventare automatica, quindi privilegiata e inscritta per sempre alla radice del vostro essere. È così che, senza nemmeno accorgervene, acquisite meccanismi mentali e comportamenti alimentari corretti. Non vi chiedo altro!

Nella nostra epoca fame e sazietà non possono più svolgere il medesimo ruolo che hanno per l'animale. Non siamo più gli stessi di una volta, non dobbiamo più fare di tutto per nutrirci, sempre spinti dalla fame e quindi preoccupati soltanto di trovare qualcosa da mettere sotto i denti. Certo, si trattava di un istinto vitale e sano, ma è praticamente scomparso dalla faccia della Terra. Gli alimenti di oggi, più tossici, producono nel nostro cervello effetti psicotropi estremi. Nella nostra società consumista le persone che mangiano per vera fame sono sempre più rare, e ancora più rare sono quelle che si fermano quando fame non ne hanno più. Per le persone in sovrappeso, e soprattutto per quelle che hanno già seguito varie diete, il problema è ancora più scottante: le sensazioni fisiologiche di fame e sazietà sono state per lungo tempo violentemente saccheggiate. Ve le ricorderete, le ho definite «serrature forzate». Quindi bisognerà procurarsene di nuove. La soluzione che propongo consiste nel ricreare un sistema con pilota automatico attraverso un condizionamento capace di regolare l'alimentazione in un contesto strutturato. Credetemi, è qualcosa che potete imparare. Anzi, considerato il vostro problema sarebbe meglio dire *re*imparare.

È uno dei compiti che attribuisco alla mia Scala Nutrizionale.

Oggi, giovedì, arriviamo alla fine della parte dimagrante della settimana. Benché al termine della corsa, abbiamo ancora un po' dello slancio iniziale, come quello che i marinai chiamano «abbrivo», ovvero il movimento impresso alla nave dal motore ormai praticamente spento.

Come per gli altri giorni, anche oggi c'è qualcosa di nuovo: il **pane**. Probabilmente avrete già intuito che non può trattarsi del pane bianco, bensì del pane «nero», semintegrale o meglio ancora integrale.

Chi dice pane di solito intende farina bianca. Per fare la farina bianca il grano viene mondato, macinato il più finemente possibile e raffinato, un lavoro svolto completamente dall'industria agroalimentare anziché dal vostro organismo. Di conseguenza, tale farina o pane bianco attraversano l'apparato digerente e passano rapidamente dalla bocca al sangue attraverso l'intestino tenue, raggiungendo la stessa velocità del glucosio sanguigno.

Il seguito lo conoscete già: il pancreas deve secernere insulina, e lo zucchero in eccesso si trasforma in grassi, ovvero sovrappeso e obesità.

Quello che vi propongo oggi, invece, è il pane semintegrale o meglio ancora integrale. Qual è la differenza?

- **Il pane integrale** è fatto con farina integrale, cioè grano raccolto e macinato senza rimuovere la parte fibrosa della scorza, ovvero la crusca che lo avvolge. L'indice glicemico del pane integrale (40) è inferiore a quello del pane semintegrale (50), poiché la farina non è stata sottoposta a nessuna setacciatura (o abburattatura), e presenta tutti i componenti del chicco di grano: fibre, acidi grassi essenziali, vitamine e sali minerali, presenti tanto dell'involucro esterno quanto nel germe.
- **Il pane semintegrale** viene preparato con farina bianca a cui è stata aggiunta crusca di grano, quindi è un alimento ricostituito. È completamente diverso dal pane integrale! Il chicco e il suo involucro rappresentano un tutt'uno, sono saldati l'uno all'altro come natura vuole. Una volta separati attraverso processi industriali, farina e crusca possono essere «riuniti» nello stesso prodotto, ma il legame naturale è stato definitivamente spezzato. Ne consegue che dalla bocca allo stomaco gli zuccheri estremamente rapidi della farina bianca e quelli lenti della crusca di grano si separano subito. E per voi può risultare pericoloso!

La consegna del giovedì è chiara: **continuate a consumare gli alimenti ricchi di proteine del lunedì, sempre a volontà; lo stesso vale per le verdure del martedì e per il frutto del mercoledì, ma aggiungete...**

Due fette di pane integrale o semintegrale

Due fette equivalgono a 45 grammi di pane. Se siete soliti mangiare pane a colazione, mi raccomando: niente burro e niente marmellata! Potete invece accompagnarlo con prosciutto di tacchino, formaggio spalmabile allo 0,2% di grassi, una bella fetta di salmone affumicato oppure un uovo alla coque o al tegamino, o ancora un'omelette.

Se volete un consiglio, mantenete l'abitudine di consumare la galletta di crusca d'avena alla mattina, e riservate il pane per un altro pasto della giornata.

Se consumato a pranzo, il pane può essere associato a qualsiasi altro alimento autorizzato, come carne o pesce. Meglio ancora, fatevi un sandwich con prosciutto magro e un po' di verdura, o qualche fetta di pomodoro. E non dimenticate la bresaola.

Infine, se conservate le vostre due fette di pane per la cena, preparatevi il mio Pain perdu, le mie tartine «pissaladière» (*vedi* ricetta a p. 172) o un pudding. Inoltre, il pangrattato è ottimo per dare più consistenza alle vostre ricette.

La crusca d'avena

Il cucchiaio e mezzo di crusca d'avena vi accompagnerà anche il giovedì. Se a colazione preferite il pane integrale alla galletta di crusca d'avena, potete consumare la crusca in un altro momento. Ormai conoscete la moltitudine di ricette salate o dolci (ovviamente per «dolci» intendo con dolcificante) che potete preparare: muffin classici, blini, pasta per pizza (da farcire con pomodoro, acciughe, formaggio fresco allo 0-5% di grassi mescolato a ricotta magra, erbe aromatiche, qualche gamberetto sgusciato o striscioline di salmone affumicato). La scelta è ampia, quindi variate e lasciatevi guidare dal gusto che preferite!

Il konjac

Anche qui, nessun cambiamento: la consegna è quella di sempre, ovvero libertà totale e grande varietà nelle ricette. Imparate a sfruttare bene questo straordinario strumento dimagrante, cucinatelo a dovere facendone un'abitudine. Ed è una gran bella abitudine perché, lo ripeto, il konjac è privo di calorie e rappresenta una delle migliori opportunità per non ingrassare di nuovo.

La bevanda del giovedì: tè verde al peperoncino

Vorrei che continuaste a bere il vostro litro quotidiano di tè verde con un pizzico di peperoncino in polvere, succo di 1 lime o ½ limone e sucralosio. Come al solito, bevetelo ben freddo, così da sfruttare il processo fisico di termogenesi, secondo cui il corpo brucia qualche caloria in più per innalzare la bassa temperatura dei liquidi ingeriti. Se questo tè non vi piace, bevete 1 litro e mezzo d'acqua.

L'attività fisica

Più vi avvicinate al fine settimana, più è importante rispettare la mezz'ora di camminata (o di jogging, danza o nuoto). Non trascurate questo aspetto vitale, questa ondata di dinamismo e di forma fisica, perché una cosa è certa: prima o poi ne sentirete i benefici. Arriverà il giorno in cui quello che vi sembrava uno sforzo superfluo, se non addirittura inutile, si trasformerà in fonte di benessere. Provare per credere!

Ricordate quello che ho detto sulla serotonina? Indipendentemente dall'età, questo neurotrasmettitore è, e continua a essere, uno degli elementi chiave della vostra vita. Saperlo, e trasformare questa consapevolezza in fatti (parlo per esperienza personale), è uno degli insegnamenti più preziosi, poiché vi consente di cambiare la visione della vostra vita. Il giorno in cui ve ne renderete totalmente conto vi ritroverete a riordinare le vostre priorità, proprio com'è successo a me. E non è una cosa da poco!

Ognuno di noi viene al mondo con una certa struttura, un'eredità genetica e un complesso psicofisico particolare. Nei primi mesi il feto si sviluppa in un ambiente che ne garantisce la sopravvivenza immediata, per poi giungere alla prima grande fase della sua costituzione, diventando matrice del suo stesso futuro. Successivamente il bambino incontra insegnanti d'ogni sorta che gli trasmettono la cultura ambientale fino alla seconda grande fase del processo di maturità, ovvero la conclusione dell'adolescenza. Da quel momento in poi la vita ha uno scopo supremo benché inconscio: raccogliere serotonina attraverso una serie di comportamenti impulsivi dettati dalla natura e considerati socialmente accettabili. Se il percorso esistenziale, i genitori, l'ambiente circostante e la fortuna sono dalla sua parte, l'individuo riesce a garantirsi un certo numero di fonti di tale «nutrimento» imprescindibile, il più prezioso tra quelli fisici e simbolici, ciò che gli farà amare la vita, imponendogli di prolungarla a ogni nuovo mattino.

Promemoria del regime del giovedì

- Oggi, primo giovedì del vostro progetto dimagrante, potrete consumare le proteine del lunedì, le verdure del martedì e la frutta del mercoledì, a cui si aggiungono **due fette di pane integrale o semintegrale**.
- Come ho già sottolineato, preferite il pane integrale o semintegrale, evitando quello bianco, che è a base di farina raffinata.
- Con il giovedì si conclude la fase di dimagrimento, e da domani passerete a quella di stabilizzazione.

Gli alimenti autorizzati

1. Carni magre: vitello, manzo, cavallo (escluse la costata e la cotoletta di manzo), ai ferri o arrosto, senza aggiunta di ulteriori grassi.
2. Frattaglie: fegato, rognone e lingua di vitello e di manzo (la punta).
3. Tutti i pesci (grassi, magri, bianchi, azzurri, crudi o cotti).
4. Tutti i frutti di mare (molluschi e crostacei).
5. Tutto il pollame (eccetto anatra e oca), senza mai mangiare la pelle.
6. Affettati magri di tacchino, pollo e maiale.
7. Uova.
8. Proteine vegetali.
9. Latticini magri.
10. 1 litro e mezzo di liquidi al giorno (soprattutto acqua con poco sodio).
11. 1 galletta di crusca d'avena, oppure 1 cucchiaio e mezzo di crusca d'avena sciolta nel latte o nello yogurt.
12. 30 minuti di camminata al giorno (obbligatoria).
13. Gli alleati della dieta: caffè, tè, tisane, tè verde al peperoncino, aceti vari, aromi ed erbe aromatiche, spezie, cetriolini sottaceto, succo di limone (per condire), sale e senape (con moderazione).

segue

14. Tutte le verdure, crude o cotte.
15. Una porzione di frutta, escluse banane, uva e frutta secca come albicocche e prugne, e nemmeno frutti oleosi tipo noci, mandorle, arachidi, pistacchi eccetera.
16. Due fette di pane integrale o semintegrale.

LE RICETTE DEL GIORNO

Ricette di proteine pure + verdure, frutta e pane del *giovedì*

(valide anche per i giorni successivi)

Quattro insalate ai fiocchi di latte con pane tostato

Per **4 persone**
Preparazione: **10 minuti**
Cottura: **5 minuti**

- *300 g di 4 varietà di insalata (lattuga, riccia, lollo rossa, scarola…)*
- *1 scalogno*
- *1 cipolla*
- *Qualche fogliolina di basilico*
- *Qualche stelo di erba cipollina tritato*
- *Qualche foglia di dragoncello*
- *6 cucchiai di vinaigrette Maya (vedi ricetta a p. 117)*
- *½ cucchiaio di aroma miele Dukan*
- *160 g di fiocchi di latte allo 0-5% di grassi*
- *8 fettine di pane integrale o semintegrale*

Lavate le insalate e disponetele su ciascuno dei 4 piatti creando una bella miscela colorata. Sbucciate lo scalogno e la cipolla; affettate finemente il primo e tritate la seconda.

Versate la vinaigrette Maya in una ciotola e unite l'aroma miele, lo scalogno e la cipolla.

Tostate le fette di pane al grill per 1 minuto, poi estraetele e disponete su ciascuna 20 g di fiocchi di latte. Passate di nuovo al grill per qualche istante.

Disponete 2 fette di pane in ogni piatto, sopra l'insalata, e condite con la salsa della ciotola. Cospargete di erba cipollina, basilico e dragoncello sminuzzati.

Tartine «pissaladière»

Per **4 persone**
Preparazione: **30 minuti**
Cottura: **55 minuti**

- *600 g di cipolle dolci*
- *1 cucchiaio di senape*
- *12 filetti di acciuga senza olio o ben asciugati*
- *1 cucchiaino di erbe aromatiche*
- *4 fette di pane integrale o semintegrale*
- *Sale, pepe*

Portate il forno a 180 °C.

Sbucciate le cipolle e tagliatele a fettine sottili. Fatele appassire in una padella unta con 3 gocce d'olio e strofinata con carta da cucina. Salate, pepate, aggiungete un po' d'acqua se necessario e cuocete per circa 30 minuti, mescolando regolarmente finché le cipolle cominciano a dorare.

Al termine della cottura cospargete con metà delle erbe aromatiche e mescolate il tutto. Mettete da parte.

Spalmate la senape sulle fette di pane, quindi distribuite omogeneamente la composta di cipolle e le acciughe.

Cospargete con le erbe aromatiche restanti e passate in forno per 25 minuti.

Crema alla provenzale con formaggio e tonno

Per **4 persone**
Preparazione: **10 minuti**
Senza cottura

Il tonno bianco è a mio avviso più delicato di quello rosso. La ricetta può anche essere preparata senza cetriolo, peperone e finocchio, che potete sostituire con rondelle fini di ravanello.

- *200 g di tonno al naturale*
- *200 g di formaggio spalmabile allo 0,2% di grassi*
- *Un filo di succo di limone*
- *Pepe bianco macinato al momento*
- *2 cucchiai di basilico tritato*
- *4 fette di pane integrale o semintegrale*
- *1 cetriolo*
- *1 peperone rosso*
- *1 finocchio*

Sgocciolate il tonno, spezzettatelo grossolanamente e mettetelo nel frullatore con il formaggio spalmabile. Aggiungete il succo di limone e il pepe. Frullate il tutto fino a ottenere una crema omogenea, poi incorporate il basilico tritato, mescolando a mano.

Fate tostare le fette di pane. Tagliate il cetriolo a rondelle di circa mezzo centimetro di spessore. Affettate il peperone e il finocchio a listarelle. Spalmate la crema di tonno sul pane e sulle verdure, quindi disponete il tutto su un vassoio e servite come aperitivo o antipasto sfizioso.

Tartine rosso-arancio ai due salmoni

Per **4 persone**
Preparazione: **5 minuti**
Cottura: **20 minuti**
Refrigerazione: **3 ore**

- *300 g di salmone fresco*
- *2 finocchi piccoli*
- *2 cucchiai di aceto balsamico*
- *Succo di 2 limoni*
- *4 fette di pane integrale o semintegrale*
- *Maionese Dukan*
- *Erba cipollina tritata*
- *Sale, pepe*

Tagliate metà del salmone a dadini. Lavate e tagliate i finocchi a fettine molto sottili con l'affettaverdure. Frullate i dadini di salmone, il finocchio, l'aceto balsamico, il succo di 1 limone, sale e pepe. Mescolate ancora e conservate in frigorifero per almeno 2 ore.

Portate il forno a 170 °C. Cuocete l'altra metà del salmone per 15 minuti.

Sfornate il pesce, lasciatelo raffreddare e sminuzzatelo. Aggiungete la maionese Dukan, metà del succo del secondo limone, un po' d'erba cipollina tritata, poi salate e pepate. Conservate in frigorifero per almeno 1 ora.

Tostate le fette di pane al grill per 1-2 minuti, oppure passatele nel tostapane. Disponete omogeneamente su ogni tartina qualche pezzetto di salmone con la maionese, quindi distribuite una parte di frullato di salmone al finocchio, poi ancora uno strato di salmone sminuzzato e infine un ultimo strato di frullato. Conservate in frigo fino al momento di servire, e portate in tavola dopo avere condito con un filo di succo di limone.

Crostini al melone e alla bresaola

Per **4 persone**
Preparazione: **20 minuti**
Cottura: **5 minuti**

- *½ melone*
- *4 fette di pane integrale o semintegrale*
- *100 g di bresaola*
- *1 spicchio d'aglio*
- *Qualche foglia di basilico*
- *2 cucchiai di aceto balsamico*
- *1 cucchiaino di aroma miele Dukan*
- *Fior di sale, pepe*

Tagliate il melone a metà e togliete i semi. Sbucciatelo e tagliatelo a dadini da mezzo centimetro. Tagliate la bresaola a listarelle lunghe. Tritate il basilico.

Mescolate i dadini di melone con la bresaola, insaporite il tutto con 1 cucchiaio di aceto balsamico e con l'aroma miele. Conservate in frigorifero.

Strofinate le fette di pane con l'aglio sbucciato e spruzzatele con l'aceto balsamico rimasto. Tostatele al grill per qualche minuto.

Togliete i dadini di melone con la bresaola dal frigorifero, condite con il fior di sale e un pizzico di pepe.

Aggiungete il basilico tritato, poi distribuite il preparato sulle fette di pane tostato e servite.

Tartine mediterranee

La feta è un formaggio greco a base di latte di capra o pecora, cagliato in salamoia.

Per **4 persone**
Preparazione: **15 minuti**
Cottura: **1 minuto**

- *4 fette di pane integrale o semintegrale*
- *4 foglie di insalata*
- *8 pomodori ciliegia*
- *160 g di feta*
- *4 pomodori confit*
- *½ peperone rosso*
- *1 uovo sodo*
- *16 foglie di basilico*
- *Cipolla rossa (qualche rondella)*
- *2 cucchiai di vinaigrette Maya* (vedi *ricetta a p. 117)*

Fate tostare le fette di pane per 1 minuto al grill o passatele nel tostapane.

Lavate le foglie di insalata, sminuzzatele e distribuitele sul pane.

Tagliate a metà i pomodori ciliegia, il peperone rosso a striscioline e la feta a dadini, quindi affettate i pomodori confit.

Spargete i pomodori ciliegia e la feta sull'insalata, aggiungete le lamelle di pomodori confit e il peperone.

Tagliate l'uovo sodo a spicchi e mettetene uno per tartina, quindi completate la decorazione con le foglie di basilico e le rondelle di cipolla.

Al momento di servire insaporite ogni tartina con mezzo cucchiaio di vinaigrette Maya.

Venerdì

Leitmotiv del giorno

Lunedì, il vitale
Martedì, l'essenziale
Mercoledì, l'importante
Giovedì, l'utile
Venerdì, il cremoso
Sabato, l'energetico
Domenica, libertà!

CONTINUIAMO a salire. Oggi mettiamo il piede sul terzultimo gradino della Scala Nutrizionale, quello del venerdì.

Avendo seguito il secondo fronte fin dall'inizio, ormai sapete che a ogni giorno che passa **conserviamo tutto quello che ci siamo già meritati in precedenza e aggiungiamo una novità**. Per riassumere: agli alimenti ricchi di proteine del lunedì avete aggiunto le verdure del martedì, la frutta del mercoledì e le due fette di pane integrale o semintegrale del giovedì.

Fino a ieri eravate «in movimento», cioè il vostro metabolismo era ancora in fase di combustione e stava bruciando una parte piccola ma importante delle riserve di grasso, ma oggi potete concedervi...

Una porzione di formaggio!

Immaginate una vecchia bilancia a due piatti: sul primo abbiamo gli alimenti che aggiungiamo giorno dopo giorno, sull'altro il vostro corpo che, non ricavando abbastanza nutrimento da quello che gli fornite ogni giorno, per mantenersi in vita deve attingere alle sue riserve. Le due fette di pane di ieri gli hanno quasi permesso di giungere a una fase di equilibrio, benché i suoi consumi fossero ancora leggermente superiori all'apporto nutrizionale, e quindi avesse ulteriore bisogno di attingere al grasso di riserva.

Ecco allora che, grazie alla porzione di formaggio concessa sul quinto gradino della Scala Nutrizionale, trovate l'equilibrio, e i due piatti della bilancia si posizionano allo stesso livello. Dal punto di vista nutrizionale, in questi casi si dice che l'apporto e la spesa calorica si equivalgono. L'alimentazione del venerdì rappresenta quindi il classico «regime alimentare equilibrato», e nel contempo dimostra concretamente come il concetto di alimentazione equilibrata non possa rappresentare in sé un metodo dimagrante. Perché?

Ingrassare è la diretta conseguenza di uno *squilibrio*.

Se avete accumulato qualche chilo di troppo, significa che avete assunto troppi glucidi e lipidi, ovvero che la vostra alimentazione è stata squilibrata, troppo ricca di pane bianco, pasta, patate, riso o cereali raffinati e amidacei; peggio ancora, avete anche mangiato dello zucchero bianco o di canna, poco importa, bevuto bibite gassate e ingerito altri prodotti di facile consumo come biscotti, barrette di cioccolato e creme varie. E poi alimenti grassi come olio, burro, panna da cucina, cioccolato, formaggio e salumi. Inutile nascondercelo: si ingrassa perché si è mangiato «un po' troppo» di tutti gli alimenti appena elencati. Tali eccessi introducono nell'alimentazione uno squilibrio sia quantitativo (le calorie dei grassi), sia qualitativo (la secrezione di insulina dovuta al surplus di zuccheri).

Sono proprio questi squilibri a far ingrassare una persona dal peso e dal metabolismo normale. Potete quindi dedurne che un regime alimentare semplicemente «equilibrato», come quello a cui arrivate solo oggi, non può risolvere il vostro problema di sovrappeso. Il massimo risultato che potrete ottenere è mantenere stabile il peso, ma sicuramente non dimagrire! Le diete equilibrate e sane, come quella mediterranea o quella di Okinawa, sono eccezionali perché non vi fanno ingrassare, ma di certo non sono concepite per far dimagrire.

Ma voi volete dimagrire, no?

Se vi siete schierati sul secondo fronte, è per perdere quei 5-10 chili che vi mettono in imbarazzo. Per dimagrire occorre imporsi una dieta povera di zuccheri e di grassi. In un certo senso, volendo rispettare i criteri della logica e del buonsenso, è necessaria una dieta «squilibrata»! È proprio ciò che mi è stato spesso rimproverato, e questo mi sembra assolutamente ridicolo! Perché a ben guardare, analizzando in dettaglio la nostra epoca, in cui l'epidemia planetaria del sovrappeso sta dilagando, è proprio il regime alimentare più comune a essere decisamente *squilibrato*!

Anche se mangiamo meno che in passato, consumiamo troppi zuccheri violenti, troppi grassi e un quantitativo insufficiente di verdure e proteine. La mia dieta si contrappone punto per punto a tutto ciò che fa ingrassare, perché ambisce al risultato opposto: farvi dimagrire. Durante la fase dimagrante sostituisce allo squilibrio dovuto all'eccesso di zuccheri e grassi uno «squilibrio» orientato su verdure e proteine, ovvero i miei 100 alimenti a volontà.

Da tempo in ambito medico si discute animatamente per determinare quale delle due categorie alimentari, glucidi o lipidi, sia maggiormente implicata nel fenomeno del sovrappeso e dell'obesità. Molti storici e sociologi specializzati in ambito medico hanno descritto i motivi che hanno indotto gli Stati Uniti, e successivamente trascinato l'intero Pianeta, a dichiarare guerra al colesterolo, nonché le rispettive conseguenze in termini sanitari ed economici.

Verso la metà degli anni Sessanta in America il sovrappeso non rappresentava ancora l'enorme problema che sarebbe diventato nei decenni successivi. Allora ci si affidava, un po' in tutto il mondo, alla regola generica delle «quattro p», ovvero si pretendeva di dimagrire rinunciando a pane, pasta, patate e pasticcini (ovvero i dolci), il che equivaleva a incolpare del sovrappeso tutta la categoria dei carboidrati. Poi c'è stato lo scossone: alcuni studi hanno messo in luce il rapporto tra ipercolesterolemia e mortalità cardiovascolare, e d'un tratto la colpa del moltiplicarsi degli infarti presso la popolazione americana è stata attribuita a colesterolo e grassi animali. Tale ipotesi, che avrebbe dovuto innanzitutto trovare conferma in ambito medico, è stata immediatamente accolta e divulgata dai principali media, gettando l'opinione pubblica in uno stato di massima allerta. Tutto ciò si è presto trasformato in una gigantesca campagna a tutela della salute pubblica, un'operazione in grande stile come solo gli americani sanno fare! Il colesterolo, demonizzato, veniva ricercato a tappeto, al punto che si organizzavano prelievi di sangue persino nei supermercati! Ve l'immaginate? Tutto quel clamore ha letteralmente messo a tacere chiunque chiedesse una pausa di riflessione, nel timore che si fosse presa una cantonata colossale. Di slancio si è passati dalla caccia al colesterolo alla persecuzione di tutti i lipidi in generale. Ma c'è un aspetto di questa vicenda che tengo a farvi notare: la messa al bando dei grassi ha comportato quasi meccanicamente l'assoluto «sdoganamento» degli zuccheri, assolti senza mai essere stati messi in discussione.

Riassumendo, il messaggio delle autorità sanitarie era: «Mangiate meno grassi possibile e libertà assoluta per gli zuccheri». Per l'industria dello zucchero e della farina raffinata è stato un vero e proprio boom. Nello stesso periodo è stato imposto il dogma delle calorie, ed è stato stabilito che l'alimentazione dell'uomo occidentale sedentario medio doveva essere composta di glucidi per un buon 55-60%!

Le statistiche nazionali americane hanno poi dimostrato che, nel decennio seguente allo scoppio della guerra ai grassi, il numero di infarti non era affatto diminuito, mentre l'epidemia di obesità e diabete era letteralmente schizzata alle stelle! Quarant'anni dopo, le statine (farmaci anticolesterolo) rimangono ancora una famiglia di medicinali tra i più venduti al mondo. Solo in Francia vengono assunte da 4 milioni di miei connazionali, condannati a ingurgitare pillole per il resto della loro vita. Se siete in sovrappeso, probabilmente avete anche problemi di colesterolo, quindi è possibile che il medico vi abbia chiesto di ricorrere alle statine.

Il dibattito è ancora acceso, e i medici più famosi continuano a sfidarsi proponendo soluzioni radicalmente opposte. Per alcuni le statine sono farmaci irrinunciabili, benché si contraddistinguano per effetti collaterali tutt'altro che trascurabili, come alterazioni muscolari molto dolorose e tossicità epatica. Per altri, tra cui il professor Bernard Debré e il professor Philippe Even, il ruolo del colesterolo nelle patologie cardiovascolari non sarebbe significativo, e comunque molto meno rilevante dello stile di vita, della sedentarietà e dello stress. Il dottor Michel De Lorgeril del CNRS, uno dei più impegnati su quest'ultimo fronte, afferma: «Arriveremo inevitabilmente a concludere che questi medicinali sono inutili e tossici, e saremo costretti a toglierli dal mercato».

Se vi ho raccontato questa storia è perché ha una grande importanza nella mia lotta contro il sovrappeso. La sua evoluzione avvalora le mie teorie, poiché dimostra che il sovrappeso è uno dei principali effetti collaterali della «crescita economica» indiscriminata, che non si fa scrupolo della salute collettiva, proprio quella individuata e denunciata in una recente dichiarazione del direttore generale dell'OMS (*vedi* capitolo «Zucchero: nemico pubblico» a p. 322), dove si attribuisce, senza possibile fraintendimento, la responsabilità della pandemia dell'obesità all'industria dello zucchero e degli amidacei.

Tornando al nostro formaggio del venerdì, ovviamente contiene materie grasse. Dovete però sapere che i cretesi sono tra i più grandi consumatori di formaggio al mondo, eppure vantano la minore incidenza di infarti! Ho quindi aggiunto una porzione di formaggio nella mia Scala Nutrizionale, e precisamente 40 grammi per l'intera giornata, in uno qualsiasi dei pasti oppure suddiviso a piacimento.

Di che formaggio si tratta?

Sono autorizzati tutti i formaggi che non superano il 45-50% di grassi. Oltre tale limite siamo più vicini al burro che al formaggio, come per esempio nel caso del formaggio a doppia panna, che va dal 60 al 75% di grassi, o a tripla panna, che è ancora peggiore.

> Avete quindi diritto ai formaggi a pasta cotta come gouda olandese, toma, parmigiano o fontina, e a quelli fermentati come camembert, brie, formaggio di capra, gorgonzola o taleggio.

Posso confidarvi un piccolo segreto? Personalmente, amo la toma di Savoia francese, prodotta in varie versioni che vanno dal 12 al 40% di grassi. La mia preferita è quella con la percentuale di lipidi più bassa, al 12%: è buonissima! È prodotta secondo la ricetta originale dei tempi della Seconda guerra mondiale, e cioè utilizzando latte parzialmente scremato. Più tardi, per adeguarsi alle mode del periodo del boom economico che ha caratterizzato il trentennio successivo, questo formaggio è diventato eccessivamente grasso. Oggi, a fronte dell'epidemia di sovrappeso, i produttori sono tornati alla ricetta originale, immettendo sul mercato persino una toma con solo il 10% di grassi!

Non dimenticate il parmigiano, dal gusto straordinario e con soltanto il 30% di grassi. Tanto per fare un esempio, potete usarlo grattugiato sugli shirataki di konjac.

Il venerdì è il giorno «neutro» della settimana, una pausa durante la quale non dimagrite e nemmeno ingrassate. Questo equilibrio è sicuramente gradito, ma non per le persone che hanno problemi a dimagrire: il caso più noto e quello degli ipotiroidei. Il metabolismo di questa categoria di persone è rallentato dalla secrezione insufficiente di ormone tiroideo. Lo stesso discorso vale per chi assume farmaci tra i cui effetti collaterali vi sia anche l'assunzione di peso, come il cortisone e molti antidepressivi. Rischiano di ingrassare leggermente anche i sedentari indefessi, quelli che rifiutano qualsiasi attività fisica. D'altro lato, ci sono anche i cosiddetti «casi facili», persone che potrebbero continuare a perdere peso anche il venerdì e malgrado il formaggio.

La crusca d'avena

Nessuna variazione di consegna: mantenete il cucchiaio e mezzo di crusca d'avena, sia per cucinare la vostra galletta d'avena sia con il latte o lo yogurt.

Come ho già spiegato, non tutte le crusche d'avena in commercio sono uguali. Verificate che quella che state usan-

La bevanda del venerdì: infuso di tè verde al peperoncino

Anche oggi mantenete gli stessi ingredienti dell'infuso dei giorni precedenti. Da domani, con l'inizio del fine settimana, modificheremo la composizione affinché questo tè garantisca una protezione ulteriore.
15 grammi di tè verde in foglie o perle per 1 litro d'acqua, un pizzico di peperoncino per l'intera giornata, succo di 1 lime o ½ limone e 3 cucchiaini di sucralosio. Bevetelo ben freddo, per bruciare qualche caloria in più senza faticare troppo.
Voglio ripeterlo un'altra volta: non dimenticate che l'acqua è il migliore antifame naturale del mondo!

do non sia troppo macinata – la macinatura ideale è quella media – e sia setacciata abbastanza da non contenere farina, naturalmente ricca di glucidi. Potete verificare questo secondo aspetto con un semplice esperimento: soffiate sulla crusca e osservate se si alza una nuvoletta di farina.

Il konjac

Anche qui, nessun cambiamento: libertà totale. Più ne mangerete, più dimagrirete. Il konjac, proprio come la crusca d'avena, ha un grande potere saziante. Se da un lato la crusca d'avena rimpiazza i cereali, dall'altro il konjac sostituisce amidacei come pasta e riso.

L'attività fisica

Ne abbiamo discusso a lungo nei giorni precedenti. Continuate a camminare per mezz'ora al giorno, prestando ascolto agli effetti dell'attività fisica su di voi: forse comincerete a sentire il dolce zampillare della serotonina!

Promemoria del regime del venerdì

- Oggi, primo venerdì del vostro progetto dimagrante, continuate a consumare proteine, verdure, frutta e due fette di pane integrale o semintregrale, ma aggiungete anche **una porzione di formaggio**.
- Il venerdì è il giorno «neutro» della settimana, una sorta di pausa durante la quale non si dimagrisce ma nemmeno si ingrassa.

Gli alimenti autorizzati

1. Carni magre: vitello, manzo, cavallo (escluse la costata e la cotoletta di manzo), ai ferri o arrosto, senza aggiunta di ulteriori grassi.
2. Frattaglie: fegato, rognone e lingua di vitello e di manzo (la punta).
3. Tutti i pesci (grassi, magri, bianchi, azzurri, crudi o cotti).
4. Tutti i frutti di mare (molluschi e crostacei).
5. Tutto il pollame (eccetto anatra e oca), senza mai mangiare la pelle.
6. Affettati magri di tacchino, pollo e maiale.
7. Uova.
8. Proteine vegetali.
9. Latticini magri.
10. 1 litro e mezzo di liquidi al giorno (soprattutto acqua con poco sodio).
11. 1 galletta di crusca d'avena, oppure 1 cucchiaio e mezzo di crusca d'avena sciolta nel latte o nello yogurt.
12. 30 minuti di camminata al giorno (obbligatoria).
13. Gli alleati della dieta: caffè, tè, tisane, tè verde al peperoncino, aceti vari, aromi ed erbe aromatiche, spezie, cetriolini sottaceto, succo di limone (per condire), sale e senape (con moderazione).
14. Tutte le verdure, crude o cotte.
15. Una porzione di frutta, escluse banane, uva e frutta secca

come albicocche e prugne, e nemmeno frutti oleosi tipo noci, mandorle, arachidi, pistacchi eccetera.

16. Due fette di pane integrale o semintegrale.
17. Una porzione di formaggio, a pasta cotta o fermentata, con un massimo di 45-50% di grassi.

LE RICETTE DEL GIORNO

Ricette di proteine pure + verdure, frutta, pane e formaggio del *venerdì*

(valide anche per i giorni successivi)

Bruschetta alle sarde

Per **4 persone**
Preparazione: **20 minuti**
Cottura: **5 minuti**
Marinatura: **2 ore**

- *8 filetti di sardina al naturale o sott'olio*
- *Succo di 2 limoni verdi*
- *1 limone confit*
- *2 grossi pomodori*
- *8 pomodori secchi*
- *150 g di formaggio spalmabile allo 0,2% di grassi*
- *100 g di acciughe al naturale*
- *1 cipolla piccola*
- *1 finocchio piccolo*
- *4 fette di pane integrale*
- *1 spicchio d'aglio*
- *2 cucchiai di capperi*
- *Timo, rosmarino*
- *Fior di sale, pepe macinato*

Disponete i filetti di sardina su un piatto e spruzzateli con il succo dei limoni verdi. Se utilizzate filetti sott'olio, scolateli e asciugateli con carta da cucina prima dell'uso. Tagliate il limone confit a pezzetti e spargetelo sulle sardine. Coprite il piatto con pellicola trasparente e lasciate marinare per 2 ore.

Sbucciate i pomodori freschi e tagliateli a dadini. Salate e pepate.

Portate il forno a 210 °C.

Impastate il formaggio insieme alle acciughe, lavorando il tutto fino a ottenere una crema omogenea.

Mettete le fette di pane su una teglia e passate in forno per 5 minuti. Sfornate e strofinate con lo spicchio d'aglio.

Spalmate la crema di formaggio e acciughe sul pane.

Cospargete con i pomodori freschi a dadini, i pomodori secchi a fettine, la cipolla e il finocchio tritati e i capperi, timo e rosmarino.

Aggiungete infine le sardine marinate e servite subito.

Zucchette potimarron al formaggio

Per **4 persone**
Preparazione: **10 minuti**
Cottura: **20 minuti**

Un tempo la noce moscata era impiegata per alleviare i problemi alle vie respiratorie. Lo sapevate che rientra anche tra gli ingredienti (segretissimi) della Coca-Cola?

- *4 piccole zucche potimarron*
- *160 g di groviera*
- *1 pizzico di noce moscata*
- *Sale, pepe*

Portate il forno a 180 °C.

Aprite le zucche asportandone il cappello, quindi scavatene l'interno per togliere la parte di fibra e semi, poi risciacquatele sotto il getto d'acqua e fate scolare a testa in giù.

Tagliate il formaggio a fettine e infilatelo all'interno di ogni zucca. Salate, pepate e spolverate con un pizzico di noce moscata. Cuocete in forno per 20 minuti.

Sfornatele e servitele ben calde.

Carpaccio di manzo al parmigiano

Per **4 persone**
Preparazione: **15 minuti**
Refrigerazione: **30 minuti**

- *8 fette di scamone tagliate molto sottili*
- *250 g di funghi champignon*
- *8 fettine di pane integrale*
- *Succo di 3 limoni*
- *160 g di parmigiano tagliato a lamelle*
- *Basilico fresco*
- *Foglie di rucola*
- *Sale, pepe*

Mescolate il succo dei limoni con sale e pepe.

Lavate gli champignon e tagliateli a fette molto sottili. Adagiate le fette di carne su 4 piatti e ricopritele con il succo salato e pepato. Quindi distribuite i funghi, le lamelle di parmigiano e qualche foglia di basilico spezzettata. Coprite il tutto con la pellicola trasparente e conservate in frigorifero fino al momento di servire.

Portate in tavola con qualche foglia di rucola al centro e le fettine di pane integrale.

Tartine ai funghi, bresaola e gouda

Se amate i sapori piccanti, sostituite il gouda morbido e delicato con quello stagionato e più forte.

Per **4 persone**
Preparazione: **10 minuti**
Cottura: **20 minuti**

- *250 g di funghi champignon*
- *8 fettine di pane integrale*
- *8 fette di bresaola*
- *2 scalogni*
- *Succo di 1 limone*
- *160 g di gouda morbido grattugiato*

Pulite gli champignon e tagliateli a fettine. Sbucciate gli scalogni e tritateli finemente. Tagliate la bresaola a listarelle lunghe e poi a metà.

Portate il forno a 210 °C.

Posate le fette di pane su una teglia e passatele in forno per 2 minuti.

Nel frattempo, mettete le fettine di bresaola in una padella antiaderente, unite gli scalogni e cuocete per 3 minuti. Aggiungete anche i funghi, alzate la fiamma e proseguite la cottura per 5 minuti. Salate e pepate.

Deglassate con il succo di limone. Regolate di sale e pepe e distribuite il preparato sulle fette di pane. Cospargete con il gouda grattugiato e ripassate in forno per circa 10 minuti. Se necessario, a fine cottura accendete il grill finché il formaggio è ben gratinato.

Insalata di montagna alla toma

Per **4 persone**
Preparazione: **20 minuti**

Per l'insalata:

- *1 lattuga*
- *2 indivie*
- *4 mele verdi*
- *160 g di toma*
- *1 limone*
- *Prezzemolo*

Per la vinaigrette:

- *8-10 cucchiai di vinaigrette Maya (vedi ricetta a p. 117)*
- *½ cucchiaino di aroma noce Dukan (facoltativo)*
- *2 cucchiai di aceto di noci*
- *Sale, pepe*

Mondate la lattuga e le indivie, poi sfogliatele. Lavate e asciugate le foglie d'insalata. Sbucciate le mele verdi e tagliatele a fette sottili, poi innaffiatele con il succo di limone. Lavate il prezzemolo, tenetene da parte qualche rametto intero per la decorazione e tritate il resto. Tagliate il formaggio a fettine sottili.

Arricchite la vinaigrette Maya mescolando in una ciotola 8-10 cucchiai di vinaigrette con 2 cucchiai di aceto di noci e/o mezzo cucchiaino di aroma noce. Aggiustate di sale e pepe.

Disponete nei piatti un lettino di lattuga e di indivia. Ricoprite con le fettine di mela e di formaggio, quindi cospargete con la vinaigrette e il prezzemolo tritato e decorate con i rametti tenuti da parte.

Carpaccio di salmone con caprino

Se non amate il sapore del caprino, sostituitelo con fettine sottili di mozzarella aromatizzata con un po' di aneto tritato.

Per **4 persone**
Preparazione: **10 minuti**
Refrigerazione: **30 minuti**

- *200 g di salmone fresco*
- *1 cucchiaio di aneto tritato*
- *150 g di caprino (rotolino)*
- *1 scalogno*
- *Succo di 2 limoni*
- *Rucola*
- *Fior di sale*
- *Pepe*
- *8 fettine di pane integrale*

Tagliate il salmone a fettine sottili utilizzando un coltello molto affilato. Distribuitelo su 4 piatti.

Sbucciate lo scalogno e tritatelo finemente.

Preparate la marinata mescolando il succo dei 2 limoni, lo scalogno e l'aneto tritati.

Spennellate la marinata sul salmone.

Tagliate il rotolino di capra in 8 o 12 fettine, mettetene 2 o 3 su ogni piatto e condite con un filo di marinata.

Salate e pepate leggermente.

Coprite con pellicola trasparente e conservate in frigorifero per 30 minuti. Servite accompagnando con fette di pane integrale e decorate con una manciatina di rucola.

Gratin di spinaci al caprino

Per **4 persone**
Preparazione: **15 minuti**
Cottura: **20 minuti**

- *400 g di spinaci surgelati*
- *2 cucchiai di formaggio fresco allo 0-5% di grassi*
- *160 g di caprino (rotolino)*
- *250 ml di latte scremato*
- *2 uova*
- *Noce moscata grattugiata*
- *Sale, pepe*

Scongelate gli spinaci, cuoceteli a fuoco dolce per 10 minuti in una casseruola e scolateli bene. Tagliate il caprino a fette uguali.

Portate il forno a 180 °C.

Ungete leggermente una pirofila strofinandola con carta da cucina unta d'olio. Distribuite nella pirofila uno strato di spinaci mescolati con il formaggio fresco e adagiatevi sopra qualche fetta di caprino, poi un altro strato di spinaci e così via.

In una ciotola mescolate il latte scremato, le uova e la noce moscata. Salate e pepate.

Versate il preparato sugli spinaci e il formaggio, quindi passate in forno per 20 minuti.

Insalata indivia e parmigiano

Per **4 persone**
Preparazione: **10 minuti**

Questa ricetta è altrettanto deliziosa sostituendo l'indivia con cuori di carciofo a dadini: l'abbinamento parmigiano-carciofo è molto gustoso!

- *4 indivie*
- *400 g di ricotta magra al 5-6% di grassi*
- *160 g di parmigiano*
- *8 fettine di pane integrale*
- *Erba cipollina tritata*
- *1 cucchiaino di pepe misto tritato*
- *4 cucchiai di vinaigrette Maya* (vedi *ricetta a p. 117) più un filo di aceto di sherry*

Mondate l'indivia, lavatela e sfogliatela.

Tagliate il parmigiano a lamelle usando una grattugia o un pelaverdure. Preparate i piatti sistemando al centro di ciascuno 100 grammi di ricotta magra e le lamelle di parmigiano. Distribuite un rosone di foglie di indivia intorno ai formaggi. Cospargete sui formaggi l'erba cipollina tritata e la miscela di bacche. Condite l'indivia con un cucchiaio di vinaigrette Maya e un filo di aceto di sherry.

Servite con pane integrale o una galletta di crusca d'avena.

Sabato

Leitmotiv del giorno

Lunedì, il vitale
Martedì, l'essenziale
Mercoledì, l'importante
Giovedì, l'utile
Venerdì, il cremoso
Sabato, l'energetico
Domenica, libertà!

OGGI arriviamo al penultimo gradino della Scala Nutrizionale, quello che inaugura il fine settimana. Siete prossimi alla vetta, e quindi alla meritata ricompensa e al relax che cercavate da martedì, quando avete aggiunto le verdure e, nei giorni seguenti, la frutta, il pane e il formaggio. Il tutto in vista di una festosa libertà a cui avrete diritto domani, cioè domenica.

Tornando a ieri, si è trattato di un venerdì che ho descritto come «neutro», in cui i due piatti della bilancia alimentare (apporto e spesa calorica) si sono mantenuti in equilibrio. Oggi ho il piacere di annunciarvi l'introduzione di uno degli alimenti della famiglia dei glucidi (ormai conoscete il mio parere sui glucidi in una dieta dimagrante). Devo però avvertirvi che questo potrà comportare un recupero parziale del peso che avete perso, ma **non vi preoccupate: il mio è un sistema globale concepito in modo che il peso che potrebbe capitarvi di recuperare durante il weekend non possa minare il vostro progetto di dimagrimento, perché si tratta di un peso di gran lunga inferiore a quello smaltito nei primi quattro giorni**. Sarà tuttavia opportuno prendere le necessarie precauzioni.

Oggi godetevi una porzione di amidacei!

Oltre alle proteine, alle verdure, alla frutta, alle due fette di pane integrale o semintegrale e alla porzione di formaggio, oggi avete diritto anche a una porzione di amidacei.

Per evitare errori o fraintendimenti, voglio essere assolutamente chiaro:

- Punto primo, si tratta di una porzione che dovrete pesare con cura, almeno la prima volta, e la cui misurazione andrà effettuata su amidacei cotti, non crudi. Tanto per fare un esempio: la pasta assorbe l'acqua di cottura, quindi raddoppia il suo peso.
- Punto secondo, la porzione varia in base al tipo di amidaceo scelto.

In origine questi alimenti sono tutti provvisti del proprio quantitativo di amido, e nell'ambito della famiglia degli amidacei trovate di tutto e di più. Tale appellativo, infatti, raggruppa arbitrariamente patate, cereali e leguminose. Tra i cereali troviamo il grano, la segale, il riso, il farro, l'orzo, l'avena, il mais, la quinoa, nonché tutti i derivati (bulgur, semola, polenta e pasta di ogni genere). Tra le leguminose abbiamo la grande varietà dei fagioli, i piselli, i ceci, le lenticchie...

Se volete salvaguardare i risultati fin qui ottenuti, dovete sapere che tutti i glucidi, indipendentemente dalla loro natura (pane, farina, pasta, riso, patate eccetera), si basano su un «mattone» fondamentale, uno zucchero ultrarapido che, dopo essere stato scomposto e assimilato, raggiunge il sangue sotto forma di glucosio. Una zolletta di zucchero, un cucchiaino di miele, un cucchiaio di quinoa o di lenticchie, una volta ripuliti e smantellati, sono tutti alimenti glucidici che liberano un certo quantitativo di glucosio. Si differenziano però per la struttura interna del vegetale, dell'amidaceo. Per poter attingere ai suoi zuccheri, il corpo deve penetrare la struttura che li contiene e racchiude. Più la struttura è resistente, più il lavoro richiederà tempo, rallentando il processo di estrazione, digestione e assimilazione.

Parliamo di zuccheri rapidi quando il contenitore fibroso è ridotto o si disgrega velocemente, e di zuccheri lenti quando la struttura è sufficientemente forte e resistente da rallentarne la liberazione. Occorre inoltre dire che il concetto di velocità è stato ormai abbandonato, e oggi si preferisce parlare di «potenziale invasivo» per gli zuccheri rapidi e di «potenziale progressivo» per i vecchi zuccheri lenti.

L'aspetto da tenere bene a mente è che più l'invasione è massiccia o rapida, più la concentrazione di glucosio nel sangue risulta tossica per gli organi vitali (cuore, occhi, reni, arterie, cervello).

Tale invasione di sostanze tossiche deve essere immediatamente neutralizzata dalla dose necessaria di insulina. L'insulina, come sapete, difende il vostro corpo e la vostra vita indirizzando gli zuccheri in eccesso nelle uniche zone in grado di stoccarli subito e senza limiti, ovvero i tessuti adiposi.

Gli amidacei fanno parte di quegli alimenti ricchi di glucidi dotati di una struttura vegetale fibrosa sufficiente a ritardare l'invasione di zuccheri, e quindi tale da permettere alle cellule del corpo di servirsene per vivere di pari passo con la loro penetrazione e assimilazione. È proprio grazie alla struttura fibrosa di questi alimenti che la secrezione di insulina e il conseguente accumulo di grassi avvengono con moderazione, e pertanto diminuisce anche il rischio diabetico.

Ma attenzione: malgrado questa caratteristica, non dobbiamo dimenticarci, come accade troppo spesso, del contenuto di zuccheri. Certo, l'aumento del livello di zuccheri nel sangue è progressivo e quindi meno brutale, ma se il quantitativo di amidacei assunti è eccessivo si raggiungono facilmente le stesse concentrazioni di zuccheri procurate dai dolci!

Oggi si vuol far credere che tra gli zuccheri rapidi e quelli lenti (per esempio, tra i biscotti e le patate) ci sia una differenza radicale, ma si tratta di un abbaglio. Dopo un piatto di pasta o di purè l'indice glicemico potrà innalzarsi un po' meno velocemente, ma arriverà comunque a livelli elevati. Ne consegue che un diabetico, un prediabetico o un obeso convinto della contrapposizione categorica tra zuccheri lenti e rapidi, e quindi indotto a pensare che gli amidacei non possano fargli male, finirà per compiere gravi errori alimentari. Un pasto a base di spaghetti o riso bianco può rappresentare una vera e propria aggressione, certo meno grave del consumo di miele o di farina bianca o di un purè di patate, ma non per questo trascurabile.

> Per quanto riguarda gli amidacei, sono solito consigliare moderazione per le persone di peso normale, non diabetiche né sedentarie; prudenza per chi è già in sovrappeso e rinuncia totale per gli obesi e i diabetici.

Devo peraltro sottolineare che ufficialmente i consigli medici sono di tutt'altra natura: ancora oggi i diabetici vengono autorizzati a consumare gli amidacei regolarmente e liberamente, e questo equivale a una buona metà dell'apporto calorico giornaliero sotto forma dei cosiddetti «zuccheri lenti». Tale regola si basa sul fatto che, se si dovessero ridurre i glucidi, resterebbero soltanto proteine e lipidi, e ai pazienti risulterebbe difficile sottoporsi a un regime alimentare del genere. Questo può essere vero almeno in parte, ma significherebbe non considerare il ruolo straordinario di una famiglia di alimenti che, da sola, può risolvere il problema. Sto parlando delle verdure!

Le verdure non sono amidacei, eppure garantiscono un piccolo apporto di glucidi. I glucidi nelle verdure sono peraltro rarefatti, imprigionati in una densa struttura fibrosa e immersi in un grande quantitativo d'acqua, tanto che la loro pericolosità è trascurabile. Infatti, gli zuccheri contenuti nelle verdure sono talmente scarsi da non indurre neppure la secrezione di insulina.

Diete dimagranti a parte, se si ritiene di avere bisogno di glucidi per via del loro apporto energetico e non si vuole correre il rischio di ingrassare, meglio ricorrere alle verdure verdi, qualitativamente e quantitativamente eccellenti. Basta pensare ai nostri antenati cacciatori-raccoglitori, quotidianamente sottoposti a una grande fatica eppure capaci di sopravvivere anche nei mesi più freddi, quando la selvaggina scarseggiava, nutrendosi semplicemente «di foglie e di radici».

A ogni modo, oggi avete diritto a una porzione di amidacei il cui peso varia a seconda della struttura dell'alimento scelto:

infatti, può arrivare fino a tre volte tanto, come nel rapporto tra lenticchie e purè di patate. Tenete a mente le varie quantità: corrisponderanno al grado di fiducia che potrete accordare a ciascun alimento quando dovrete preoccuparvi di non ingrassare di nuovo.

Gli amidacei autorizzati

• 210 grammi di lenticchie, fagioli o ceci

A mio parere le lenticchie sono gli amidacei meno pericolosi, ecco perché ve ne concedo una bella porzione da 210 grammi! Se vi piacciono, approfittatene, perché hanno anche potere saziante. Le lenticchie sono assai interessanti perché garantiscono un'ottima dose di fibre di buona qualità e un apporto proteico tutt'altro che trascurabile.

Ho messo sullo stesso piano i fagioli bianchi e i ceci. La velocità di penetrazione e la concentrazione dei loro zuccheri sono prossime a quelle delle lenticchie, anche se spesso, a causa della loro struttura e del loro sapore, questi alimenti sono meno apprezzati perché meno appetitosi. Uno degli inconvenienti è che nei soggetti con intestino delicato spesso generano flatulenza.

• 200 grammi di quinoa

Altro alimento che, come i pomodori e il mais, dobbiamo agli inca. Oggi la quinoa è talmente diffusa da essere reperibile in molti supermercati. Insieme alle lenticchie è uno degli amidacei che fanno ingrassare meno, e inoltre è ricco di proteine e di fibre. Sono ormai molti i cuochi che, sempre alla ricerca di nuovi alimenti, si sono dedicati anima e corpo alla quinoa, regalandoci un'infinità di ottime ricette.

• 190 grammi di pasta (al dente)

È una bella porzione, godetevela! La cottura ideale della pasta è quella al dente, perché più la cuocete, più ne forzate la resistenza alla digestione e all'assimilazione. In questo modo delegate ai fornelli il lavoro che spetterebbe al corpo, accorciando il tempo necessario perché i suoi zuccheri passino dalla bocca al sangue, con conseguente aumento della secrezione di insulina. Molto meglio al dente, quindi, e non solo per una questione di gusto.

• 190 grammi di mais in pannocchia e grigliato

Voglio approfittarne per raccontarvi del mais. Di origine precolombiana, è uno degli alimenti simbolo dell'industria agroalimentare statunitense, che l'ha sfruttato in ogni sua possibile forma. Quello americano è un esempio concreto attraverso cui comprendere in modo chiaro il ruolo dell'industria, e quindi dell'economia, nell'alimentazione e nella nutrizione umana.

Vi condurrò in una breve visita guidata: seguitemi, ne trarrete una bella lezione!

Cogliete una pannocchia di granturco e grigliatela, se possibile il giorno stesso. La sua struttura alimentare, e il tempo necessario per digerirla, gli conferiscono un indice glicemico 36. Che cosa significa? L'indice glicemico misura i cambiamenti del sangue dopo l'assunzione di un certo alimento. In particolare, gli esseri umani devono tenere sotto controllo la glicemia, ovvero il tenore di glucosio per litro di sangue. Normalmente, in assenza di diabete la glicemia si innalza fino a raggiungere un certo picco, per poi ridiscendere grazie all'insulina. L'indice glicemico rispecchia soprattutto la velocità di crescita della glicemia, e quindi misura il quantitativo di insulina liberata (e per quanto ci riguarda, il peso che accumuleremo nei tessuti adiposi). Per una pannocchia fresca di granturco, un indice glicemico di 36 è tutto sommato poca cosa, e colloca questo alimento in fondo alla classifica degli alimenti glicemici, vicino alle lenticchie.

Se prendete la stessa pannocchia, la sgranate e ne conservate i chicchi in acqua e sale fino al momento di essere consumati, l'indice glicemico aumenta da 36 a 50, portando l'alimento a metà della classifica, e questo significa che non potete abusarne.

Provate poi a macinare i chicchi di mais riducendoli in farina: questo sarà sufficiente a far balzare l'indice glicemico a 70, e quindi a trasformare uno zucchero lento in uno zucchero rapido, il cui abuso diventa persino pericoloso.

Ora immaginiamo che prendiate la farina, la mescoliate all'acqua e ne facciate una pasta sottile da passare in un laminatoio, proprio come si fa con la carta: in questo modo avrete spezzato l'ultima resistenza della fibra iniziale del granturco. Se studiato al microscopio, questo alimento si rivela essere un vero e proprio deserto nutrizionale, e il suo indice glicemico giunge al massimo possibile (tra 82 a 92) a seconda del Paese di produzione.

Risultato? Si ottiene un prodotto che attraversa l'apparato digerente alla velocità della luce, provoca un brutale innalzamento della glicemia e una scarica di insulina talmente forte che, se ripetuta, nel lungo termine potrebbe affaticare e indebolire il pancreas; e in caso di vulnerabilità genetica dovrete fare i conti, oltre che con il sovrappeso, anche con il diabete.

Sapete a che cosa serve la pasta sottile di cui vi ho parlato poco fa? È il preparato di base dei cornflakes, quegli splendidi e gustosi petali croccanti che cominciamo a ingurgitare da piccoli e di cui continuiamo ad abusare da adulti (integrandoli, per di più, nell'alimentazione sregolata dei nostri figli).

• 170 grammi di pasta ben cotta

Come vi sarà capitato di constatare, cuocere troppo la pasta la rende molle, e la pasta ben cotta è molto più facile da digerire: per assimilarla il corpo deve faticare parecchio di meno, e i suoi zuccheri raggiungono il sangue rapidamente; il seguito lo conoscete già...

• 170 grammi di riso integrale

Il riso è di norma un alimento a penetrazione relativamente rapida, tuttavia quello integrale, con il chicco ancora protetto dal suo guscio fibroso, si digerisce e si trasforma in glucosio molto più lentamente. Se volete rallentarne ulteriormente il percorso, cuocetelo con le verdure, e magari persino con un po' di carne trita; oppure, come in certe ricette esotiche, con uova di pesce schiacciate o con uovo e prosciutto sgrassato.

• 160 grammi di mais (in chicchi e in scatola)

L'ho appena spiegato: la conservazione dei chicchi di granturco in acqua e sale rappresenta una sorta di predigestione, un lavoro che sarebbe utile al corpo e che invece ci viene inutilmente risparmiato dall'industria agroalimentare. L'obiettivo non è soltanto quello di farci guadagnare tempo, ma anche di riempirsi meglio le tasche (le loro, non le nostre). Infatti, proprio come accade con il riso bianco o la farina raffinata, l'automazione e il ricorso a impianti di raffinamento (e inscatolamento, nel caso del mais), riducono i costi di produzione ma aumentano, per contro, il prezzo al dettaglio.

In sostanza, l'industria agroalimentare ci fa pagare un incentivo alla pigrizia. Se da un lato raffinare gli alimenti è un lusso estremamente redditizio, dal punto di vista alimentare è semplicemente uno scempio. Le procedure di raffinamento industriale degli alimenti sono cominciate subito dopo gli accordi del 1944, epoca in cui il fenomeno del sovrappeso riguardava solo poche persone.

• 150 grammi di riso bianco

Non credo sia necessario ripetervi la lezioncina sulla struttura e il processo di assimilazione dei glucidi, ma come potete constatare, se mangiate riso bianco raffinato la porzione si riduce.

• 140 grammi di patate bollite con la pelle

Hanno l'enorme vantaggio di fornire rapidamente la forza necessaria per il lavoro fisico. E le fibre? Basta tagliare a metà una patata bollita per constatare quanta poca resistenza opponga: la sua struttura è talmente cedevole da farla sciogliere in bocca!

Tutto questo, l'avrete capito, significa penetrazione rapida, insulina e grassi.

• 80 grammi di purè di patate

Il purè pronto in fiocchi fornito dall'industria agroalimentare è estremamente pratico. Si cuoce in un istante perché quel poco di resistenza offerta dalla struttura della patata è stata completamente smantellata, quindi sono costretto a ridurne la porzione. Ma attenzione: anche una quantità ridotta può farvi ingrassare. Vi consiglio dunque di preferire gli amidacei che ho descritto per primi, cioè lenticchie, ceci e quinoa.

Per quanto riguarda la **scelta degli amidacei**, raccomando vivamente di cominciare con quello che più vi piace, ovvero privilegiando il piacere! Se però non avete una particolare preferenza, scegliete le lenticchie e la quinoa: richiedono meno insulina, quindi il rischio di ingrassare è ridotto.

Abituatevi a non consumare da soli gli amidacei (o qualsiasi altro alimento ricco di zuccheri), perché associandoli a cibi lenti da digerire ne rallentate l'assimilazione. E per rallentare gli zuccheri non c'è niente di meglio delle verdure, delle proteine e dei grassi.

Qualcuno potrebbe obiettare che anche i grassi sono calorici. Vero, ma come ho già detto, sovrappeso, obesità e diabete sono molto più legati ai glucidi che ai lipidi, e meno ancora alle proteine (principio sacrosanto, anche se vi hanno sempre detto il contrario). So che la cosa potrà stupirvi, ma una porzione da 250 grammi di pasta non fa ingrassare più della stessa porzione di pasta con l'aggiunta di 30 grammi di carne macinata! Infatti, le calorie della carne sono compensate dal rallentamento dell'assimilazione degli zuccheri e dalla riduzione della secrezione di insulina.

La crusca d'avena

Continuate con il vostro cucchiaio e mezzo di crusca d'avena, ovvero quanto serve per proteggervi nel fine settimana, e per cucinare la vostra galletta d'avena.

Il konjac

Stessa consegna dei giorni precedenti. Poiché il sabato comporta l'aggiunta degli amidacei, qualcuno potrebbe essere tentato di ridurre il konjac. Assolutamente no! Anzi, l'esatto contrario! Se poi foste tra quelli che si sono talmente abituati al konjac da non distinguerlo più dalla pasta tradizionale, niente vi impedisce di sostituirlo completamente agli amidacei.

Ma questo è soltanto un consiglio, non un ordine! A voi la scelta.

Per quanto mi riguarda, da quando in famiglia possiamo disporre degli shirataki alla bolognese precotti li mangiamo molto spesso. Devo ammettere che amo la pasta, e non riesco a godermela se non ne mangio un bel piatto pieno! Sostituire la pasta tradizionale con il konjac ha un suo vantaggio: potete condirla con formaggio e un po' di burro.

Sto lavorando con i produttori giapponesi affinché immettano sul mercato anche una semola di konjac con cui cucinare un couscous alternativo. Presto la troverete sugli scaffali del vostro supermercato!

La bevanda del sabato: infuso di tè verde al peperoncino

Per trascorrere il fine settimana senza correre particolari rischi, vi invito a modificare la composizione del tè verde al peperoncino. Passate da 15 a 20 grammi di tè verde (in foglie o perle) per litro d'acqua, aggiungete due pizzichi di peperoncino (anziché uno solo), 1 lime e 4 cucchiaini di sucralosio. Non trascurate il ruolo della termogenesi, quindi consumate il tè freddo ripartendolo in cinque dosi quotidiane.

L'attività fisica

Poiché sabato e domenica potrebbero farvi nuovamente ingrassare, prendete le precauzioni necessarie, e vedrete che il fine settimana non si trasformerà in una sconfitta!

La consegna del weekend è camminare per un'ora intera anziché l'abituale mezz'ora. Lo sforzo può essere suddiviso in due passeggiate da 30 minuti, o persino in tre da 20 minuti ciascuna. Quello che conta è camminare il più possibile subito dopo il pasto in cui avete consumato la porzione di amidacei. Cercate di immaginare ciò che accade dentro di voi: finché il glucosio contenuto negli alimenti di cui vi siete appena nutriti non viene espulso dal sangue e trasformato in grassi o glicogeno, il vostro corpo è allo scoperto, vulnerabile. Se camminate durante la digestione lo brucerete molto facilmente, riducendo anche il quantitativo di insulina necessario per isolarlo. Pensateci dopo ogni pasto in cui avete ingerito glucidi rapidi. Anzi, riflettetevi nel momento stesso in cui avete davanti un piatto di pasta o di riso!

Promemoria del regime del sabato

- Oggi, primo sabato del vostro progetto dimagrante, continuate a consumare proteine, verdura, frutta, due fette di pane integrale o semintegrale e una porzione di formaggio, ma aggiungete **una porzione di amidacei**.
- Rispettate le dosi autorizzate, come riportate nelle pagine precedenti.
- Il sabato è un giorno di relax, precede la ricompensa finale della domenica.

Gli alimenti autorizzati

1. Carni magre: vitello, manzo, cavallo (escluse la costata e la cotoletta di manzo), ai ferri o arrosto, senza aggiunta di ulteriori grassi.
2. Frattaglie: fegato, rognone e lingua di vitello e di manzo (la punta).
3. Tutti i pesci (grassi, magri, bianchi, azzurri, crudi o cotti).
4. Tutti i frutti di mare (molluschi e crostacei).
5. Tutto il pollame (eccetto anatra e oca), senza mai mangiare la pelle.
6. Affettati magri di tacchino, pollo e maiale.
7. Uova.
8. Proteine vegetali.
9. Latticini magri.
10. 1 litro e mezzo di liquidi al giorno (soprattutto acqua con poco sodio).
11. 1 galletta di crusca d'avena, oppure 1 cucchiaio e mezzo di crusca d'avena sciolta nel latte o nello yogurt.
12. Un'ora di camminata al giorno, anche suddivisa in due o tre passeggiate.
13. Gli alleati della dieta: caffè, tè, tisane, tè verde al peperoncino, aceti vari, aromi ed erbe aromatiche, spezie, cetriolini sottaceto, succo di limone (per condire), sale e senape (con moderazione).

14. Tutte le verdure, crude o cotte.
15. Una porzione di frutta, escluse banane, uva e frutta secca come albicocche e prugne, e nemmeno frutti oleosi tipo noci, mandorle, arachidi, pistacchi eccetera.
16. Due fette di pane integrale o semintegrale.
17. Una porzione di formaggio, a pasta cotta o fermentata, con un massimo di 45-50% di grassi.
18. Una porzione di amidacei nei quantitativi autorizzati. Quindi lenticchie, fagioli, ceci, quinoa, pasta al dente o ben cotta, mais (la pannocchia alla griglia o i chicchi in scatola), riso integrale o riso bianco, patate bollite con la pelle o in purè.

LE RICETTE DEL GIORNO

Ricette di proteine pure + verdure, frutta, pane, formaggio e amidacei del *sabato*

(valide anche per la domenica)

Risotto ai fegatini di pollo

Per **4 persone**
Preparazione: **20 minuti**
Cottura: **25 minuti**

- *1 cipolla grande*
- *2 spicchi d'aglio*
- *200 g di riso Arborio*
- *1 litro di brodo di pollo sgrassato*
- *150 g di formaggio spalmabile allo 0,2% di grassi*
- *400 g di fegatini di pollo*
- *Aceto di lamponi*
- *Pepe macinato al momento*

Sbucciate la cipolla e l'aglio e tritateli finemente. Fateli appassire a fuoco dolce in una casseruola antiaderente senza usare condimenti grassi. Aggiungete il riso, lasciatelo tostare per 1 minuto mescolando continuamente, poi versate un po' di brodo di pollo caldo. A mano a mano che il brodo viene assorbito dal riso versatene altro e mescolate fino a cottura completata. Il riso dev'essere cotto, ma al dente.

Quando è pronto, togliete la casseruola dal fuoco e aggiungete il formaggio spalmabile.

Mentre il riso cuoce, tagliate i fegatini di pollo a fettine piuttosto spesse e fateli rosolare senza condimento in una padella antiaderente per 4-5 minuti a fuoco vivo. Togliete dal fuoco e innaffiate con una generosa spruzzata di aceto di lamponi. Pepate.

Servite il risotto con i fegatini di pollo disposti sopra e tutto intorno.

Conchiglie integrali all'aglio, bresaola e formaggio

Per **4 persone**
Preparazione: **15 minuti**
Cottura: **15 minuti**

- *250 g di conchiglie integrali (o fusilli)*
- *6 spicchi d'aglio*
- *10 fette di bresaola*
- *2 tuorli*
- *160 g di parmigiano*
- *Sale, pepe*

Tagliate la bresaola a strisce lunghe e sottili e poi a pezzetti. Sbucciate gli spicchi d'aglio e tritateli. Portate a ebollizione una pentola d'acqua e salatela. Gettate le conchiglie e cuocetele al dente.

Nel frattempo scaldate un filo d'acqua in una padella antiaderente e appassite l'aglio tritato e la bresaola per 5 minuti, mescolando continuamente. Togliete dal fuoco. Affettate il parmigiano a lamelle sottili con un pelaverdure o con un coltello.

Scolate la pasta e passatela sotto l'acqua fredda. Rimettete sul fuoco la padella con l'aglio e la bresaola e aggiungetevi la pasta. Scaldate il tutto per 2 minuti, mescolando bene. Aggiungete i 2 tuorli, le lamelle di formaggio, sale e pepe. Girate ancora bene e distribuite nei piatti.

Servite ben caldo.

Tagliatelle di konjac agli spinaci e fave

Per **4 persone**
Preparazione: **15 minuti**
Cottura: **20 minuti**

Le fave surgelate sono molto comode da utilizzare e facilmente reperibili nei supermercati. L'accostamento fave-cumino è delizioso.

- *1 litro di brodo di pollo sgrassato*
- *2 confezioni di tagliatelle di konjac agli spinaci Dukan*
- *250 g di pomodori pelati*
- *200 g di fave sbucciate (surgelate)*
- *2 piccole cipolle*
- *80 g di parmigiano grattugiato*
- *Sale, cumino*

Riempite una casseruola con 1 litro d'acqua e aggiungete 1 dado per brodo di pollo sgrassato. Portate a ebollizione, poi aggiungete le fave, un po' di sale e un pizzico di cumino. Cuocete per 5 minuti.

Buttate in acqua le cipolle tritate e continuate la cottura a fuoco dolce per 5 minuti. Tagliate i pomodori pelati a fettine e aggiungete al resto, proseguendo la cottura, mescolando delicatamente di tanto in tanto. Togliete dal fuoco quando la salsa si sarà ridotta. Conservate in caldo.

Fate cuocere le tagliatelle di konjac agli spinaci in abbondante acqua salata per 2 minuti. Scolatele e passatele sotto l'acqua fredda, poi sgocciolatele bene e conditele con la salsa di pomodori e fave. Cospargete di parmigiano grattugiato e servite ben caldo.

Duo di tartara di salmone alla quinoa rossa

Per **4 persone**
Preparazione: **20 minuti**
Refrigerazione: **30 minuti**

- *130 g di quinoa rossa cruda (½ porzione per persona)*
- *1 dado per brodo vegetale*
- *Succo di 1 limone*
- *100 g di ricotta magra al 5-6% di grassi*
- *1 cucchiaino di aneto*
- *200 g di filetto di salmone crudo, senza lisca e pelle*
- *2 fette di salmone affumicato*
- *½ scalogno*
- *1 cucchiaino di erba cipollina tritata*
- *1 limone*
- *Sale, pepe*

Sciacquate la quinoa sotto acqua corrente e versatela in una casseruola capiente con acqua fredda e il dado per brodo. Portate a ebollizione e cuocete per 20 minuti a fuoco dolce, finché i granelli di quinoa cominciano a sfaldarsi. Spegnete, coprite e lasciate riposare per 6 minuti.

Salate appena e pepate. Distribuite la quinoa sul fondo di 4 ciotole.

Mescolate la ricotta magra con l'aneto, salate leggermente, pepate e deponetene uno strato sulla quinoa.

Usando un coltello molto affilato tagliate il salmone crudo e quello affumicato a dadini. Aggiungete lo scalogno e il succo di limone. Mescolate, poi distribuite il composto sulla ricotta. Cospargete di erba cipollina e decorate ogni ciotola con un quarto di limone.

Servite freddo.

Timballi di quinoa alla bresaola

Se non potete lasciarli riposare in frigorifero per 2 ore, prima di sformarli mettete i timballi in freezer per 20 minuti.

Per **4 persone**
Preparazione: **20 minuti**
Cottura: **20 minuti**
Refrigerazione: **2 ore**

- *150 g di quinoa*
- *30 cl di brodo di pollo*
- *150 g di formaggio spalmabile allo 0,2% di grassi alle erbe fini**
- *8 fette sottili di bresaola*
- *2 pomodori*
- *1 cucchiaino d'aceto di sherry*
- *Pepe macinato al momento*

Sciacquate la quinoa sotto l'acqua corrente e versatela in una casseruola. Aggiungete il brodo di pollo, fate sobbollire e coprite. Cuocete a fuoco dolce per 20 minuti circa: il brodo dev'essere completamente assorbito. Togliete dal fuoco e fate raffreddare.

Nel frattempo tagliate le fette di bresaola a listarelle. Affettate i pomodori in quattro, togliete i semi e riducete la polpa a dadini.

Incorporate alla quinoa il formaggio spalmabile e poi l'aceto di sherry. Pepate e aggiungete le listarelle di bresaola e i pomodori. Mescolate delicatamente, poi distribuite il preparato in 4 ciotoline foderate di pellicola trasparente, pressando leggermente il composto. Conservate in frigorifero per almeno 2 ore.

Al momento di servire, sformate delicatamente i timballi e accompagnateli con un'insalata di rucola.

* In alternativa aromatizzate quello normale con un po' di aglio ed erbe aromatiche.

Pollo tandoori e dal di lenticchie rosse

Per **4 persone**
Preparazione: **40 minuti**
Cottura: **30 minuti**
Refrigerazione: **una notte**

Per il pollo tandoori:
- *2 petti di pollo interi (o 4 metà)*
- *1 limone verde*
- *1 yogurt bianco allo 0% di grassi*
- *4 spicchi d'aglio*
- *3 pezzetti di zenzero fresco da 3 cm*
- *4 cucchiai di spezie miste per tandoori (in polvere o in pasta)*
- *Sale, pepe*

Per il dal di lenticchie:
- *2 cipolle*
- *4 spicchi d'aglio*
- *2 cucchiaini di curry in polvere*
- *1 cucchiaino di cumino*
- *2 pizzichi di peperoncino*
- *½ cucchiaino di cannella*
- *2 cucchiaini di coriandolo*
- *4 grani di cardamomo*
- *2 pomodori*
- *280 g di lenticchie rosse*
- *Succo di 1 limone*
- *Coriandolo tritato*

Tagliate i petti di pollo a pezzetti e metteteli in una ciotola. Salate, pepate e innaffiate con il succo di limone verde, mescolando per condire uniformemente, quindi lasciate marinare in frigorifero per 1 ora.

In una terrina capiente lavorate lo yogurt, gli spicchi d'aglio pelati e pressati, lo zenzero grattugiato e le spezie miste per il tandoori. Versate il preparato sul pollo e mescolate bene, poi lasciate marinare in frigorifero per tutta la notte.

Il giorno seguente cuocete il pollo in padella per 12-15 minuti. Controllate la cottura e, se necessario, bagnate con la marinata.

Per il dal di lenticchie, tritate le cipolle e gli spicchi d'aglio pressati. Fateli appassire in una casseruola con un filo d'acqua. Aggiungete il curry, il cumino, il peperoncino, la cannella, il coriandolo e il cardamomo e cuocete per altri 2 minuti. Aggiungete anche i pomodori, mondati dei semi e tagliati a dadini, quindi proseguite la cottura per 2 minuti. Unite le lenticchie rosse, lasciatele insaporire per un paio di minuti, quindi bagnate con ½ litro d'acqua. Portate a ebollizione, coprite e fate cuocere a fuoco dolce per 15-20 minuti, o fino a quando le lenticchie cominceranno a disfarsi (le lenticchie rosse cuociono più in fretta delle altre).

Condite con il succo di limone. Servite il pollo con il dal cosparso di coriandolo tritato.

Carpaccio di manzo ai ceci

Per **4 persone**
Preparazione: **15 minuti**
Refrigerazione: **30 minuti**

- *Succo di 3 limoni*
- *8 fette di scamone tagliate molto sottili*
- *840 g di ceci già cotti*
- *Cumino*
- *Sale, pepe*

In una ciotola mescolate il succo dei 3 limoni, sale e pepe.

Adagiate le fette di carne su 4 piatti e conditele con la salsa. Cospargete i ceci sul carpaccio e condite con il cumino.

Coprite i piatti con la pellicola trasparente e conservate in frigorifero per almeno 30 minuti, o fino al momento di servire.

Raclette Dukan

Per **4 persone**
Preparazione: **20 minuti**
Cottura: **30 minuti**

Una raclette in un libro di ricette dietetiche? Certo! Il Giusto Peso non è mai un ostacolo alla convivialità, e persino le «serate raclette» sono autorizzate!

- *560 g di patate*
- *200 g di bresaola*
- *160 g di formaggio per raclette*
- *Cipolline sottaceto*
- *Cetriolini sottaceto*
- *320 g di mozzarella light al 9% di grassi*
- *Sale*

Bollite le patate in abbondante acqua salata per circa 20 minuti. Controllatene la cottura con la punta di un coltello, che dovrà infilarsi facilmente.

Distribuite la bresaola su un vassoio. Accendete l'apparecchio per la raclette. Disponete le patate sulla parte superiore, così da mantenerle in caldo.

Tagliate a fettine il formaggio per raclette e dividetelo in 4 fondine. Tagliate la mozzarella a dadini e distribuitela in 4 ciotoline. Mettete nelle ciotole anche le cipolline e i cetriolini.

Domenica

Leitmotiv del giorno

Lunedì, il vitale
Martedì, l'essenziale
Mercoledì, l'importante
Giovedì, l'utile
Venerdì, il cremoso
Sabato, l'energetico
Domenica, libertà!

La domenica e il lunedì rappresentano i due poli dietetici e nutrizionali di questo secondo fronte, perché sono nel contempo i giorni più distanti e più vicini tra loro.

Da un lato, se osservata dalla prospettiva ascendente della Scala Nutrizionale, la domenica è il giorno più diverso dal lunedì, considerate la libertà e l'apertura che offre. Si arricchisce progressivamente delle diverse conquiste dei giorni precedenti, che celebra con il suo pasto della festa.

Inoltre, questi due giorni opposti sul piano nutrizionale sono attigui e si completano l'uno con l'altro, e la cosa mi sembra assolutamente sensata. Poiché fanno parte di un progetto dimagrante, la somma di tutte queste concessioni ha uno scopo ben preciso.

La domenica è per tradizione un giorno di festa, quindi approfittatene serenamente, senza farvene una colpa: domani sarà di nuovo lunedì, il giorno cuscinetto, e potrete ripartire daccapo.

Come avrete ormai constatato, ho elaborato la mia Scala Nutrizionale in modo che abbia:

- **Una dimensione ludica**, perché ogni giorno comporta una nuova ricompensa.
- **Una dimensione didattica**, perché segue un percorso che vi permette di imparare tutto ciò che conta sulle diverse famiglie di alimenti a mano a mano che li mangiate.

- **Una struttura difensiva**, poiché il ritorno rassicurante del lunedì e del martedì impedisce che il corpo tragga troppo profitto dalla sbandata controllata del fine settimana.

Tutte le persone che hanno già sperimentato il secondo fronte hanno profondamente apprezzato questo ciclo di sette giorni, che fa leva sulla psicologia particolare del controllo alimentare e della struttura della ricompensa, ovvero sull'alternarsi di piacere dei sensi e padronanza della situazione, entrambe cose di cui siamo particolarmente avidi.

L'aspetto che più è piaciuto di questo percorso settimanale, che parte dagli alimenti più necessari e arriva a quelli più gratificanti, è la sua capacità di creare precisi punti di riferimento e una netta gerarchia di valori alimentari.

Scalino dopo scalino, questo nuovo metodo insegna il significato e l'importanza degli alimenti. La ripetizione di tale gerarchia di valori, inoltre, produce nuove informazioni, che si trasformano in nuovi circuiti cerebrali e, con il tempo, in meccanismi perfettamente funzionali, anche detti «buone abitudini».

Questa domenica continuate a consumare...

- tutti gli alimenti ricchi di proteine del lunedì
- le verdure aggiunte
- la frutta
- le due fette di pane integrale o semintegrale
- la porzione di formaggio
- infine aggiungete l'ormai celebre «pasto della festa», il culmine della settimana.

Ma attenzione! Si tratta di un solo pasto, non di un'intera giornata di baldoria, quindi sceglierete: il pranzo o la cena.

Inoltre, la porzione di amidacei concessa il sabato non può essere aggiunta al pasto della festa: può farne parte, ma non essere un ulteriore supplemento. Per esempio, gli amidacei potranno rappresentare il piatto principale – una paella al tonno, un piatto di pasta ai frutti di mare, una pizza, uno stufato di fagioli e carne o una feijoada brasiliana –, oppure il contorno di una carne o di un pesce, come riso, quinoa o lenticchie.

Ma che cos'è un «pasto della festa»?

Tanto per cominciare, deve essere concepito come un evento, un pranzo o una serata di gala. È un piacere con cui vi ricompensate per la settimana portata a termine. Lo spirito non deve essere quello di una sorta di rivincita, cosa che svilirebbe la gioia lasciando spazio all'amarezza della vendetta.

Ho sviluppato il secondo fronte come un profondo respiro. La settimana inizia inspirando bene, cioè con il piede ben premuto sull'acceleratore, ma sapete già che durerà soltanto per il lunedì, quindi siete pronti a darci dentro, tanto più che il risultato è immediato. Pensate che molte delle persone mi hanno addirittura chiesto di poter prolungare il lunedì fino al martedì sera!

Lo slancio iniziale si prolunga con altrettanto vigore il martedì, poi si attenua il mercoledì e si conclude il giovedì sera. Il venerdì funge da giornata di transizione, perché è in perfetto equilibrio, poi il sabato e la domenica potete finalmente espirare profondamente. Ogni giorno è diverso dal precedente, comporta le sue novità e il suo contributo specifico, nonché la sua ricompensa. Con la domenica la progressione si arresta, e in un solo pasto potete concedervi TUTTO quello che volete.

Cominciate con un **antipasto** a vostro piacimento. Avete voglia di una fetta di foie gras? Perfetto! Prosciutto di Parma? Insalata di avocado o guacamole? Il motto è: «L'immaginazione al potere», e sarò felice di aiutarvi.

Anche il **piatto principale** è completamente libero, c'è solo l'imbarazzo della scelta, e tutto dipende dai vostri gusti e dalle vostre voglie: couscous, stufato di fagioli, paella? Oppure degli spaghetti ai funghi e una fettina di carne? Potrei continuare con molte ricette, perché qui siamo in un altro contesto, quello del puro piacere del palato.

E per **dessert**? Anche qui, assoluta libertà! Se per caso non amate i dolci, potete tranquillamente sostituirli con un formaggio.

Coronate la festa con un bel **bicchiere di vino**, bianco, rosso o rosé, quello che preferite. Deve trattarsi di un bicchiere da vino classico, che potete riempire come meglio credete, mantenendovi comunque a un centimetro dal bordo. Se non bevete alcol non è affatto necessario che lo beviate, perché si tratta di una possibilità, non di una regola. Stesso discorso per il pasto della festa in generale: fa parte delle regole del gioco, ma alla fine siete voi a decidere se volete consumarlo davvero.

Per contro, riguardo alle quantità dovete rispettare alcuni limiti. Indipendentemente dai piatti scelti, la porzione dev'essere quella che vi verrebbe servita in un qualsiasi ristorante, e una soltanto, che vi troviate a casa vostra o da amici. La consegna è dunque chiara e precisa: **non servitevi mai due volte la stessa pietanza!**

La crusca d'avena

La crusca d'avena non va dimenticata, soprattutto la domenica. La dose resta immutata, quindi cercate di non perdere la buona abitudine della galletta, che contiene albume e formaggio fresco, tutte proteine che vi consentono di superare al meglio questo weekend a rischio.

Il konjac

Per il konjac vale lo stesso discorso della crusca d'avena: farà da contrappeso alla giornata culminante della settimana, soprattutto perché il konjac non ha niente di punitivo e potrebbe benissimo rientrare fra gli ingredienti del pasto della festa.

Vorrei insegnarvi qualcosa sull'anatomia dello stomaco e aggiungere una nota di comune buonsenso. Lo stomaco è un organo vuoto e muscoloso la cui capacità massima è di circa 2 litri, con variazioni relativamente al sesso, alla struttura fisica, all'età e soprattutto alla voracità!

Un paio di litri può essere poco, ma anche tanto. È molto se riempite lo stomaco con cibi grassi e soprattutto zuccherati, ma è poco se vi nutrite di verdure, alimenti proteici e bevete molta acqua. Considerate che 2 bicchieroni d'acqua corrispondono a quasi mezzo litro e 2 bei pomodori o indivie fanno un altro mezzo litro; se poi ci mettete anche un paio di cosce di pollo sono 300-400 grammi in più. Vedete? Siamo già arrivati ben oltre la metà della capienza, a quasi 1 chilo e mezzo di alimenti. Aggiungete un po' di crusca d'avena e di konjac e lo stomaco si riempirà ulteriormente.

Mentre vi nutrite di questi alimenti, ogni boccone e rispettiva masticazione, ogni sensazione percepita dalla lingua, dal palato e dalle mucose delle guance, nonché ogni deglutizione e ogni sapore, corrisponde a un segnale raccolto e trasmesso al cervello. Tale segnale fa innalzare una sorta di galleggiante immaginario che indica il livello di riempimento del vostro stomaco. A mano a mano che il galleggiante sale, sviluppate la cosiddetta «sazietà meccanica», e una volta riempiti i due terzi dello stomaco di solito l'appetito diminuisce. Ed è proprio in questo momento del pasto che spesso arrivano gli amidacei, immediatamente seguiti da formaggio e dessert, cioè pericoli da evitare!

All'epoca dei nostri antenati cacciatori-raccoglitori, per decidersi di partire a caccia di animali feroci, sfidando avversità di ogni genere, bisognava essere davvero attanagliati dalla fame e costretti a fare qualcosa per sopravvivere. Per procurarsi un pasto bisognava camminare per chilometri, e si smetteva di mangiare appena ci si sentiva sazi, quindi in base a un istinto naturale. Oggi il nostro stile di vita ci pone in totale contraddizione con la programmazione imperiosa degli istinti di sopravvivenza. Il cibo è presente in abbondanza, e le sensazioni di fame e sazietà sono piuttosto sregolate. I cibi grassi sono estremamente saporiti, e gli zuccheri provocano una vera e propria dipendenza, perché sono continuamente a portata di mano, anzi di bocca. Per resistere dobbiamo fare appello alla replezione, alla sazietà meccanica.

Non dimenticate questa informazione di carattere strategico, vi aiuterà a programmare i vostri pasti, soprattutto quando sarete in fase di stabilizzazione. Non voglio dire di farne una regola, ma di provare a trasformare tale tendenza in un elemento della vostra vita alimentare, lasciando che agisca da sola quando non dovrete più seguire tutte le mie regole.

La bevanda della domenica: tè verde al peperoncino

Mantenete la stessa consegna di ieri, ma con le dosi variate appositamente per i due giorni del fine settimana.
Lo ripeto: 20 grammi di tè verde (in foglie o perle) per litro d'acqua, due pizzichi di peperoncino, 1 lime e 4 cucchiaini di sucralosio. Questo tè va bevuto freddo, ripartito in cinque dosi quotidiane.

L'attività fisica

Come per il sabato, anche la domenica regalatevi una bella ora di camminata. Se volete, potete suddividerla in due o tre sessioni. L'importante è che almeno una di queste si svolga subito dopo il pasto della festa. Nel giro di una mezz'ora lo zucchero raggiunge il sangue, quindi a ogni passo bruciate un po' di calorie ed evitate che vadano ad accumularsi sulla pancia o sui fianchi sotto forma di grasso.

Ultimi consigli

Pesatevi ogni mattina, a digiuno, così da poter registrare le più piccole variazioni di peso. Accoglierete ogni successo, benché minimo, con grande gioia, e inoltre vi stimolerà a impegnarvi ulteriormente nel vostro progetto di dimagrimento.

Se invece constaterete di avere recuperato il peso perso, vi servirà da lezione per darvi una regolata.

Non dimenticate che in caso di trasgressione grave, da neutralizzare il giorno seguente, basterà sostituire il giorno previsto con una giornata di proteine pure, per poi riprendere tranquillamente il normale corso della Scala Nutrizionale. Per esempio, immaginiamo che un mercoledì, giorno di proteine + verdure + frutta, vi siate completamente lasciati andare. Il giorno seguente, invece di passare in «modalità giovedì», cioè di aggiungere due fette di pane integrale, tornate alle proteine pure del lunedì e l'indomani riprendete con il normale venerdì, ovvero con frutta, pane e formaggio.

Vi consiglio di tracciare un vero e proprio diagramma, in modo da visualizzare la curva del peso settimana dopo settimana. Se potete, iscrivetevi al mio coaching personalizzato on-line, perché offre un aiuto straordinario che contribuisce notevolmente alla riuscita del progetto.

«Occhio ai glucidi!»

Durante i primi quattro giorni della settimana, quelli della fase dimagrante (dal lunedì al giovedì incluso) rinunciate assolutamente agli zuccheri. Evitate la farina raffinata, e soprattutto gli alimenti di facile consumo a base di farina e zucchero.

Cercate quindi di rispettare il mio consiglio in proposito, quello che ho riassunto con il motto: «Occhio ai glucidi!» Vi proteggerà dal sovrappeso e vi permetterà di non ingrassare di nuovo.

Leggete le etichette dei prodotti che acquistate. Cercate il valore calorico degli alimenti, la percentuale di grassi e di proteine. Sono tutte informazioni preziose che vi permetteranno di orientarvi meglio. Per il futuro del vostro peso è fondamentale che prendiate in considerazione quanto riportato sulle etichette riguardo ai glucidi e la successiva indicazione «di cui zuccheri». Ricordate? Ne abbiamo parlato all'inizio della Scala Nutrizionale (*vedi* p. 66).

Voglio aggiungere un dettaglio importante: per comprendere appieno l'importanza dei valori indicati sulle etichette, ricordate che **non tutti i glucidi hanno lo stesso indice glicemico**. Infatti, abbiamo visto che gli amidacei si distinguono per indici glicemici diversi, ragione per cui è meglio preferire le lenticchie o la quinoa al riso bianco. I glucidi non solo non vengono tutti digeriti né assimilati alla stessa velocità, ma si distinguono anche in termini di potenziale adipogeno (la capacità di trasformarsi in grassi). Zucchero bianco, farina raffinata, miele e cornflakes sono glucidi ad assorbimento ultrarapido. Ma torniamo alla nostra etichetta, dove dice «di cui zuccheri»: ecco, lo zucchero bianco puro è il più invasivo di tutti i glucidi, quello che induce la più forte secrezione di insulina e comporta la maggiore trasformazione di zuccheri in grassi.

> Diffidate di qualsiasi prodotto che, sebbene commercializzato come «dietetico» o «nutriente», alla voce «di cui zuccheri» riporti più di 7-8 grammi di zucchero puro. Sappiate che 20 grammi di zucchero si trasformeranno rapidamente in 10 grammi di grasso, e una volta stoccati nei tessuti adiposi sarà difficile sbarazzarsene.

Ormai è stato appurato: **esistono prove circa la dipendenza indotta dallo zucchero, che produce sensazioni direttamente collegate ai circuiti cerebrali della ricompensa, gli stessi implicati nei meccanismi di dipendenza da droghe pesanti.**

Ho insistito a lungo sulla responsabilità degli zuccheri nell'epidemia del sovrappeso. L'ho ripetuto molte volte, forse fino ad annoiarvi, perché non sono un semplice autore, ma un medico. In cuor mio spero soltanto di avere attirato la vostra attenzione sul problema e di avervi fatto capire che ridurre l'apporto di glucidi nel lungo termine è assolutamente necessario per la vostra salute, per la vostra longevità e ovviamente per la perdita di peso e il suo definitivo mantenimento. Non me ne vogliate, quindi. Consideratela come una pura e semplice manifestazione di simpatia e di benevolenza. Se la faccenda dei glucidi e dell'insulina è stata, come auspico, debitamente registrata, d'ora in poi fatene un riflesso condizionato e ricordate il motto: «Occhio ai glucidi!»

Sviluppate subito questo istinto di difesa, e conservatelo bene una volta dimagriti, perché si trasformerà nella punta di diamante della vostra stabilizzazione!

Promemoria del regime del domenica

- Oggi, prima domenica del vostro progetto dimagrante, mantenete gli alimenti ricchi di proteine del lunedì, aggiungete verdura, frutta, due fette di pane e la porzione di formaggio.
- La domenica è anche un giorno speciale, quindi avete diritto a un **pasto della festa**. Ma attenzione: si tratta di un solo pasto, pranzo o cena, non di un'intera giornata di assoluta libertà!

Gli alimenti autorizzati

1. Carni magre: vitello, manzo, cavallo (escluse la costata e la cotoletta di manzo), ai ferri o arrosto, senza aggiunta di ulteriori grassi.
2. Frattaglie: fegato, rognone e lingua di vitello e di manzo (la punta).
3. Tutti i pesci (grassi, magri, bianchi, azzurri, crudi o cotti).
4. Tutti i frutti di mare (molluschi e crostacei).
5. Tutto il pollame (eccetto anatra e oca), senza mai mangiare la pelle.
6. Affettati magri di tacchino, pollo e maiale.
7. Uova.
8. Proteine vegetali.
9. Latticini magri.
10. 1 litro e mezzo di liquidi al giorno (soprattutto acqua con poco sodio).
11. 1 galletta di crusca d'avena, oppure 1 cucchiaio e mezzo di crusca d'avena sciolta nel latte o nello yogurt.
12. Un'ora di camminata al giorno, anche suddivisa in due o tre passeggiate.
13. Gli alleati della dieta: caffè, tè, tisane, tè verde al peperoncino, aceti vari, aromi ed erbe aromatiche, spezie, cetriolini sottaceto, succo di limone (per condire), sale e senape (con moderazione).

14. Tutte le verdure, crude o cotte.
15. Una porzione di frutta, escluse banane, uva e frutta secca come albicocche e prugne, e nemmeno frutti oleosi tipo noci, mandorle, arachidi, pistacchi eccetera.
16. Due fette di pane integrale o semintegrale.
17. Una porzione di formaggio, a pasta cotta o fermentata, con un massimo di 45-50% di grassi.
18. Un pasto della festa: due portate e un dessert. Potete anche concedervi un bicchiere di vino.

Ricette della *domenica*

(solo per il pasto della festa)

Degustazione di foie gras

Per **4 persone**
Preparazione: **10 minuti**

- *150 g di foie gras d'anatra*
- *Fior di sale*
- *8 steli di erba cipollina*
- *4 fette di pan speziato*
- *100 g di petto d'oca affumicato*
- *100 g di composta di fichi e cipolle*
- *Insalata verde di stagione*
- *Vinaigrette Maya (vedi ricetta a p. 117)*

Per noi francesi non c'è festa senza foie gras.

Tagliate il foie gras d'anatra in 4 fette usando un coltello affilato e precedentemente passato sotto l'acqua calda.

Disponete su ciascuno dei 4 piatti una fetta di foie gras insaporita con qualche grano di fior di sale.

Decorate ogni fetta con 2 steli di erba cipollina. Versate la composta di fichi e cipolle in 4 ciotoline e affiancatele a ogni piatto.

Disponete a ventaglio anche qualche fetta di petto d'oca affumicato. Accompagnate con foglie d'insalata verde condite con vinaigrette Maya.

Tostate il pan speziato, ricavatene crostini sottili e disponetene metà sui piatti e l'altra metà sulle ciotoline con la composta di fichi.

Polpettone di carne d'agnello

Per **4 persone**
Preparazione: **15 minuti**
Refrigerazione: **30 minuti**
Cottura: **55 minuti**

- *3 teste d'aglio*
- *600 g di carne macinata d'agnello*
- *2 cucchiai di pangrattato*
- *2 uova*
- *Latte (un filo)*
- *Timo*
- *1 noce di burro*
- *10 cl di brodo ristretto di vitello (o d'agnello)*
- *Fior di sale, pepe*
- *1 confezione di semola per couscous*
- *1 manciata di uvetta sultanina*
- *1 manciata di pinoli*
- *1 cucchiaio di olio extravergine d'oliva*

Per prima cosa preparate l'aglio: staccate gli spicchi delle 3 teste e tuffateli senza sbucciarli in una casseruola colma di acqua bollente salata, lasciandoli a bagno per 10 minuti, poi sgocciolateli.

In una ciotola versate la carne macinata di agnello, aggiungete un filo di latte, il pangrattato, le uova, il timo, un po' di fior di sale e di pepe e impastate bene il tutto. Lasciate riposare in frigorifero per 30 minuti.

Trascorso questo tempo, modellate il preparato a forma di polpettone. Fondete il burro in una pirofila da forno. Disponetevi la carne con gli spicchi d'aglio tutto intorno e bagnate leggermente con acqua tiepida. Infornate e cuocete a 180 °C per 45 minuti.

Quando mancano 10 minuti al termine della cottura ammollate l'uvetta in una ciotola d'acqua. Portate a ebollizione una pentola d'acqua salata e versatevi la semola di couscous, cuocendola per 1 minuto e mezzo o secondo le indicazioni riportate sulla confezione. Scolate e incorporate l'uvetta, i pinoli e l'olio.

Togliete il polpettone d'agnello dal forno e lasciatelo riposare in un piatto per 10 minuti. Versate il brodo di vitello rimasto nella pirofila e deglassate il fondo di cottura su fuoco dolce, se la pirofila lo permette, altrimenti in forno.

Servite il polpettone con gli spicchi d'aglio e il fondo di cottura, accompagnato dal couscous con uvetta e pinoli.

Tournedos alla Rossini

Per **4 persone**
Preparazione: **20 minuti**
Cottura: **10 minuti**

- *4 tournedos da 150 g ciascuno*
- *4 medaglioni di foie gras d'anatra fresco (5-8 mm di spessore)*
- *4 fette di pancarré*
- *300 cl di brodo ristretto di vitello (preparato con 3 cucchiaini di fondo di cottura)*
- *Tartufo nero tagliato a lamelle sottili*
- *1 bicchierino di Madeira o Porto rosso*
- *2 cucchiai d'olio d'oliva*
- *2 cucchiai di burro*
- *Fior di sale, pepe misto macinato*

Con un tagliapasta ricavate dalle fette di pane 4 dischi delle medesime dimensioni dei tournedos (o leggermente superiori) e tostateli.

Tagliate 2 fogli di carta stagnola sufficientemente grandi da coprire 2 piatti. Disponete sul primo piatto i medaglioni di foie gras e, da parte, le lamelle di tartufo. Preparate il brodo di vitello sciogliendo il fondo pronto in 30 centilitri d'acqua tiepida. In una padella scaldate l'olio e rosolatevi i tournedos 3-4 minuti per lato, in base alla cottura desiderata. Salate e pepate. Metteteli sul secondo piatto e copriteli con un foglio di stagnola.

Nella stessa padella cuocete il foie gras per 2 minuti, in modo che rimanga rosato all'interno. Rimettetelo sul primo piatto e coprite con l'altro foglio di stagnola. Deglassate il fondo di cottura con il Madera o il Porto e unite il brodo di vitello.

Disponete ciascun disco di pane tostato su altri 4 piatti di servizio. Nappateli con la salsa deglassata al Madeira (o Porto), quindi collocate su ogni fetta di pane un tournedos ben caldo e, sopra, un medaglione di foie gras, quindi qualche lamella di tartufo. Nappate il foie gras e i tartufi con la salsa ben calda e servite subito.

Torta al cioccolato fondente alla giapponese

Per **4 persone**
Preparazione: **15 minuti**
Cottura: **20 minuti**

Il wasabi è reperibile nei negozi di specialità alimentari asiatiche, oppure in molti supermercati. Se non amate il suo sapore, sostituitelo con un cucchiaino di caffè in polvere.

- *100 g di burro*
- *1 cucchiaino di wasabi*
- *1 cucchiaio di acqua tiepida*
- *3 uova intere + 2 albumi*
- *1 pizzico di sale*
- *200 g di cioccolato fondente (minimo 70% di cacao)*
- *100 g di zucchero (o 3 cucchiai di sciroppo d'agave)*
- *60 g di farina*

Diluite il wasabi nel cucchiaio di acqua tiepida fino a ottenere un composto omogeneo. Portate il forno a 150 °C.

Sgusciate le uova e separate i tuorli dagli albumi. Montate gli albumi a neve e aggiungete un pizzico di sale. Spezzate il cioccolato e mettetelo in una ciotola con un po' d'acqua. Fatelo sciogliere a bagnomaria. Tagliate il burro a pezzi e mescolatelo al cioccolato finché non è completamente fuso. Togliete dal bagnomaria e unite prima il wasabi e poi lo zucchero. Girate bene.

Incorporate la crema ottenuta ai tuorli e alla farina, continuando a mescolare dolcemente fino a ottenere un composto omogeneo. Infine amalgamate con delicatezza gli albumi a neve.

Versate il tutto in una teglia e cuocete in forno per 20 minuti a 150 °C, controllando la cottura di tanto in tanto.

Mousse di cioccolato allo zenzero e scorza d'arancia canditi

Per **4 persone**
Preparazione: **15 minuti**
Cottura: **5 minuti**
Refrigerazione: **3 ore**

- *60 g di zenzero candito*
- *8 scorze d'arancia candite*
- *150 g di cioccolato fondente (minimo al 70% di cacao)*
- *2 cucchiai di liquore allo zenzero (facoltativo)*
- *4 uova*
- *1 pizzico di sale*

Tagliate lo zenzero candito e 4 scorze d'arancia candita a pezzi molto piccoli.

Fondete il cioccolato in un pentolino a fuoco molto dolce per 5 minuti circa. Unite quindi il liquore allo zenzero (a piacimento).

Sgusciate le uova separando i tuorli dagli albumi.

Versate il cioccolato fuso sui tuorli in una ciotola, mescolando energicamente. Amalgamate ¾ dei pezzettini di zenzero candito.

Montate gli albumi a neve con un pizzico di sale. Incorporateli delicatamente al preparato al cioccolato, poi versate la mousse in 4 coppette e lasciate riposare in frigorifero per almeno 3 ore.

Al momento di servire cospargete le mousse con i pezzetti di zenzero e scorza d'arancia rimasti e decorate ogni ciotola con una scorza d'arancia intera.

Proposte di menu

Menu d'inverno

	Lunedì	Martedì	Mercoledì
	Proteine pure	Proteine Verdure	Proteine Verdure Frutta
Colazione	Formaggio fresco 0-5% Petto di tacchino **Galletta di crusca d'avena***	Ricotta 5-6% **Galletta di crusca d'avena** Composta di rabarbaro fatta in casa	Budino di latte scremato senza zucchero ½ pompelmo Muffin alla crusca d'avena
Pranzo	Bresaola affettata **Torta «Mininà» di pollo alla curcuma** Budino di latte scremato senza zucchero con aroma a scelta	Carote grattugiate **Shirataki di konjac al ragù alla bolognese** Yogurt 0% ai frutti di bosco	Insalata di indivia Tagliata di manzo allo scalogno Fagiolini verdi Ricotta 5-6%
Spuntino	Formaggio fresco 0-5% alla cannella	Ricotta 5-6%	Yogurt 0% al cocco
Cena	Gamberetti Capesante saltate Shirataki di konjac con zenzero e salsa di soia Meringhe aroma moka Dukan	Crema di cavolfiore al cumino **Involtini di bresaola agli asparagi e insalata d'erbe** Isola galleggiante alla Dukan	Insalata di songino e barbabietola Filetto di haddock in salsa d'agrumi al formaggio fresco Crauti al naturale Gelatina di latte con aroma mandorla amara

* Trovate la ricetta dei piatti in neretto nel rispettivo giorno della Scala Nutrizionale.

Giovedì	Venerdì	Sabato	Domenica
Proteine Verdure Frutta Pane	**Proteine Verdure Frutta Pane Formaggio**	**Proteine Verdure Frutta Pane Formaggio Amidacei**	**Giorno con pasto della festa**
50 g di pane integrale o semintegrale tostato Formaggio fresco 0-5% Composta di rabarbaro fatta in casa	**Galletta di crusca d'avena** Ricotta 5-6% 1 uovo alla coque 25 g di pane integrale o semintegrale	50 g di pane integrale tostato Formaggio fresco 0-5% alla cannella Composta di rabarbaro fatta in casa	**Galletta di crusca d'avena** Ricotta 5-6% Composta di rabarbaro fatta in casa
Uovo sodo con maionese Dukan Pollo arrosto Pomodori alla provenzale Yogurt 0% al limone Mandarino	Porri in vinaigrette Maya Scaloppina di vitello al limone Indivia brasata 40 g di caprino Yogurt 0% al miele	Millefoglie di granchio e salmone affumicato **Tagliatelle di konjac agli spinaci e fave** Budino di latte scremato senza zucchero con aroma a scelta	Avocado con gamberetti in salsa cocktail **Tournedos alla Rossini** Fagiolini verdi e gratin di patate Crumble di pere e cioccolato
Galletta di crusca d'avena	25 g di pane integrale o semintegrale Formaggio spalmabile 0,2%	**Galletta di crusca d'avena**	Budino di latte scremato senza zucchero con aroma a scelta
Mousse di tonno **Capesante alle arance speziate** Finocchio al vapore Crème caramel con agar agar	Zuppa di zucca con formaggio spalmabile 0,2% Trancio di salmone Duo di purè di sedano rapa e carota **Gratin di agrumi allo zabaglione**	Insalata di songino e barbabietola Bollito di manzo alle verdurine 40 g di groviera Patate al forno	Zuppa di verdure mediterranee **Bruschetta alle sarde** con insalata di pomodori 40 g di pecorino Composta di mele cotogne fatta in casa

Menu di primavera

	Lunedì	Martedì	Mercoledì
	Proteine pure	Proteine Verdure	Proteine Verdure Frutta
Colazione	Formaggio fresco 0-5% 1 uovo alla coque **Galletta di crusca d'avena**	Ricotta 5-6% **Galletta di crusca d'avena**	Budino di latte scremato senza zucchero ½ melone piccolo Muffin alla crusca d'avena
Pranzo	Crema di tonno al limone confit Sashimi di salmone Shirataki di konjac allo zenzero e salsa di soia Yogurt 0% al cocco	Prosciutto cotto magro o di tacchino **Shirataki di konjac al ragù alla bolognese** Yogurt 0% al limone	Insalata di pomodori e basilico Tagliata di manzo allo scalogno Zucchine al vapore 40 g di fiocchi di latte 0-5% o formaggio spalmabile 0,2%
Spuntino	Ricotta 5-6% alla cannella	Yogurt 0% al cocco	1 uovo sodo Yogurt 0%
Cena	Involtini di bresaola con formaggio spalmabile 0,2% Scaloppina di vitello al timo e limone Mousse di formaggio fresco 0-5% con aroma vaniglia	Carote al cumino Omelette alle erbe fini e insalata **Composta di rabarbaro meringata**	Carciofi al vapore con vinaigrette Maya Trancio di salmone e asparagi Mousse di caffè con aroma mandorla amara

Giovedì	Venerdì	Sabato	Domenica
Proteine Verdure Frutta Pane	Proteine Verdure Frutta Pane Formaggio	Proteine Verdure Frutta Pane Formaggio Amidacei	Giorno con pasto della festa
50 g di pane integrale o semintegrale tostato Formaggio fresco 0-5% Composta di rabarbaro fatta in casa	**Galletta di crusca d'avena al cacao** Ricotta 5-6% 1 uovo alla coque	**Galletta di crusca d'avena** Formaggio fresco 0-5% alla cannella Composta di rabarbaro fatta in casa	**Galletta di crusca d'avena** 2 kiwi Ricotta 5-6%
Bastoncini di cetriolo al limone Pollo arrosto Fagiolini verdi Yogurt 0% ai frutti di bosco	Surimi **Crema alla provenzale con formaggio e tonno** 40 g di gouda fresco	Insalata raita con cetriolo, aglio e yogurt **Bistecche marinate con aceto balsamico e senape** Spinaci Ricotta 5-6%	Antipasti greci: tarama, funghi, peperoni rossi, tzatziki **Polpettone di carne d'agnello** Muhallebi Dukan
Formaggio fresco 0-5% **Galletta di crusca d'avena**	Yogurt 0% alla vaniglia	Yogurt 0% al cocco 50 g di pane integrale o semintegrale	Formaggio fresco 0-5%
Insalata songino e barbabietola Wok vegetariano primaverile (verdure, tofu, formaggio spalmabile al pepe nero e rosa) **Cheesecake alla vaniglia e coulis di lamponi**	Dip di verdure (carote, cavolfiore, pomodori ciliegia) con formaggio fresco 0-5% alle erbe fini **Sogliole al cartoccio con mango e finocchio** **Gelato al cacao con lamponi freschi**	Insalata di finocchio al limone **Conchiglie integrali all'aglio, bresaola e formaggio** Carpaccio d'ananas	**Tartine mediterranee** Mix di spiedini alla griglia Pomodori al forno Budino di latte scremato senza zucchero e aroma a scelta

Menu d'estate

	Lunedì	Martedì	Mercoledì
	Proteine pure	**Proteine Verdure**	**Proteine Verdure Frutta**
Colazione	Formaggio fresco 0-5% Petto di tacchino **Galletta di crusca d'avena**	Ricotta 5-6% **Galletta di crusca d'avena** Composta di rabarbaro fatta in casa	Budino di latte scremato senza zucchero ½ melone piccolo Muffin alla crusca d'avena
Pranzo	Mousse di tonno e formaggio spalmabile 0,2% Piatto di mare: gamberetti, cozze, pesce marinato, capesante Yogurt 0% alla vaniglia	Gazpacho Insalata nizzarda con vinaigrette Maya Yogurt 0% al limone	Insalata barbabietola e cetriolo Hamburger di manzo Fagiolini verdi 40 g di fiocchi di latte 0-5% o formaggio spalmabile 0,2%
Spuntino	Ricotta 5-6% alla cannella	Yogurt 0% al cocco	1 uovo sodo Yogurt 0%
Cena	Carpaccio di manzo con aceto balsamico e basilico **Petto di tacchino in crosta speziata** Isola galleggiante alla Dukan	Sedano rapa grattugiato con maionese Dukan Scaloppa di tonno in padella con salsa di formaggio fresco 0-5% al basilico e pomodori alla provenzale Sorbetto al tè alla menta fatto in casa	Involtini di bresaola con formaggio spalmabile 0,2% Pollo arrosto Verdure saltate Gelato di yogurt 0% fatto in casa

Giovedì	Venerdì	Sabato	Domenica
Proteine Verdure Frutta Pane	**Proteine Verdure Frutta Pane Formaggio**	**Proteine Verdure Frutta Pane Formaggio Amidacei**	**Giorno con pasto della festa**
50 g di pane integrale tostato Formaggio fresco 0-5% Composta di rabarbaro fatta in casa	50 g di pane integrale tostato Ricotta 5-6% 1 uovo alla coque	**Galletta di crusca d'avena** Formaggio fresco 0-5% alla cannella Composta di rabarbaro fatta in casa	**Galletta di crusca d'avena** ½ mango Ricotta 5-6%
Ravanelli croccanti al fior di sale Scaloppa di tacchino alla griglia e zucchine saltate Frullato: ¼ di melone + yogurt 0% + ghiaccio	Insalata pomodori e basilico **Carpaccio di manzo al parmigiano** Gelatina di latte con aroma mandorla amara	**Tartara di verdure al salmone affumicato** Spaghetti al ragù alla bolognese + 40 g di parmigiano Budino di latte scremato senza zucchero al cioccolato	Cocktail di gamberetti in salsa americana Tournedos d'anatra, polenta ai pomodori confit **Mousse di cioccolato allo zenzero e scorza d'arancia canditi**
Formaggio fresco 0-5% **Galletta di crusca d'avena**	Yogurt 0% alla vaniglia **Galletta di crusca d'avena**	Yogurt 0% al cocco	Formaggio fresco 0-5%
Zuppa ghiacciata di cetriolo e menta Insalatona americana: granchio, carote, ¼ di pompelmo, gamberetti, sedano Granita al caffè e cannella fatta in casa	Tzatziki Sardine grigliate sul barbecue o in forno Verdure al vapore con salsa aïoli Dukan **Mousse di fragole ultraleggera**	**Tartine «pissaladière»** **Gamberoni saltati allo zenzero caramellato** Finocchio arrosto Coppa di lamponi	Insalata di pomodori e peperoni **Tartine ai funghi, bresaola e gouda** Insalata di rucola Mousse casalinga al limone

Menu d'autunno

	Lunedì	Martedì	Mercoledì
	Proteine pure	Proteine Verdure	Proteine Verdure Frutta
Colazione	Formaggio fresco 0-5% Petto di tacchino **Galletta di crusca d'avena**	Ricotta 5-6% **Galletta di crusca d'avena** Composta di rabarbaro fatta in casa	Budino di latte scremato senza zucchero 1 arancia Muffin alla crusca d'avena
Pranzo	Gamberetti Petto di pollo al limone, citronella e zenzero Shirataki di konjac in salsa di formaggio fresco 0-5% e limone Yogurt 0% al cocco	Insalata di indivia Hamburger di manzo alle cipolle Fagiolini verdi Yogurt 0% ai frutti di bosco	Terrina di fegatini di pollo Scaloppa di tacchino alla griglia Zucchine al vapore o saltate Yogurt 0% al limone
Spuntino	Ricotta 5-6% alla cannella	Formaggio fresco 0-5%	Formaggio fresco 0-5%
Cena	Carpaccio di manzo alla vinaigrette balsamica **Spezzatino di vitello alla crema di tartufi** Mousse di formaggio fresco 0-5% alla vaniglia	Insalata di pomodori, peperoni e cipolle **Pizza Dukan alla napoletana** Budino di latte scremato senza zucchero con aroma a scelta	Vellutata ai funghi di bosco **Tortilla ai due pomodori** Isola galleggiante alla Dukan

Giovedì	Venerdì	Sabato	Domenica
Proteine Verdure Frutta Pane	**Proteine Verdure Frutta Pane Formaggio**	**Proteine Verdure Frutta Pane Formaggio Amidacei**	**Giorno con pasto della festa**
50 g di pane integrale o semintegrale tostato Formaggio fresco 0-5% Composta di rabarbaro fatta in casa	**Galletta di crusca d'avena** Ricotta 5-6% 1 uovo alla coque	50 g di pane integrale o semintegrale tostato Formaggio fresco 0-5% alla cannella Composta di rabarbaro fatta in casa	**Galletta di crusca d'avena** Ricotta 5-6% Composta di rabarbaro fatta in casa
Involtini di prosciutto cotto o di tacchino con formaggio spalmabile 0,2% **Insalata di montagna alla toma** + bresaola Yogurt 0% al miele	Carciofi al vapore con vinaigrette Maya **Tagliatelle di konjac alla carbonara** Cavolini di Bruxelles 40 g di camembert	Carote grattugiate Omelette funghi e patate Insalata mista Ricotta 5-6%	Antipasti misti alla marocchina Couscous marocchino carni e verdure Semifreddo al torroncino
Formaggio fresco 0-5%	Yogurt 0% al cocco	**Galletta di crusca d'avena**	Formaggio fresco 0-5%
Filetti di sgombro al vino bianco **Cozze alla marocchina** Carote aglio e cumino Budino alle spezie fatto in casa	**Tartine «pissaladière»** + insalata Indivia al prosciutto con besciamella Dukan **Crumble di mele, pere e lamponi**	**Zucchette potimarron al formaggio** Bollito di manzo con le verdure di cottura Macedonia di mandarini e arance con cannella e fiori d'arancio	**Vellutata di porcini** **Tartine ai funghi, bresaola e gouda** Mele al forno

Menu tra amiche

	Lunedì	Martedì	Mercoledì
	Proteine pure	Proteine Verdure	Proteine Verdure Frutta
Colazione	Formaggio fresco 0-5% Petto di tacchino **Galletta di crusca d'avena**	Formaggio fresco 0-5% **Galletta di crusca d'avena** Composta di rabarbaro fatta in casa	Budino di latte scremato senza zucchero Muffin alla crusca d'avena
Pranzo	Ricotta 5-6% alle erbe fini Piatto di mare: gamberetti, cozze, pesce marinato, capesante Yogurt 0% alla vaniglia	Zuppa fredda cetriolo e menta Insalata nizzarda: fagiolini, tonno, pomodori, acciughe, ravanelli, peperone rosso, uovo sodo, vinaigrette Maya Ricotta 5-6% con aroma fico Dukan	Gazpacho Insalatona americana: granchio, carote, pompelmo, gamberetti, sedano, vinaigrette Maya Yogurt 0% di grassi ai frutti di bosco
Spuntino	Formaggio fresco 0-5% alla cannella	Ricotta 5-6%	Formaggio spalmabile 0,2%
Cena	Soufflé al tonno Trancio di salmone al limone verde al cartoccio Isola galleggiante alla Dukan con crema inglese al tè verde matcha	Insalata di finocchio al limone Scaloppa di tonno in padella, salsa di formaggio fresco 0-5% al basilico e spinaci Budino di latte scremato senza zucchero e aroma a scelta	Salmone affumicato Spiedini di gamberoni Broccoli al vapore Budino alle uova ricetta Dukan

Giovedì	Venerdì	Sabato	Domenica
Proteine Verdure Frutta Pane	**Proteine Verdure Frutta Pane Formaggio**	**Proteine Verdure Frutta Pane Formaggio Amidacei**	**Giorno con pasto della festa**
50 g di pane integrale tostato Formaggio fresco 0-5% Composta di rabarbaro fatta in casa	50 g di pane integrale tostato Ricotta 5-6% 1 uovo alla coque	50 g di pane integrale tostato Formaggio fresco 0-5% alla cannella Composta di rabarbaro fatta in casa	50 g di pane integrale tostato Ricotta 5-6% Omelette di albumi
Frullato di verdure: carote, barbabietola, sedano Insalatona rosa: salmone, pompelmo rosa, ravanelli, spinaci, barbabietole, vinaigrette Maya Biscotti di crusca d'avena al cocco Dukan	Insalata coleslaw: carote, cavolo e cipolla grattugiati Hamburger Dukan: hamburger di manzo, pomodori, insalata, cetriolini, ketchup Dukan, 2 piccole gallette di crusca d'avena Milkshake al caffè: yogurt 0%, latte scremato, caffè o 1 cucchiaino di caffè solubile, ghiaccio	Mini spiedini di pollo marinato al limone **Duo di tartara di salmone alla quinoa rossa** Yogurt 0% al limone	Toast con foie gras e insalata ai pinoli Raclette completa: patate, formaggio da raclette, bresaola **Torta al cioccolato fondente alla giapponese**
Formaggio fresco 0-5%	Yogurt 0% al cocco	**Galletta di crusca d'avena**	**Galletta di crusca d'avena**
Insalata giapponese: cetriolo e alga nori Sashimi e radice nera grattugiata Gelatina all'agar agar e aroma cocco (o allo yogurt 0% al cocco) e litchi	Insalata di cuori di carciofo al limone **Gratin di spinaci al caprino** **Sorbetto alla menta su coulis di fragole**	Insalata di pomodori ciliegia e basilico **Carpaccio di manzo al parmigiano** + insalata di songino **Cheesecake alla vaniglia e coulis di lamponi**	Insalata raita con cetriolo, aglio e yogurt **Pollo tandoori e dal di lenticchie rosse** Lassi all'acqua di rose ½ mango

Menu per innamorati

	Lunedì	Martedì	Mercoledì
	Proteine pure	Proteine Verdure	Proteine Verdure Frutta
Colazione	Formaggio fresco 0-5% Petto di tacchino **Galletta di crusca d'avena**	Ricotta 5-6% **Galletta di crusca d'avena** Composta di rabarbaro fatta in casa	Budino di latte scremato senza zucchero Muffin alla crusca d'avena Omelette di albumi alle erbe fini
Pranzo	Omelette alle erbe fini e formaggio spalmabile 0,2% **Spezzatino di vitello alla crema di tartufi** Shirataki di konjac in salsa di formaggio fresco 0-5% e limone Ricotta 5-6% con aroma vaniglia	Insalata raita con cetriolo, aglio e yogurt **Pollo tandoori** Ratatouille «rossa»: pomodori, zucchine e peperoni rossi Yogurt 0% al cocco	Bresaola e cetriolini sottaceto Tagliata allo scalogno Indivia brasata Formaggio spalmabile 0,2%
Spuntino	Formaggio fresco 0-5% alla cannella	Ricotta 5-6%	Formaggio fresco 0-5%
Cena	Scampi Trancio di salmone e zenzero al cartoccio Granita di tè al gelsomino	Uova in cocotte ai gamberetti ricetta Dukan Tartara di orata con limone, zenzero e pepe rosa Cuori di carciofo, carote e sedano rapa cotti nel limone Crema d'agar agar con latte di soia e zenzero	Mousse di barbabietola al tonno Torta di granchio ricetta Dukan Insalata mista con pomodori e germogli di alfa-alfa Gratin di frutta ai mirtilli

Giovedì	Venerdì	Sabato	Domenica
Proteine Verdure Frutta Pane	**Proteine Verdure Frutta Pane Formaggio**	**Proteine Verdure Frutta Pane Formaggio Amidacei**	**Giorno con pasto della festa**
Galletta di crusca d'avena Formaggio fresco 0-5% Composta di rabarbaro fatta in casa	25 g di pane integrale o semintegrale tostato Ricotta 5-6% 1 uovo alla coque	Muffin alla crusca d'avena Formaggio fresco 0-5% alla cannella Spremuta di arancia e limone	50 g di pane integrale o semintegrale tostato Ricotta 5-6% Omelette di albumi
Salmone affumicato + 50 g di pane integrale o semintegrale tostato Filetto di merluzzo e verdure con salsa aïoli Dukan Macedonia di frutta	**Insalata indivia e parmigiano** Pollo arrosto Fagiolini verdi Frutti di bosco allo zabaglione Dukan	Insalata con caprino caldo **Tartina rosso-arancio ai due salmoni** Spinaci freschi saltati Budino di latte scremato senza zucchero e aroma cioccolato	**Degustazione di foie gras** Crauti allo champagne con salmone e scampi **Mousse di cioccolato allo zenzero e scorza d'arancia canditi**
Yogurt 0% ai frutti di bosco	Formaggio fresco 0-5% Muffin alla crusca d'avena	Yogurt 0% alla vaniglia	**Galletta di crusca d'avena**
Vellutata di zucchine Polpettine di manzo alla menta e millefoglie di melanzane al forno Budino alle spezie	10-12 ostriche + 25 g di pane integrale o di segale Zuppa di cozze allo zafferano (cozze, carote, rape, cavolo, porri...) Fondente al cioccolato Dukan	Gazpacho **Risotto ai fegatini di pollo** Pomodori alla provenzale Clafoutis di rabarbaro Dukan	**Carpaccio di salmone con caprino** Capesante alla provenzale e ratatouille «rossa» con pomodori, zucchine e peperoni rossi Bavarese pralinata Dukan e carpaccio di pere

Se avete seguito il mio programma per il numero di settimane necessarie e siete giunti a questo punto conseguendo il Giusto Peso, congratulazioni!

Sappiate però che, per quanto riguarda il futuro, vi trovate sulla soglia di un punto decisivo che vi permetterà di mantenere il vostro peso nel lungo termine.

- La metà dei lettori si ferma qui, perché si considera guarita, dimenticando che ci sono altre due fasi che garantiscono il mantenimento del peso nel tempo. Tutte queste persone impazienti, nessuno escluso, riacquistano i chili persi, oppure iniziano a procedere in maniera caotica e prima o poi arrivano al fallimento. Pensateci!

- L'altra metà non si ferma e mi segue nella terza fase, quella di consolidamento. All'incirca l'85% arriva al traguardo e ottiene un peso consolidato. È già molto, ma non è ancora sufficiente! Soltanto quelli che seguono la quarta e ultima fase di stabilizzazione definitiva, introducendola nel proprio quotidiano, raggiungono l'unico obiettivo valido: guarire dal sovrappeso.

Spero di cuore che anche voi decidiate di proseguire lungo il cammino che avete intrapreso e raggiungere insieme la meta della nostra impresa comune.

È questo il mio desiderio più profondo: vedervi arrivare al traguardo trionfanti!

La fase di consolidamento

Eccoci giunti alla gestione del Giusto Peso che avete appena conquistato e che vi spetta di diritto. Seguitemi, vi prometto che se porterete a termine anche questa fase di consolidamento (breve e sorprendentemente facile) e poi quella di stabilizzazione definitiva, NON INGRASSERETE MAI PIÙ!

SE faccio una promessa del genere con tale sicurezza è perché dispongo dei dati riguardanti persone che ormai seguo da una quindicina d'anni, e che non hanno più avuto problemi di sovrappeso. Le persone giunte al traguardo desiderato si contano a decine di migliaia. Quando chiedo loro che cosa provino, queste donne e questi uomini dimostrano una soddisfazione autentica, profonda, perché la loro vita è cambiata davvero.

Qualcuno si starà chiedendo perché voglia far dimagrire i miei lettori, e soprattutto perché ci metta tanta passione. Il motivo è semplice: è ciò che mi riesce meglio, e ormai è questa la mia vita, la mia ragion d'essere. Se anche voi sarete tra quelle persone in sovrappeso che si sono dimostrate all'altezza del problema e l'hanno risolto, vorrà dire che avrò raggiunto il mio obiettivo di medico.

Tanti uomini e donne, pur avendo seguito una dieta, ingrassano di nuovo perché non viene proposto loro nessuno strumento valido, strutturato, concreto e semplice per conservare il frutto delle loro fatiche. Ed è un peccato! È per questo che, già nel lontano 1985, ho cominciato a sperimentare ogni modo possibile per contrastare la tendenza naturale a recuperare i chili persi. Come ho già spiegato, il corpo tende ad accumulare le sue riserve perché è stato programmato a tale scopo. Il grasso, sia animale sia vegetale, è intimamente legato alla sopravvivenza, e tanto i geni quanto il metabolismo umano ignorano le pericolose conseguenze dell'attuale abbondanza di cibo.

Nel mio metodo originale, il primo fronte, due delle quattro fasi sono consacrate al consolidamento e alla stabilizzazione. Chiunque abbia provato altre diete dimagranti avrà constatato che dopo essere dimagrito non gli restano che consigli semplicistici, un generico appello al buonsenso e alla moderazione. Si tratta dello stesso messaggio di alcune pubblicità televisive, con cui ci viene ricordato di mangiare con moderazione e di fare attività fisica (e intanto ci vengono pubblicizzate tavolette di cioccolato ripiene o hamburger supercalorici).

Nella stragrande maggioranza dei casi, i pazienti che seguono il mio metodo, dimagriscono e poi ingrassano di nuovo trascurano semplicemente le fasi di consolidamento e di stabilizzazione.

La ricerca *Obésité*, la più ampia che sia mai stata dedicata al mio metodo e per la quale sono state osservate 4.500 donne, ha dimostrato che quelle che sono dimagrite e poi hanno recuperato i chili persi non hanno seguito le ultime due fasi cruciali. In un terzo dei casi queste donne si dichiarano pronte a ripetere la dieta, ma questa volta fino in fondo!

La fase di consolidamento, che vi invito caldamente a seguire, è una sorta di camera di compensazione, assolutamente necessaria per mantenere qualsiasi peso abbiate raggiunto. In questo senso tra i due fronti, le maniere forti e le maniere dolci, non c'è alcuna differenza. Inoltre, propongo questa fase a chiunque abbia seguito una qualsiasi dieta, non solo la mia, perché nessuna di quelle attuali propone una fase di equilibrio tra dieta e «non-dieta».

Ormai ci sono un'infinità di diete dimagranti, dalle più complicate alle più estreme, se non addirittura pericolose. Tuttavia, quando si cercano strumenti concreti per mantenere il peso faticosamente conquistato, ci si ritrova davanti al vuoto assoluto.

So quanto sia difficile dimagrire in un mondo che ci spinge a ingerire qualsiasi cosa, ma so anche quanta gioia si prova a perdere peso. E conosco altrettanto bene la sofferenza che si prova quando si ingrassa di nuovo! Per questo continuo a fare del mio meglio affinché i nutrizionisti capiscano che ingrassare dopo una dieta non è un'inevitabile conseguenza del dimagrimento. Infatti, è sufficiente dedicare l'attenzione necessaria alla conservazione dei risultati ottenuti.

Lavoro sul periodo del dopo dimagrimento da una quindicina d'anni. Mi sono cioè concentrato sulla fase successiva a una perdita di peso considerevole, ovvero quella che riguarda il resto della vostra vita.

L'elaborazione delle due fasi di consolidamento e stabilizzazione ha richiesto molto tempo e fatica. Infatti, è molto più semplice prescrivere regole specifiche per un periodo determinato allo scopo di dimagrire che definire il modo di mantenere il Giusto Peso nel lungo termine. Si è trattato di una bella sfida, e dovevo assolutamente vincerla, sia per me sia per voi. Pensare al dopo è un lavoro molto più tecnico e raffinato, che richiede una notevole esperienza, uno specifico savoir-faire e una comprensione profonda della particolare psicologia delle persone in sovrappeso.

Se non volete ingrassare di nuovo, dovete superare l'ostacolo che chiamo **«fenomeno di rimbalzo»**. È qualcosa di naturale, volto a proteggere le riserve energetiche vitali di un organismo, e quindi a ricostituirle appena si esauriscono. È un processo che si innesca nel momento stesso in cui cominciate a dedicarvi a un metodo dimagrante, e che si rinforza per tutta la sua durata, tentando invano di opporre resistenza. Conclusa la dieta, tuttavia, il rimbalzo sopraggiunge per recuperare il più rapidamente possibile i chili persi.

Tutti questi processi fisiologici naturali un tempo servivano a proteggere l'uomo nei periodi di carestia o di penuria di cibo, ma oggi non fanno che impedirvi di dimagrire; e se per caso ci riuscite, collaborano attivamente al recupero del peso. In altre parole, il corpo umano si oppone in ogni modo alla perdita di peso, e per di più in un contesto sociale e alimentare che favorisce il sovrappeso.

Se volete dimagrire e non ingrassare mai più dovete sapere che cosa succede durante la dieta e immediatamente dopo. Infatti, il vero problema del sovrappeso è il suo ritorno!

Il fenomeno del rimbalzo corrisponde a quello che i media chiamano «effetto yo-yo»? No, perché tale effetto in realtà non esiste. Con questa definizione si vuole lasciar intendere che il peso, una volta giunto al minimo, dovrà necessariamente tornare al punto di partenza e magari superarlo, proprio come fa lo yo-yo. È un'ipotesi errata, inventata per scoraggiare chiunque voglia dimagrire.

Molti studi hanno dimostrato che, una volta dimagrito, il corpo torna al metabolismo precedente. Ingrassare di nuovo, e pesare persino più di prima, è sicuramente possibile, ma non per presunti motivi fisiologici, bensì per ragioni psicologiche, ovvero in un contesto di stress o insoddisfazione latente. Il che significa che gli stessi soggetti, con o senza dieta, sarebbero comunque ingrassati un'altra volta.

Per contro è vero che, indipendentemente dalla dieta o da qualsiasi altra causa provochi una perdita di peso, la tendenza a recuperare i chili smaltiti è sistematica, nonché del tutto normale. Ho parlato di una *tendenza*, non della *certezza* di riprendere i chili faticosamente persi. Infatti, secondo le mie statistiche, la metà dei miei lettori riesce a mantenere il peso ottenuto dopo avere concluso la dieta basandosi unicamente sulle istruzioni contenute nelle pagine di un mio libro. Dopo cinque anni dalla dieta, il 25% mantiene ancora il Giusto Peso. Se poi si affida al coaching via Internet, quotidiano e interattivo, la percentuale di quelli che riescono a mantenere il Giusto Peso dopo un anno sale al 70% circa, mentre a cinque anni di distanza è addirittura del 35%.

Controllare il rimbalzo

Avete appena raggiunto il vostro Giusto Peso. Durante la fase precedente, quella di dimagrimento, il vostro corpo ha reagito cercando di opporsi. È un fenomeno che probabilmente avete constatato il venerdì di ogni ciclo settimanale. Del resto, i primi quattro giorni della settimana hanno sistematicamente obbligato il vostro corpo a smaltire un po' di peso superfluo.

Oggi cambiamo marcia, ci apprestiamo ad ampliare insieme la vostra alimentazione. Le reazioni automatiche del corpo, fin qui attive ma infruttuose, sono pronte a unire le loro forze per riprendere i chili persi. È importante che ne siate consapevoli, così da contrastarle a vostra volta.

Nel mondo animale e vegetale l'accumulo di calorie sotto forma di grassi è una delle funzioni fondamentali della sopravvivenza. L'olio delle olive o il grasso di una lepre svolgono lo stesso ruolo, cioè consentono la sopravvivenza rispettivamente della pianta e dell'animale. Con gli umani accade la stessa cosa: chiunque mangi più di quanto il corpo spende mette da parte riserve di grasso, cioè qualcosa che è stato «inventato» dalla natura e dall'evoluzione. Infatti è questo il materiale e il nutrimento biologico capace di concentrare il maggiore quantitativo di energia in un volume ridotto (1 grammo di grasso = 9 calorie).

Per un essere umano, un chilo di grasso garantisce una settimana di sopravvivenza. Per i nostri antenati, che vivevano in ambienti ostili e avevano un'alimentazione pesantemente determinata dalle stagioni e dalle migrazioni delle prede, tale meccanismo di accumulo era molto utile e conservativo. Inoltre, nei centonovantamila anni di vita primitiva, e poi nel seguito della storia umana, così scandita da carestie ricorrenti, l'evoluzione ha continuato a selezionare gli organismi con il metabolismo più «economico».

Se volete comprendere fino in fondo le problematiche del sovrappeso, dovete sapere una cosa semplice ma essenziale: ancora oggi il vostro corpo, per com'è stato concepito, sarebbe in grado di sopravvivere in un ambiente in cui il sostentamento fosse scarso e per procurarselo fosse necessaria un'attività fisica di gran lunga più intensa delle vostre attuali fatiche quotidiane. Questo significa che il fisico, il metabolismo, gli istinti e i comportamenti dell'uomo del paleolitico sono rimasti tali e quali. Benché da oltre una sessantina d'anni viviamo in un mondo profondamente trasformato, siamo sempre gli stessi di una volta!

Quelli che fino a un certo punto erano i nostri punti di forza – per esempio, l'accumulo di grassi –, oggi sono strumenti del tutto inutili, anzi ci si ritorcono contro. È qualcosa da tenere bene a mente se, dopo essere dimagriti, non volete ingrassare di nuovo.

In quali modi il vostro corpo cerca di opporsi alla perdita di peso e tenta di recuperare subito i chili persi? Ne ho individuati tre:

- Il primo consiste nello scatenare la sensazione della fame, stimolandola al massimo così da suscitare appetito per il cibo. Tale reazione è direttamente proporzionale alla durata e alla rigidità della dieta seguita.
- Il secondo strumento utilizzato dall'organismo consiste nel ridurre i consumi. Quando abbiamo meno soldi, istintivamente spendiamo di meno, e lo stesso vale per il corpo. Ecco perché durante le diete dimagranti molti si sentono più freddolosi che mai: il corpo ha semplicemente tagliato sul riscaldamento! Idem per la sensazione di fatica, volta a ridurre gli sforzi inutili, quindi qualsiasi attività diventa penosa. È per questo motivo che, soprattutto nei primi tre giorni della settimana, vi ho chiesto di limitarvi a camminare, perché è l'unica attività che non stanca e che non stimola l'appetito.
- Infine, la terza reazione dell'organismo, la più fastidiosa per chi cerca di dimagrire e di stabilizzare il peso ottenuto, consiste nel trarre il massimo profitto dagli alimenti consumati. Così, un individuo che normalmente ricaverebbe un centinaio di calorie da una semplice merendina, a fine dieta ne assimilerà 120-130.

A quest'ultimo scopo ogni alimento viene letteralmente passato al setaccio dal vostro corpo, in modo che possa prendere tutto ciò che contiene. La massima performance nell'estrazione delle calorie si ha nell'intestino tenue, ovvero l'interfaccia tra l'ambiente esterno e il sangue.

È qui infatti che traiamo vantaggio dalla crusca d'avena, che non solo rallenta l'assimilazione delle calorie, ma ne trascina con sé una parte nell'evacuazione. Ora avete capito perché dovete assumerla ogni giorno?

Aumento dell'appetito + riduzione del consumo calorico + massima estrazione delle calorie sono i meccanismi naturali che vi rendono un'autentica spugna calorica!

In generale, è in un momento così difficile che molte persone, soddisfatte dei risultati ottenuti, pensano di poter mollare la presa. Si lasciano andare e tornano alle vecchie abitudini alimentari, ma così facendo recuperano rapidamente i chili persi, e in un modo tanto naturale quanto frequente.

Il rischio di ingrassare di nuovo, quindi, è maggiore nel periodo immediatamente successivo a una dieta ben condotta, cioè appena ottenuto l'obiettivo prefissato. E se parlo di «rimbalzo» è proprio perché, come accade a un pallone che tocca terra, il peso tende naturalmente a rimbalzare. È in questo periodo di grande vulnerabilità che TUTTE le altre diete attualmente praticate cessano di prodigare consegne autentiche, rinunciando a regole, strutture e direttive, limitandosi semplicemente a fare appello al vostro buonsenso. In questo modo, però, lasciano campo libero al corpo e al rigido determinismo dei suoi automatismi.

Se avere ritrovato il vostro corpo, la vostra immagine, la salute e la bellezza vi ha reso felici, e se la vostra vita è cambiata e ora ne siete finalmente soddisfatti, sappiate che tutto questo potrà sciogliersi come neve al sole. Volete evitare di perdere tutto? Allora seguite le fasi di consolidamento e di stabilizzazione!

Quanto dura la reazione del rimbalzo?

Quando ho deciso di dedicarmi al dopo dimagrimento ho cominciato a cercare studi e lavori precedenti, così da poter imparare qualcosa sul fenomeno del rimbalzo, responsabile di un gran numero di insuccessi. Purtroppo, però, non ho scoperto niente di preciso né di rilevante, se non che il rimbalzo si estingue progressivamente, lasciando spazio alle condizioni metaboliche iniziali. Come per il fumatore accanito, la sigaretta smette di essere un problema, ma solo lentamente, quindi la vulnerabilità persiste. È dunque importante conoscere la durata del rimbalzo, così da far fronte a quegli istanti, chiaramente circoscritti, attraverso una strategia e risorse alimentari adatte allo scopo.

Ho quindi deciso di calcolare tale durata seguendo da vicino le variazioni di peso di molti miei pazienti che avevano appena concluso la fase di dimagrimento, in modo da individuare con la massima precisione la fase di vulnerabilità e quindi di rimbalzo.

Tali osservazioni mi hanno permesso di concludere che la **durata della vulnerabilità è legata alla quantità di chili persi, e corrisponde all'incirca a 10 giorni per ogni chilo smaltito**, quindi a 30 giorni per 3 chili, e 100 giorni per 10 chili.

Tutto questo si riassume in due notizie, una buona e una cattiva:

- La cattiva notizia è che dopo essere dimagriti vi sentirete in preda a una tendenza *naturale* a recuperare i chili persi. Se lo sapete potrete difendervi, e io sarò al vostro fianco.
- La bella notizia, invece, è che si tratta di un periodo circoscritto, la cui durata verrà stabilita con precisione.

A dieta conclusa, quindi, vi ritroverete con tutti gli elementi necessari per combattere il fenomeno del rimbalzo, sapendo inoltre quanto dura. Questo dovrebbe indurvi ad accettare senza troppe difficoltà di compiere un ulteriore sforzo, indispensabile per neutralizzare tale effetto sgradito.

Il semplice scorrere del tempo, vissuto senza eccessiva rilassatezza, consentirà al vostro organismo reattivo, conservatore e sempre in allerta di tranquillizzarsi a dovere. Infine rinuncerà all'idea di voler recuperare i chili persi, e in fondo a questo breve ma faticoso tunnel vi attende un'oasi di tranquillità, ve lo prometto!

Successivamente, la mia ultima fase, quella di stabilizzazione definitiva, fatta di tre misure semplici, concrete e indolori (tra cui il giovedì di proteine pure), vi seguirà per il resto della vostra vita.

Per attraversare questo periodo rischioso ma limitato, nonché immancabilmente costellato di fallimenti, ho ideato consegne piuttosto semplici, precise e stimolanti, volte a tenervi alla larga dalla minaccia del rimbalzo. Questa nuova fase non rappresenta di per sé una dieta, bensì un binario da seguire per salvaguardare i risultati raggiunti attraverso un'alimentazione sufficientemente aperta da non farvi dimagrire ulteriormente, ma nemmeno ingrassare di nuovo!

Il ruolo principale del Giusto Peso

Come dice un proverbio persiano: «Non c'è vento favorevole per chi non sa dove andare». Lo stesso vale per chi intende dimagrire, e meglio ancora stabilizzare il Giusto Peso: deve assolutamente sapere verso quale peso dirigersi.

Dove bisogna arrivare? In molti Paesi occidentali, e ormai da parecchio tempo, la donna è vittima di una pressione culturale secondo cui il corpo magro, e a volte portato fino agli estremi della magrezza, è simbolo di fascino e bellezza. E tale pressione culturale ha finito per contagiare anche gli uomini. In ogni caso, occorre fissare obiettivi di dimagrimento ragionevoli, perché ho assistito a fin troppi insuccessi la cui causa principale era un traguardo assolutamente irraggiungibile.

Affinché un progetto dimagrante riesca e perduri nei risultati, è importante che il peso-obiettivo sia nel contempo «raggiungibile» e «conservabile». Sono molti gli esiti positivi a cui è possibile arrivare, ma alcuni di questi non si possono affatto mantenere, perché non si tratta del Giusto Peso, bensì di qualcos'altro.

Se qualcuno di voi ha già provato a dimagrire, saprà che ci sono fasce di peso raggiungibili con relativa facilità e altre meno, e poi altre ancora più estreme oltre le quali, indipendentemente dalla dieta seguita, il peso non scende più. È in queste ultime fasce che di solito si sperimenta la faticosa esperienza della «stagnazione»: malgrado la dieta sia stata seguita a dovere, l'ago della bilancia non si muove più.

In questi casi tentare di stabilizzare il peso raggiunto non ha senso, poiché lo sforzo necessario per ottenerlo, già sproporzionato di per sé, dovrebbe trasformarsi in qualcosa di eroicamente estremo soltanto per mantenerlo, e questo non è tollerabile nel lungo termine.

Quindi è del tutto inutile fissare come obiettivo un peso di stabilizzazione inadeguato alla propria natura. Dopotutto, dovete poter vivere normalmente, accettando un peso con cui vi sentite a vostro agio.

Infine, occorre tenere conto del massimo e del minimo raggiunti nella vita, perché il peso massimo mai sfiorato, indipendentemente dalla sua lontananza nel tempo e dalla sua durata, è sicuramente inscritto nella memoria dell'organismo. Il nostro corpo lo ricorda perfettamente. Per esempio, immaginate una donna di 1 metro e 60 che nel corso della sua vita sia arrivata a pesare 100 chili: è assolutamente impossibile che questa stessa donna possa stabilizzarsi a 52 chili, benché a livello teorico alcuni diagrammi possano anche suggerirglielo. È semplicemente irrealistico!

Invece, proporre alla stessa donna di arrivare a un peso forma di 70 chili e conservarlo mi sembra molto più verosimile, almeno sulla carta, e a condizione che questo possa farla sentire a suo agio.

Occorre poi sbarazzarsi di un altro cliché assolutamente falso. La maggior parte dei soggetti in sovrappeso immagina di potersi stabilizzare meglio su un certo peso dimagrendo un po' più di quanto prestabilito, e cioè conservando un margine di sicurezza di un paio di chili, che idealmente consentirebbe loro di agire prima che sia troppo tardi. Tanto per fare un esempio, arrivare a 65 chili con l'idea di stabilizzarsi a 70 è un errore, perché farà semplicemente sprecare tanta buona volontà, di cui non si potrà più disporre nel momento in cui bisognerà stabilizzare davvero il proprio peso.

Soprattutto, non dimenticate che il corpo reagisce in maniera proporzionale al peso raggiunto: più dimagrisce, più si sforza di «rimbalzare» e tornare a quella che considera una condizione di sicurezza. Tenetelo sempre a mente!

Quindi, per riuscire a guarire dal sovrappeso, una prova che di per sé è già abbastanza difficile, dovete proporvi un obiettivo che sia nel contempo perseguibile *e* stabilizzabile. Con questo intendo un peso finale che sia abbastanza elevato da risultare accessibile senza farvi perdere per strada, e sufficientemente basso perché garantisca gratificazione e benessere, in modo che siate decisi a conservarlo e a proteggerlo. In altre parole, ciò che fin dall'inizio ho chiamato «Giusto Peso»!

Come stabilire e calcolare il Giusto Peso? Tanto per cominciare, come molti di voi sapranno, c'è un metodo di calcolo del peso ideale utilizzato un po' ovunque nel mondo e il cui acronimo è IMC (indice di massa corporea). L'utilità di tale strumento è riconosciuta da tutti i professionisti del settore sanitario, e in effetti consente di individuare le popolazioni a rischio.

L'IMC è peraltro molto meno calzante quando si tratta di determinare il peso ideale di un singolo individuo, poiché si basa soltanto su due parametri: peso e altezza. Presto, però, ho constatato che, nel rapporto con i miei pazienti, l'IMC non risultava sufficiente. Per esempio, non teneva conto del sesso (importantissimo in materia di peso) né dell'età, della storia e delle fluttuazioni del peso del paziente, e nemmeno delle eventuali gravidanze e del tipo di ossatura.

Tuttavia continuavo a servirmene, come la maggior parte dei medici, anche perché non disponevo di meglio, ma spesso dovevo fare i conti con lo smarrimento dei miei pazienti, che molte volte non si ritrovavano affatto con gli obiettivi proposti. Poi mi sono abituato a determinare una sorta di peso ideale basandomi su quanto sapevo di ogni paziente, perché ogni persona è un caso a sé.

Ricordo molto bene una delle mie pazienti che voleva raggiungere un peso a mio parere troppo basso, tenuto conto delle sue caratteristiche. Quindi ho cercato di farla ragionare, spiegandole che in quel modo avrebbe perso parte della sua femminilità, e mi sono sentito rispondere: «Ma certo, anche lei, come tutti i maschi mediterranei, preferisce le donne bene in carne!»

Era solo una battuta, certo, ma per evitare che le mie valutazioni fossero influenzate da un qualunque pregiudizio culturale, ho sviluppato uno strumento per il calcolo del Giusto Peso che tiene conto di tutti i parametri utili, attribuendo a ciascuno un'importanza proporzionale.

Per fare questo ho lavorato con un informatico, in modo che la complessità dei calcoli fosse sostenuta da un algoritmo sufficientemente sofisticato, e quindi capace di integrare tutti i parametri possibili. D'altro canto, volevo anche creare uno strumento semplice e accessibile a chiunque nel giro di pochi secondi.

Il Giusto Peso è un valore che per definizione è strettamente personale. Per risultare pertinente ed efficace deve tenere conto di tutti gli elementi che giustificano il vostro peso attuale, e che determinano – lo ribadisco, in modo strettamente personale –, il peso strategico, quello che potrete più facilmente raggiungere e mantenere.

Ecco l'elenco degli elementi del Giusto Peso:

1 **Il vostro peso attuale**, quello misurato nel momento stesso in cui si effettua il calcolo.

2 **L'altezza**, espressa in centimetri.

3 **Il sesso**. A parità di altezza, un uomo pesa più di una donna. È una questione di massa muscolare e di cultura della magrezza!

4 **L'età**. È stato statisticamente appurato che, a partire dai diciott'anni, in dieci anni il peso ideale aumenta di 800 grammi nella donna e di 1 chilo e 200 grammi nell'uomo. Ne consegue che se una ragazza di diciott'anni anni pesa 52 chili dovrà accettare di pesare 52 chili e 800 grammi quando avrà ventotto anni, 53 chili e 600 grammi a trentotto e così via.

5 **Il peso massimo** mai raggiunto nella vita (per le donne non vanno considerate le gravidanze).

6 **Il peso minimo**, a eccezione di qualsiasi condizione patologica. Sono solito definire la differenza tra i due pesi appena descritti, e memorizzati biologicamente del corpo, con il termine «apertura ponderale»: a una differenza maggiore corrisponde un Giusto Peso più elevato. Per esempio, una donna che pesava 58 chili e poi è arrivata a 100 chili non può pensare di poter tornare ai 58 chili di una volta.

7 **Il peso mantenuto più a lungo nel corso della vostra vita**. Si tratta di un peso di riferimento ideale, quello con cui il vostro corpo si è sentito abbastanza a suo agio, ragione per cui è meglio tenerne conto.

8 **L'ereditarietà**. Se uno dei vostri genitori, padre o madre, è in sovrappeso o ne ha sofferto, questo comporta un aumento del vostro Giusto Peso, poiché i fattori ereditari hanno una grande importanza in certi casi specifici, e conseguenze minori se si tratta semplicemente di una tendenza.

9 **Il numero di diete finora seguite**. Se in passato avete già provato a dimagrire, è opportuno che il Giusto Peso ne tenga conto. Tra l'altro, non tutte le diete influiscono sul corpo nello stesso modo. Quelle che ci allontanano dall'alimentazione naturale umana condizionano maggiormente la memoria del corpo (per esempio, le diete in cui i pasti vengono sostituiti da preparati in polvere: l'essere umano non è fatto per nutrirsi di polveri). Questa strategia può funzionare per un po', ma un'alimentazione artificiale produce frustrazione, generando una futura resistenza a qualsiasi altro metodo dimagrante, per quanto naturale possa essere. Dal canto suo il digiuno, ovvero limitarsi a ingurgitare acqua, rappresenta per la massa muscolare un'autentica catastrofe, perché il corpo si trova costretto a prelevare le proteine necessarie dai muscoli. Tuttavia, il digiuno è molto più naturale di un'alimentazione «in polvere»: infatti, tra i nostri antenati accadeva spesso che un cacciatore rimasto senza prede fosse costretto a digiunare, almeno per qualche tempo.

10 **L'ossatura**. Un'ossatura pesante interviene nel calcolo del Giusto Peso. È il vostro caso? Potete accertarlo facilmente: afferrate il polso sinistro con il pollice e l'indice destro. Se le estremità delle due dita si toccano, avete un'ossatura normale di cui non tenere conto nel calcolo del Giusto Peso. Se invece non si avvicinano neppure, avete un'ossatura pesante; se infine si sovrappongono, la vostra ossatura è leggera. Questi ultimi due casi vanno valutati nel calcolo del Giusto Peso.

11 **Le gravidanze**. Le donne devono aggiungere un chilogrammo al Giusto Peso per ogni gravidanza portata a termine, tenendo conto del numero totale di gravidanze e dell'età attuale.

Come vedete, il calcolo del Giusto Peso considera diversi parametri, tutti indispensabili per determinare il vostro percorso dimagrante. Sul mio sito, **www.dietadukan.it**, potete rispondere a queste domande e ottenere subito gratuitamente il vostro Giusto Peso. Potrete sapere quanto ne siete lontani o vicini, e una volta muniti di arco e freccia avrete ottime possibilità di fare centro!

La fase di consolidamento in pratica

Per tutti voi che avete appena terminato la Scala Nutrizionale, c'è subito un'ottima notizia: senza saperlo, state già lavorando sulla fase di consolidamento!

Questa è una delle differenze fondamentali rispetto al primo fronte. Come ricorderete, il metodo originale si suddivide in quattro fasi, e il dimagrimento avviene grazie ai soli alimenti proteici durante la fase d'attacco, poi nutrendosi di proteine e verdure durante la fase di crociera e avanti così fino al raggiungimento del peso prefissato.

Nel secondo fronte, invece, le due grandi fasi del metodo originale ricorrono soltanto il lunedì (giornata di proteine) e il martedì (proteine + verdure). Dal mercoledì in poi, giorno dopo giorno, si consumano gli alimenti che caratterizzavano la fase di consolidamento del primo fronte. Inoltre, poiché non li assumete tutti insieme, continuate a dimagrire fino al giovedì sera; il venerdì vi mantenete in equilibrio e il sabato e la domenica lasciate che il corpo riprenda a respirare liberamente.

Adesso, poiché state per entrare nella fase di consolidamento vera e propria, le cose andranno un po' diversamente. Tanto per cominciare, il ruolo principale di questa fase consiste nel proteggersi dal pericolo più immediato, ovvero quello del rimbalzo spontaneo. È un rischio che sussiste finché le reazioni fisiologiche dell'organismo non si sono calmate, proprio come una costruzione non è sicura finché il cemento non ha fatto presa, asciugando alla perfezione.

Tali reazioni di difesa, lo ripeto, sono proporzionali al numero di chili persi, e si prolungano nella stessa misura in cui l'allarme fame è stato percepito e vissuto.

Come ho spiegato, la durata della fase di consolidamento è di 10 giorni per ogni chilo perso, quindi il calcolo è presto fatto. Una volta definita la durata del consolidamento, il numero di giorni va diviso in due parti uguali, così da consentire due diverse e consecutive modalità di svolgimento.

Per esempio, se avete perso 10 chili, il consolidamento durerà 100 giorni, suddivisi di due periodi da 50 giorni ciascuno.

1 Prima parte del consolidamento

In questa fase ritroverete tutti gli alimenti della Scala Nutrizionale, ma non più in progressione settimanale, bensì riuniti secondo le modalità che seguono. Ve li ricordo, in modo che possiate collocarli correttamente nelle due tappe del consolidamento.

• Gli alimenti ricchi di proteine

Sono quelli che caratterizzano il primo gradino della Scala Nutrizionale, che corrisponde al lunedì:

- carni magre, ovvero i tagli meno grassi di manzo, vitello, cavallo;

- frattaglie e selvaggina;
- tutti i pesci, senza eccezioni;
- tutti i frutti di mare, senza eccezioni;
- il pollame, da consumare senza pelle (esclusi anatra e oca, volatili a becco piatto);
- le uova;
- le proteine vegetali (tofu, seitan e tempeh);
- i prosciutti sgrassati di pollo e tacchino, la bresaola e le carni secche;
- i latticini magri (yogurt 0%, formaggio fresco 0-5%, formaggio spalmabile 0,2% eccetera).

• **Verdure, cotte e crude**

In sostanza, si tratta degli alimenti che introducete il martedì, appena salite sul secondo gradino della Scala Nutrizionale. Come avete visto, la scelta è immensa.

Durante il periodo di dimagrimento vi ho chiesto di consumare liberamente le verdure, ma senza esagerare. Era infatti prioritario, tenuto conto dell'apertura alimentare garantita dai sette diversi gradini, non impantanarsi nella situazione sgradevole della stagnazione. In fase di consolidamento le cose cambiano, perché dovrete semplicemente preoccuparvi di non ingrassare di nuovo.

> Per le verdure la consegna non è più «tutto ciò che volete», ma «tutto ciò che potete».

A questo punto, e per il resto della vostra vita, tra i diversi elementi si accenderà una vera e propria competizione per conquistarsi un posto nel vostro stomaco, organo deputato alla digestione e alla sensazione di sazietà. Come ho detto, indipendentemente dal sovrappeso del passato, lo stomaco ha i suoi limiti fisici. Forse qualcuno ha lasciato intendere che lo stomaco si dilata in virtù del sovrappeso e dell'obesità, ma non è affatto così: è il *cervello* che chiede sempre di più, non lo stomaco, che si adatta al volume di cibo ingerito. È importante, e dovete assolutamente capirlo. Peraltro, in certe situazioni la dilatazione dello stomaco provoca una vera e propria sofferenza fisica, a cui però il cervello finisce per abituarsi. Quando poi il contenuto gastrico attraversa il duodeno e giunge all'intestino tenue, lo stomaco torna alla sua capacità originaria. Questo conferma quanto detto sui limiti fisici dello stomaco, che potranno anche variare in base all'altezza e all'eredità genetica della persona, ma che solo raramente andranno oltre i 2 litri di capacità.

La capacità dello stomaco ha un'enorme importanza strategica, perché nel riempimento della cavità gastrica vige la legge del «primo arrivato, primo servito». La consegna appena riportata, «**tutto ciò che potete**», implica che qualsiasi boccone di verdure ingeriate andrà a sostituire *de facto* ogni eventuale altro alimento. A parte l'acqua e il konjac, non ci sono alimenti completamente privi di calorie; inoltre, a parità di calorie (pochissime) solo le verdure apportano così tante vitamine, sali minerali e antiossidanti. Vale quindi la pena di fare il pieno di ortaggi, perché hanno lo stesso effetto del palloncino che certi chirurghi bariatrici cuciono nello stomaco degli obesi in modo che non possano più mangiare a dismisura. Per quanto mi riguarda, però, preferisco di gran lunga le verdure!

Bisogna inoltre ricordare che alcune verdure apportano più glucidi di altre, per esempio le carote e le barbabietole. Meglio limitarne il consumo, soprattutto se c'è una predisposizione famigliare o personale al diabete.

• Un frutto al giorno

Sul terzo gradino della Scala Nutrizionale, quello del mercoledì, troviamo la frutta. Ma attenzione: i glucidi della frutta sono zuccheri rapidi, che se assunti in eccesso possono innescare l'accumulo di grassi. Ricordate il ruolo dell'insulina a tale proposito? Andatevi a rileggere quello che vi ho raccontato sul tipo e sul ruolo della frutta nell'alimentazione dei nostri antenati cacciatori-raccoglitori (*vedi* p. 120).

Solo migliaia di anni più tardi, con la comparsa e lo sviluppo dell'agricoltura, l'essere umano ha cominciato a selezionare e a migliorare la frutta, privilegiando quella più gustosa e ricca di zuccheri a scapito di quella più fibrosa. Oggi la frutta che trovate sugli scaffali dei supermercati è importata da ogni angolo del mondo. Raccomando quindi particolare accortezza, non solo circa il consumo della frutta, ma soprattutto dei succhi di frutta, che sono da evitare.

Nella seconda parte della fase di consolidamento potrete aggiungere un secondo frutto al giorno. Superare tale dose non avrebbe alcun valore nutrizionale. Le normali esigenze di vitamine e antiossidanti sono già soddisfatte dalle verdure, e ogni frutto in più significherebbe soltanto più zucchero da smaltire. Se sentite il bisogno di fare una scorpacciata di antiossidanti, non dimenticate che le verdure sono «frutta senza zucchero», e insieme alle proteine sono i nostri migliori alleati nella tutela del Giusto Peso.

• **Due fette di pane integrale o semintegrale**

Sono le due fette di pane che normalmente sono concesse il giovedì, quarto gradino della Scala Nutrizionale. Tra il pane a base di farina bianca e raffinata e quello impastato con farina integrale c'è una grandissima differenza. La farina integrale, infatti, contiene l'antidoto naturale degli zuccheri violenti e della farina raffinata. So che qualcuno storcerà il naso, perché rinunciare al pane può essere difficile, e so anche che i panettieri mi malediranno a denti stretti! Con la cultura cristiana il pane ha assunto un valore sacro, e ci sono molti proverbi che ribadiscono fino a che punto sia considerato un alimento vitale. Tuttavia, ai giorni nostri il pane bianco è un alimento persino pericoloso, se utilizzato in grandi quantità. Inoltre, un'infinità di panettieri producono anche ottimo pane integrale, nonché tutta una serie di prodotti ai cereali, spesso caduti nel dimenticatoio e che invece sono assai gustosi. Sbocconcellare un panino bianco nel tragitto tra la panetteria e casa propria non è un peccato veniale, ma un modo per accorciarsi la vita, aggravare considerevolmente l'eventuale diabete e facilitare lo sviluppo di un tumore già diagnosticato.

Fate subito vostra questa regola: «Pane integrale, sì! Pane bianco, no grazie!»

Persino i ristoranti più alla moda ormai offrono pane integrale di vario genere. Tale fenomeno dovrebbe allargarsi a macchia d'olio, perché se ben presentati, pane integrale, così come latticini e formaggi light, non metteranno certo in fuga la clientela!

Non bisogna poi dimenticare che la maggior parte del pane semintegrale di produzione industriale è pane bianco «truccato» con l'aggiunta di un po' di crusca di grano, il che non riduce il suo potenziale lipidogenico. Controllate bene gli ingredienti, e nel dubbio preferite sempre il pane integrale!

• 40 grammi di formaggio

È la porzione che viene concessa il venerdì, quinto gradino della Scala Nutrizionale. In fase di consolidamento potete mangiarne tutti i giorni, ma ricordate che superato il 50% di materia grassa non si tratta più di semplice formaggio, ma di grasso vero e proprio!

A che cosa servirebbe introdurre un alimento del genere nella fase di consolidamento, durante la quale volete evitare di produrre grassi in eccesso? Basta il 40% di grassi per conferire al formaggio il suo tipico sapore piacevole, perlopiù dovuto alla consistenza cremosa.

Vorrei parlarvi un'ultima volta della toma, e in particolare di quella di Savoia, un formaggio che meriterebbe più notorietà. Considerati tutti i formaggi prodotti nel mio Paese e le diverse etichette di origine controllata, la toma di Savoia francese è di gran lunga la migliore per quanto riguarda la lotta contro sovrappeso e obesità. Il suo vantaggio principale è di essere prodotta con latte parzialmente scremato. La ricetta tradizionale, infatti, ci regala una squisitezza con solo il 12% di grassi. La mangio da oltre trent'anni, e devo dire che mi manca ogni volta che vado all'estero!

• **Una porzione di amidacei a settimana**

È la porzione a cui avevate diritto al sabato, sesto gradino della Scala Nutrizionale. In questa prima parte del consolidamento potete concedervela soltanto una volta a settimana; nella seconda parte passeremo a due porzioni a settimana.

Gli amidacei rappresentano una categoria di alimenti assai vasta e variegata, spesso molto distante dalla fecola iniziale. Ciò significa che non tutti gli amidacei sono ugualmente pericolosi. Anche questa volta non si tratta di semplice contenuto calorico, ma di potere invasivo e di struttura, di velocità di penetrazione, di assimilazione digestiva e innalzamento repentino della glicemia, quindi è importante saperli scegliere e cucinare con cura. Per riassumere, le porzioni autorizzate sono:

- 210 grammi di lenticchie, fagioli e ceci;
- 200 grammi di quinoa;
- 190 grammi di pasta al dente;
- 190 grammi di mais (la pannocchia intera alla griglia);
- 170 grammi di pasta ben cotta;
- 170 grammi di riso integrale;
- 160 grammi di chicchi di mais in scatola;
- 150 grammi di riso bianco;
- 140 grammi di patate bollite con la pelle;
- 80 grammi di purè di patate.

Per ulteriori dettagli, tornate ai miei consigli del sabato.

• **Un pasto della festa a settimana**

È il pasto della festa che abitualmente ritrovate ogni domenica, sull'ultimo gradino della Scala Nutrizionale. Ormai non è più necessario dedicargli un giorno specifico: siete liberi di scegliere il momento della settimana che preferite, l'occasione migliore per trasformarlo in un momento di convivialità, in famiglia e con gli amici. C'è inoltre una buona notizia: nella seconda parte della fase di consolidamento avrete ben due pasti della festa a settimana! Nel frattempo, abituatevi a distinguere tra gli alimenti di importanza puramente nutrizionale e quelli che di solito sono associati al piacere e alla libertà sensoriale. Quando consumate questi ultimi, masticateli lentamente, un boccone alla volta, perché quando si ama qualcosa non si ha fretta di vederlo svanire sotto i propri occhi!

• Il giovedì, giorno sentinella di proteine pure

Questa giornata è consacrata agli alimenti ricchi di proteine. La conoscete bene, perché inaugurava la settimana come primo gradino della Scala Nutrizionale. Si tratta di una garanzia supplementare di buon consolidamento del vostro Giusto Peso. Funge da equilibratore e protegge gli altri sei giorni della settimana. Ma attenzione: il giovedì di proteine pure non è facoltativo, fa parte dell'equazione globale della fase di consolidamento. Se il consolidamento si caratterizza per l'alternanza di regole precise e momenti di libertà è per consentirvi di restare il più a lungo possibile entro i valori del Giusto Peso quando siete ancora vulnerabili e potreste ingrassare di nuovo.

Quindi potete mangiare carni magre, pesci e frutti di mare, pollame, uova, prosciutti sgrassati, latticini e tofu, il tutto senza limiti di quantità, orario e combinazioni. Variate e cercate di scegliere gli alimenti che più preferite, prendendovi il tempo di cucinarli ancora meglio degli altri, così da non stancarvene mai.

Inoltre, dovete bere molta acqua, e il giorno dopo, al risveglio, salite sulla bilancia: potreste constatare ottimi risultati e convincervi ulteriormente delle ragioni che vi spingono ad attenervi alle mie disposizioni.

2 Seconda parte del consolidamento

Questa seconda parte è la conseguenza logica della prima. Ormai siete riusciti a mantenere il Giusto Peso per un periodo di tempo sufficientemente lungo, e la tendenza fisiologica del corpo, la sua predisposizione al rimbalzo, dovrebbe essersi attenuata. È come se la sua molla avesse perso un po' di forza, quindi possiamo ampliare ulteriormente l'alimentazione. Aggiungeremo perlopiù alimenti glucidici, che come sapete rappresentano il primo dei pericoli, ma ritengo che ormai il vostro corpo sia pronto ad accettarli.

- La prima concessione è **il secondo frutto quotidiano**.
- La seconda consiste in **due porzioni di amidacei a settimana**.
- La terza, come già annunciato, è quella dei **due pasti della festa** anziché uno soltanto.

Per evitare errori di interpretazione, ho sintetizzato le due diverse parti della fase di consolidamento.

Prima parte del consolidamento

Tutti gli alimenti proteici autorizzati
Tutte le verdure
1 frutto al giorno
2 fette di pane integrale o semintegrale
1 porzione di formaggio (40 grammi)
1 porzione di amidacei a settimana
1 pasto della festa a settimana

Seconda parte del consolidamento

Tutti gli alimenti proteici autorizzati
Tutte le verdure
2 frutti al giorno
2 fette di pane integrale o semintegrale
1 porzione di formaggio (40 grammi)
2 porzioni di amidacei a settimana
2 pasti della festa a settimana

Ormai la vostra alimentazione è abbastanza ampia da coprire ogni vostro bisogno. Avete tutta l'energia necessaria per vivere, e per vivere bene, senza però accumulare riserve e quindi senza ingrassare di nuovo. Con un'alimentazione del genere disponete di tutti i nutrimenti fondamentali: vitamine, sali minerali, fibre.

Non vi manca assolutamente nulla!

In quanto medico nutrizionista, posso affermare che potreste continuare a seguire questo regime alimentare per il resto

Un consiglio da rispettare

Seguite alla perfezione la seconda parte del consolidamento, potete disporre di tutto ciò che è indicato. Ma attenzione: non superate i limiti, e non concedetevi niente di più, per nessun motivo, soprattutto nelle prime settimane. Non dimenticate che il tempo gioca a vostro favore: a ogni settimana il vostro corpo capisce che il momento critico è passato, e che l'alimentazione si sta arricchendo, avvicinandosi alla norma. Questa fase è particolarmente utile perché consente di valutare concretamente l'importanza delle rispettive famiglie di alimenti, e sviluppare riflessi che, una volta diventati automatismi, vi faranno preferire gli alimenti che vi tutelano e vi fanno del bene, tenendovi alla larga da quelli che invece possono farvi ingrassare, se non addirittura minacciare la vostra salute.

della vostra esistenza. Se ci riusciste, non solo vivreste più a lungo, ma sicuramente più in salute.

Dal 1970 la durata media della vita di una persona si è considerevolmente allungata. Dobbiamo però rammentare che i vent'anni circa che hanno aumentato la nostra aspettativa di vita dipenderanno dalle nostre condizioni di salute. Per chi potrà trascorrerli senza gli strascichi di patologie cardiache, di incidenti cerebrovascolari, di eccessivo diabete, senza ammalarsi di cancro e in pieno possesso delle proprie funzioni cerebrali, questo quarto di vita supplementare sarà un regalo fantastico.

Per tutti gli altri che non avranno avuto la stessa fortuna, invece, più che di un regalo si tratterà di una punizione. Quindi lo ribadisco: basando la vostra alimentazione su quanto descritto riguardo alla seconda parte di consolidamento, con i suoi due frutti al giorno, le due porzioni di amidacei e i pasti della festa, potrete godere di una vita lunga e in buona salute.

Un regime alimentare del genere avrebbe reso felici i nostri antenati, ma per noi non può finire qui, perché negli ultimi cinquant'anni sono comparsi molti altri alimenti. Sono liberamente in vendita, li avete assaggiati, il vostro corpo ricorda bene quei glucidi e quei lipidi così gratificanti da non poter essere ignorati.

Ne ho tenuto conto creando la fase seguente, quella di stabilizzazione definitiva, affinché si adatti alla perfezione alla vita e al mondo moderni, a questo nostro «incubo ad aria condizionata», come l'ha definito Henry Miller, ai suoi tempi giustiziere dell'artificiosità del sogno consumista americano, della crudeltà sociale e della perdita del senso dell'umano.

Il potere della necessità

Quando ero bambino, e fino ai diciott'anni, ho vissuto al quarto piano di un palazzo senza ascensore. Mi arrampicavo gioiosamente su per le scale senza neppure pensarci. Mio nonno ha sempre fatto lo stesso, fino alla fine dei suoi giorni. Oggi vivo in un palazzo che ha il suo bell'ascensore, ma continuo a salire a piedi quando torno a casa.

Sono ormai solito sconsigliare gli ascensori a tutti i miei pazienti, anche se mentirei se dicessi che quello di casa mia mi lascia del tutto indifferente. **Tra la rinuncia a una tentazione che non esiste e il rifiuto di una tentazione vera e propria ce ne passa!** La forza, anzi la magia di una dieta dimagrante che si mantiene efficace nel lungo termine consiste nel creare una struttura, un riferimento sufficientemente forte da avvicinarsi a una dottrina della necessità.

Tale bisogno virtuale poggia su una base, un insieme di rituali, una volontà emulatrice, nonché varie sfide da superare e da vincere. Una volta raggiunta la seconda parte della fase di consolidamento, rischiate di trovarvi «allo scoperto», senza poter più contare su tutti quei punti di riferimento.

Non abbiate paura! È mia precisa intenzione accompagnarvi «per il resto della vita, anche dopo una dieta vincente». So quali altri pericoli dovrete affrontare, quindi ho elaborato una struttura pressoché invisibile ma assolutamente efficace, capace di proteggervi nel tempo.

La fase di stabilizzazione

Se siete arrivati a quest'ultima fase, e quindi avete attraversato sia la Scala Nutrizionale sia il suo consolidamento in due parti, sono felice e fiero dei risultati che abbiamo ottenuto insieme. Convincervi ad abbandonare l'alimentazione responsabile del vostro sovrappeso per tutto questo tempo era una bella scommessa, perché le vostre vecchie abitudini alimentari erano rassicuranti e vi garantivano persino un certo equilibrio psicologico.

DEDICHIAMO un istante all'analisi delle diverse fasi del vostro percorso. Se siete ingrassati, è perché avete mangiato ben oltre le vostre necessità biologiche. Ne eravate consapevoli, ma era più forte di voi. Poi, un bel giorno, avete deciso di cambiare. Una decisione le cui ragioni dipendono, nella maggior parte dei casi, dal contesto emotivo e affettivo. Avete scelto di rinunciare alle rassicurazioni alimentari per passare all'esatto contrario: assumere il controllo della vostra alimentazione. È un cambiamento tutt'altro che facile, e vi meritate le mie più sincere congratulazioni. Del resto, è proprio quello che mi aspettavo da voi, e ne sono compiaciuto.

Dopo settimane di Scala Nutrizionale avete conquistato il Giusto Peso. Poi avete consacrato 10 giorni per ogni chilo perso al consolidamento di tale peso, passando per le due parti della relativa fase. Se tutto è andato per il verso giusto, il vostro corpo dovrebbe avere cominciato ad abituarsi.

Che cos'altro aggiungere, quindi? Niente! Siete liberi, assolutamente liberi! Non c'è più alcuna regola particolare da rispettare. Ma è proprio questo il problema!

Finora, tra voi e le eventuali tentazioni (e il pericolo di cedere, tornando al disordine alimentare) c'era pur sempre il sottoscritto, nonché l'accordo che avevamo tacitamente firmato. Mi avete affidato questa prerogativa, e io ho risposto offrendovi tutto l'aiuto possibile e la mia esperienza.

Eccoci dunque a un bivio. Vi chiedo di ascoltarmi e di leggere quanto segue con grande attenzione. Se vi lasciassi con qualche semplice raccomandazione, facendo soltanto appello al buonsenso e alla buona volontà, sareste perduti! Posso assicurarvi che ingrassereste di nuovo, perché la vostra situazione sarebbe quella di una barca male ancorata che, trascinata da correnti pericolose e sballottata da venti avversi, andrebbe sicuramente alla deriva, lentamente ma inesorabilmente.

Non potete continuare in eterno a seguire uno schema alimentare iperdettagliato, ma giunti a questa fase del progetto dimagrante il rischio di recuperare i chili persi è ancora troppo alto. Le statistiche internazionali di tutte le diete classiche, quelle basate sul computo delle calorie o di punteggi vari, parlano chiaro: solo il 3% di chi le ha seguite mantiene un peso stabile fino a cinque anni dopo averle concluse.

Per quanto vi riguarda, avendo portato a termine la fase di consolidamento avete limitato i danni. Ciò significa che avete attraversato indenni il periodo assai pericoloso del cosiddetto «rimbalzo», una fase in cui molti ingrassano di nuovo e in fretta. Inoltre, il vostro corpo ha sperimentato quotidianamente, e per un periodo di tempo sufficiente, le virtù di una buona alimentazione. Scala Nutrizionale e consolidamento rappresentano ormai una piattaforma di sicurezza a cui tornare in caso di pericolo. Posso garantirvi che il consolidamento continuerà a rappresentare una traccia indelebile, un insegnamento fondamentale.

L'addestramento e le abitudini acquisite lungo la Scala Nutrizionale e le due parti del consolidamento aumentano

> Al punto in cui siete, vi garantisco una riuscita totale: **100% di possibilità di mantenere il Giusto Peso per il resto della vostra vita!** A una sola condizione, però: seguire la fase conclusiva, quella di stabilizzazione.

considerevolmente le possibilità di stabilizzare il proprio peso, portandole dal 3 al 10-15%, sempre che non siate zavorrati da un bagaglio genetico negativo o da un numero esagerato di diete infruttuose.

Sorpresi? Increduli? Molti vi avranno già detto e ripetuto che stabilizzare il proprio peso dopo essere dimagriti è praticamente impossibile. Da un certo punto di vista è vero, e penso di essere nella posizione migliore per affermare che il rischio esiste, è innegabile, e lo definirei persino molto più che concreto. **Ma potete ridurlo, anzi eliminarlo del tutto!** Lo provano le migliaia di persone che ci riescono, e che non sono marziani né robot, ma gente comune, come voi e come me. Anche loro hanno sperimentato il recupero dei chili persi dopo una dieta, ma hanno saputo perseverare, e alla fine di questo secondo fronte non sono più ingrassati.

Come hanno fatto?

Sapevano bene che cosa volevano, l'avevano deciso prima di cominciare.

Dopo essere dimagriti e avere consolidato il Giusto Peso, si sono trovati nella stessa situazione che dovete affrontare voi oggi, al che si sono lanciati nella stabilizzazione definitiva con la stessa determinazione con cui avevano iniziato la dieta. Hanno cioè accettato di seguire una strategia che ha permesso loro di mantenere saldamente ciò che avevano conquistato.

Erano consapevoli di dover aderire alle proprie convinzioni iniziali anche durante la stabilizzazione finale. Questo comporta sicuramente il rispetto di alcune condizioni, ma il gioco vale bene la candela!

Per non ingrassare di nuovo, anzi per non ingrassare mai più, dovete semplicemente seguire il loro esempio: decidere, anima e corpo, e fare di questa decisione un progetto di vita adatto e sensato per voi. E soprattutto, non dovete mai pensare che il vostro attuale successo sia acquisito per sempre.

Non ingrassare di nuovo dopo essere dimagriti è uno stato d'animo, il risultato di una consapevolezza continua, benché non ossessiva, che prevede l'adozione di alcune misure assolutamente tollerabili che vi consentiranno di preservare l'enorme, vantaggioso benessere che state sperimentando adesso. Inoltre, grazie alla stabilizzazione vi risparmierete il malessere che deriverebbe dal fallimento e dal ritorno dei chili persi.

Ecco che cosa avete da guadagnarci:

Benessere: ovvero libertà di movimento, leggerezza, facilità negli spostamenti, resistenza alla fatica, sonno migliore, sessualità riconquistata.
Salute: notevole riduzione del rischio di malattie cardiache, infarto e incidenti cerebrovascolari, diabete, ipertensione, forme tumorali correlate a sovrappeso e Alzheimer.
Bellezza: dal modo in cui vi percepite al vostro aspetto esteriore, ovvero potere di seduzione, uomini o donne che siate.
Normalità: niente più emarginazione né discriminazioni.
Fiducia: autostima, orgoglio per essere riusciti ad assumere il controllo del vostro corpo e della vostra immagine. Ciò significa soddisfazione, qualità della vita, felicità. Tutti aspetti che determinano il vostro destino.

Si tratta di cinque aspetti positivi estremamente importanti, che influenzano la qualità della vita. Possiamo definirli a pieno diritto fondamentali, essenziali, cruciali. Vi assicuro che, una volta acquisita piena consapevolezza della posta in gioco, dell'importanza della sfida, riuscirete nel vostro intento. Dire che avete il 100% di possibilità di riuscita potrebbe sembrare utopico, se non addirittura vanaglorioso, perché qualcuno potrebbe obiettare che questa previsione non tiene conto dei rischi che tutti, presto o tardi, dobbiamo affrontare. Eppure, lo ribadisco, tutto ciò è semplicemente possibile, perché dimagrendo avete recuperato buona parte del controllo del vostro destino.

Quindi, come riuscirci?

Non si tratta più di garantirvi un periodo limitato di sicurezza durante il quale ricorrere a regole ben precise, ma di proteggervi per il resto della vita. La fase di stabilizzazione, quella che sto per proporvi, è tutt'altro che ripugnante o amara, anzi, la definirei praticabile e sostenibile. Credetemi, perché l'ho studiata e verificata nei minimi dettagli.

Finora avete combattuto una battaglia in cui c'era poco spazio per l'improvvisazione. Oggi invece ritrovate l'autonomia, e con essa anche i rischi che comporta e che conosciamo alla perfezione. Ecco perché, in questo nostro nuovo percorso, ho voluto darvi indicazioni sufficientemente semplici, concrete e indolori perché possiate seguirle facilmente e senza frustrazione per il resto dei vostri giorni.

Si tratta di ricordare il modello alimentare della fase di consolidamento e di associargli tre misure di stabilizzazione.

Tra coloro che hanno seguito la mia dieta, e a parità di condizioni ambientali, un adulto su due non ingrassa più. Se vorrete adottare le tre misure descritte nelle prossime pagine e integrarle nel vostro quotidiano, vi garantisco che anche voi rientrerete in quel 50% di persone che, a dieta completata, non ingrassano di nuovo.

La piattaforma di sicurezza

È lo zoccolo duro della vostra stabilizzazione definitiva. Si tratta di una piattaforma alimentare che ormai conoscete bene, perché ve ne siete serviti durante tutte le settimane della Scala Nutrizionale, per poi continuare a farne uso nelle due parti della fase di consolidamento.

Gli alimenti di cui si compone coprono integralmente le necessità nutrizionali dell'essere umano. Inoltre, si tratta di alcuni degli alimenti più naturali e universali. Per quanto concerne le due porzioni di amidacei settimanali, il formaggio a cui avete diritto tutti i giorni e i due pasti della festa a settimana, sul piano nutrizionale non sono affatto indispensabili, ma potrebbero esserlo per il piacere che procurano. Una bella porzione del vostro formaggio preferito, un piatto di pasta al pesto o di riso alla cantonese rappresenteranno il lusso che potrete concedervi, i vostri strumenti di piacere alimentare. A parte questo, continuerete a nutrirvi liberamente di verdura, frutta, carne, pesce, frutti di mare, pollame e latticini.

Manca qualcosa? Sono certo che oggi rispondereste di no, ma domani? Perché un giorno tutto ciò che fa ingrassare tornerà a bussare alla vostra porta, soprattutto a causa di emozioni negative come stress, insoddisfazione, irritazione, frustrazione, un problema affettivo, un lutto, la noia o la solitudine. Per farla breve, una qualsiasi forma di sofferenza.

Se siete ingrassati è perché avete abusato del cibo per compensare lo stesso genere di patimenti. Chi riesce a estraniarsi completamente dalla competitività del nostro mondo, da un ambiente socialmente difficile, dalla tossicità del consumismo? E chi, nel corso della propria esistenza, non si ritrova mai ad affrontare una dura prova? Come reagire, dunque, in tutti questi casi?

La vita ha le sue difficoltà, questo è certo, ma d'ora in avanti potrete viverle senza rifugiarvi nel cibo. Come sapete, esistono anche altre fonti di soddisfazione, la scelta è assai ampia. Tuttavia, se fondamentalmente siete rimasti la stessa persona che eravate prima di dimagrire, e cioè se l'esperienza positiva che avete appena vissuto non vi ha insegnato nulla, devo avvertirvi che ingrasserete di nuovo. A ogni modo, dubito che non siate cambiati. Anzi, sono pressoché certo che ormai abbiate fatto vostro il mio programma intenzionalmente didattico e strutturato affinché sia efficace. Sono cioè convinto che abbiate acquisito automatismi e concetti nutrizionali ideali, concreti e affidabili, o comunque sufficienti perché sappiate nutrirvi senza correre rischi e concedendovi il piacere di pietanze saporite. È impossibile che non abbiate compreso appieno le ragioni del vostro sovrappeso o della vostra obesità, e che non abbiate imparato a neutralizzare ogni pericolo trasformandolo in un'opportunità.

Tornando alla piattaforma di sicurezza, dovete comprenderne bene l'importanza, perché deve trasformarsi nel vostro cuore nutrizionale. È questo il patrimonio alimentare dell'umanità! È la base grazie alla quale potrete disporre di tutto il resto e recuperare la spontaneità alimentare, ma è indispensabile che tale piattaforma diventi un punto fermo, qualcosa a cui poter fare riferimento ogni volta che vi sentite in pericolo.

Le tre misure della stabilizzazione

Sapendo che le misure qui proposte andranno integrate definitivamente nel vostro stile di vita, ho fatto del mio meglio perché fossero semplici, concrete, estremamente efficaci e nel contempo richiedessero il minimo impegno. Quindi non è possibile trascurarle, e non sono negoziabili!

Se le rispetterete fino in fondo, posso assicurarvi che stabilizzerete il vostro Giusto Peso e potrete semplicemente considerarvi «guariti»! Vi chiedo quindi di seguire l'esempio della stragrande maggioranza dei miei pazienti. Ma attenzione: se doveste dimenticarvene a causa di una qualche preoccupazione o di un momento di difficoltà nella vita che all'improvviso vi rende fragili, rischiereste concretamente di riprendere i chili persi, tutti o anche solo una parte. Credetemi, è qualcosa a cui ho già assistito, quindi siete avvisati!

Queste tre misure rappresenteranno l'unico legame reciproco che manterremo. Rispettatelo, così la vostra rinnovata autonomia avrà una rete di sicurezza.

1 Il giovedì di proteine

Un giorno a settimana, il giovedì, avrà lo scopo di garantire la stabilità del vostro peso. Corrisponde al lunedì della Scala Nutrizionale, il primo giorno del vostro progetto dimagrante, che avete poi mantenuto nella fase di consolidamento.

Questo giovedì è indispensabile, perché tutela il resto della settimana. Conferisce il giusto margine di elasticità e spontaneità alimentare nei sei giorni restanti. Consideratelo come una polizza assicurativa.

Molte persone rispettano il giovedì proteico semplicemente perché vi hanno fatto l'abitudine. Ormai fa parte della loro vita e lo attendono con piacere, perché hanno imparato quanto sia importante e utile, quanto sia capace di rimediare a eventuali errori, e sono felici per questo.

Vorrei illustrarvi i diversi motivi che mi hanno spinto a prescrivere questa giornata esclusivamente dedicata alle proteine.

La prima ragione è che un giovedì puramente proteico, sebbene isolato nell'ambito di una settimana di alimentazione libera, è lo strumento dietetico più potente al mondo dopo il digiuno.

Durante le conferenze, o in altre occasioni pubbliche, mi capita di incontrare persone dall'aria smarrita che, trovandosi in forte sovrappeso, si sentono in pericolo o comunque molto a disagio. Vorrebbero dimagrire, ma non riescono a decidersi. Hanno consapevolezza della necessità di tale decisione, ma il pensiero non si traduce in azione, il motore non parte. Allora ecco che cosa propongo loro: «Domani mattina provi a pesarsi a digiuno, e poi, durante la giornata, mangi liberamente carne rossa e bianca senza pelle, pesce, frutti di mare, affettati e latticini magri e tofu. Beva 2 litri d'acqua e si sforzi di camminare almeno 30 minuti. Dopodomani si ripesi appena sveglio, sempre a digiuno, e poi mi chiami o mi scriva».

La stragrande maggioranza delle persone non esita: segue il mio consiglio e puntualmente constata di essere dimagrita. Di quanto? Dipende dal sovrappeso, ma sempre tra 1 e 2 chili. Spesso questo basta a far scattare una molla, e cioè a fare loro decidere di impegnarsi e dimagrire definitivamente. La logica, le motivazioni ragionevoli e fondate non bastavano a far decollare l'impresa: ci voleva una spinta, e la giornata di proteine pure è un potentissimo motore motivazionale.

Nella fase di stabilizzazione definitiva il giovedì di proteine riesce, da solo, a fare piazza pulita di tutte le «piccole trasgressioni alimentari» che costellano il quotidiano negli altri sei giorni della settimana. Ovviamente, non possono che essere «piccole», perché è chiaro che un solo giovedì proteico, per quanto potente ed efficace, non potrebbe da solo assorbire vere e proprie esagerazioni, e per giunta ripetute.

La seconda ragione del giovedì proteico è il suo valore rituale. L'essere umano è particolarmente sensibile a questo aspetto, che non è dissimile da altre abitudini, e proprio come un'abitudine assume un ruolo determinante nella salvaguardia della vostra esistenza. È sufficiente seguire la regola del giovedì proteico per due o tre settimane consecutive, deliberatamente e in piena coscienza, perché entri a far parte della vostra vita e dei vostri automatismi mentali. Vi ritroverete a rispettarla come per istinto, tanto che abbandonarla significherebbe esercitare uno sforzo pari a quello che l'ha instaurata. In pratica, quando arriva il mercoledì suona dentro di voi una sveglia che vi ricorda che il giorno seguente avrà un'importanza particolare nella fase di stabilizzazione, che ora è al centro del vostro progetto esistenziale.

Quando qualcuno mi racconta di essere dimagrito grazie al mio metodo ma lamenta di avere cominciato a riprendere qualche chilo, gli chiedo subito se stia seguendo la regola del giovedì proteico, e la risposta è sempre NO! Il giorno in cui deciderete di rinunciare alla particolare protezione garantita dal giovedì di alimenti proteici, sappiate che vi ritroverete allo scoperto in una zona ad alto rischio.

Ecco tre possibili scenari:

- Avete imparato a nutrirvi, e da quando avete installato un nuovo «software di alimentazione» siete diventati un'altra persona.
- Avete adottato uno stile di vita molto più attivo, che compensa la vostra vulnerabilità al peso, e finché continuate a tenervi in movimento resterete stabili. Basterà però tornare alla sedentarietà per veder subito ricomparire i chili che avevate perso.
- Non avete imparato granché, quindi siete destinati a ingrassare di nuovo, più o meno lentamente ma inesorabilmente.

È molto semplice: se siete dimagriti e non volete ingrassare di nuovo, dovete necessariamente cambiare qualcosa nel vostro modo di mangiare, e il giovedì proteico è la punta di diamante di tale cambiamento.

Perché il giovedì? Non c'è niente di misterioso o di magico in questo giorno, è che si trova semplicemente a metà settimana, quindi potete considerarlo il «giorno X»: la scelta è stata del tutto arbitraria. Del resto, e almeno all'inizio, quello dedicato alle proteine non era un giorno fisso: quando ho cominciato a prescrivere questa giornata di massima sicurezza, infatti, mi limitavo a chiedere ai miei pazienti di rispettare la regola delle proteine pure «un giorno a settimana», senza specificarne uno in particolare. Tutti cominciavano con grande entusiasmo, ma pochi mantenevano la retta via nel lungo termine, perché la maggior parte rinviava all'indomani e poi finiva per rinunciare. Se volevo che la regola fosse seguita alla lettera, tanto valeva designare un giorno preciso, in modo che rappresentasse un'esigenza assoluta, un ordine impartito da un'autorità esterna e non negoziabile. Allora ho scelto il giovedì, ed è stato sufficiente a cambiare in maniera radicale sia il modo in cui le persone adottavano il provvedimento, sia i relativi effetti.

L'importanza di questo giovedì di riequilibrio è stata confermata dallo studio delle statistiche relative alle curve ponderali quotidiane dei miei pazienti in fase di stabilizzazione. In effetti, a partire dal venerdì e fino al mercoledì sera i grafici mostravano un aumento di peso moderato, qualche centinaio di grammi che finiva comunque per accumularsi a causa di piccoli extra ripartiti nel corso della settimana. Se si era trattato di una settimana particolarmente conviviale, l'aumento di peso, decretato a digiuno dalla bilancia il giovedì mattina, poteva raggiungere o persino superare i 500 grammi. A ogni modo, il leggero sovrappeso svaniva sistematicamente fin dal venerdì mattina.

Capite quindi l'importanza di non lasciarsi andare a una deriva solo apparentemente insignificante per oltre una settimana. Il giovedì proteico, infatti, è estremamente efficace a condizione che sia seguito a regola d'arte.

Se per ragioni indipendenti da voi non riuscite a rispettarlo, spostatelo al mercoledì o al venerdì. Per garantirne l'efficacia va rispettato il limite massimo di una settimana tra una giornata di proteine e l'altra, ma se occasionalmente passano da sei a otto giorni, le conseguenze non sono gravi.

Per quanto tempo occorre seguire la regola del giovedì proteico? Se avete perso meno di 7 chili, vi consiglio di rispettarlo il più a lungo possibile, e almeno per i 7 mesi successivi alla fase di consolidamento.

Indipendentemente dal ruolo del giovedì proteico nella stabilizzazione del Giusto Peso, un giorno a settimana di sole proteine è di per sé uno strumento straordinario che protegge tanto il corpo quanto la mente. È una sorta di pulizia generale, di riposo per l'intero organismo. In questo modo l'apparato digerente, e il pancreas in particolare, possono recuperare energia, cosa estremamente benefica. Per quanto riguarda i reni, contrariamente alle cose che si sentono dire spesso (e che fanno perlopiù capo all'industria dello zucchero), sono fatti apposta per processare le proteine ed eliminare le scorie, proprio come fanno i reni di tutti i carnivori del Pianeta. Se c'è qualcosa che i reni devono davvero temere è lo zucchero! I reni non sono fatti per gli zuccheri, e questo spiega perché l'80% dei dializzati è diabetico.

Se avete perso più di 7 chili, integrate definitivamente il giovedì proteico nella vostra vita. Oltre i 15 chili assume un ruolo cruciale, e non rispettarlo comporta matematicamente il recupero dei chili persi. Non aspettate di constatarlo con amarezza e a vostre spese: decidete subito che questa giornata particolare dovrà fare rigorosamente parte della vostra vita, proprio come per altri motivi qualcuno mangia pesce il venerdì o non mangia mai carne di maiale o alimenti che contengono glutine, o qualcun altro è vegetariano o addirittura vegano...

2 Attività fisica: 20 minuti di camminata al giorno e niente ascensore

• 20 minuti di camminata

Uno scettico potrebbe chiedersi: Com'è possibile che 20 minuti di un'attività così poco dispendiosa in termini di calorie possano impedirmi di ingrassare di nuovo? Indubbiamente, sul piano della spesa calorica camminare non è granché efficace, però comporta una serie di altri benefici. Tanto per cominciare, questi 20 minuti sono particolarmente dedicati ai sedentari, secondo i quali l'attività fisica sarebbe una perdita di tempo e per giunta noiosa. È così che intendo dimostrare loro il contrario!

Quindi perché camminare?

Prima di tutto, camminare è ciò che contraddistingue l'essere umano da quando ha abbandonato l'andatura a quattro zampe dei primati per assumere la posizione eretta. I primi ominidi, infatti, hanno cominciato a spostarsi servendosi unicamente degli arti posteriori, per poi subire un'infinità di altre incredibili trasformazioni. Issarsi su due «zampe» ha anche significato alzare il viso e lo sguardo, cioè portare gli occhi nella posizione ideale per spaziare oltre le erbe alte della savana e individuare le prede da lontano.

Gli arti anteriori hanno quindi guadagnato un'inedita libertà, e la testa, non dovendo più essere protesa e sostenuta da potenti muscoli cervicali, si è sviluppata nella parte posteriore, e così si è evoluto anche il cervello. Mani e cervello hanno quindi cominciato a dialogare, moltiplicando le connessioni neuronali e generando molte altre mutazioni che infine hanno portato al linguaggio, alla coscienza e alle più importanti capacità umane.

Camminare è quindi alla base del «fenomeno umano», e considerarlo un semplice modo per spostarsi o per bruciare qualche caloria ne sminuirebbe la natura e l'importanza. Questa attività è impressa a fondo nella nostra «programmazione arcaica», ed è così necessaria e fondamentale da essere «ricompensata» dal cervello, che sul piano emotivo le deve molto, con una bella dose di serotonina.

D'altro canto, sia camminare a passo veloce sia correre lentamente sono le uniche attività fisiche che non fanno venire fame. A che cosa serve passare un'ora in palestra a lavorare e sudare agli attrezzi, se poi una fame da lupi vi spinge ad assumere le stesse calorie che avete appena bruciato? Amo nuotare, fare immersioni e pesca subacquea, e so bene che dopo un'ora passata in acqua potrei letteralmente divorare qualsiasi cosa. Tuttavia, volendo a ogni costo evitare di assumere glucidi, spesso porto con me un paio di yogurt, una galletta di crusca d'avena e un bicchierone di gazpacho.

La spesa calorica di una camminata varia a seconda della velocità e dell'intensità. Se mantenete un buon passo, potete consumare fino a 300 calorie l'ora, ovvero 100 calorie in 20 minuti. Potrà sembrare poco, ma se praticata regolarmente per un anno, anche la camminata ha un effetto dimagrante.

In quanto azione automatica e istintiva, camminare stimola la creatività. Per esempio, quando devo riflettere su qualcosa che mi sta particolarmente a cuore, esco a fare quattro passi: provo una sorta di disconnessione dal resto del corpo, che avanza per conto proprio e mi permette di concentrarmi meglio. Molti artisti, e persino gli scienziati, se ne sono resi conto. Camminare libera la mente, e di conseguenza il pensiero e l'intuito.

Potete camminare ovunque, in qualsiasi occasione: in città, in campagna, su una spiaggia, in montagna, facendo un'escursione, durante una visita culturale o una gita turistica, a qualsiasi ora del giorno e della notte, prima e soprattutto *dopo* i pasti. Non costa nulla, ma se lo fate come puro esercizio fisico, su un tapis roulant e al chiuso di una palestra, perde un po' del suo significato. Inoltre non fa sudare, quindi ci si può vestire come si crede: sì, care signore, potete camminare anche con i tacchi!

Camminare è un'attività fisica che può essere praticata senza rischi anche da un obeso, perché non risveglia eventuali fobie e non comporta discriminazioni da parte degli altri. Ultimo aspetto, ma non per questo meno importante: camminare per almeno 20 minuti al giorno ha un effetto estremamente benefico sul cervello, in virtù di un fenomeno su cui la comunità scientifica si è lungamente interrogata. I neuroscienziati hanno infatti dimostrato che **camminare regolarmente produce una secrezione costante e intensa di serotonina, tale da eguagliare gli effetti dei più potenti antidepressivi**!

Fantastico, vero?

Camminare procura piacere, ed è di piacere che avete bisogno. Una volta cercavate di procurarvelo mangiando, ed era una pessima soluzione per il vostro corpo, perché il risultato è stato il sovrappeso. Oggi sapete di che cosa ha bisogno il vostro cervello: regalategli tutto il piacere necessario, ma senza i chili di troppo!

• Niente ascensore

Anche in questo caso, proprio come per il giovedì proteico e i 20 minuti di camminata al giorno, si tratta di un rituale protettivo semplice, facile e incredibilmente efficace.

Rinunciare all'ascensore vi obbligherà a salire e a scendere almeno una decina di piani al giorno, e quindi a bruciare circa una settantina di calorie quotidiane, se considerate l'ascensore di casa vostra, quelli che prendereste per fare visita ad amici o famigliari o per andare al lavoro, oppure le scale mobili della metropolitana, della stazione, del centro commerciale eccetera. Se al conto delle calorie aggiungete il centinaio circa che bruciate durante la camminata quotidiana, arrivate a una spesa calorica capace di compensare almeno un paio di piccoli capricci alimentari, che però vanno neutralizzati al più presto poiché comprendono sicuramente – come dubitarne? – alimenti glucidici, i cui zuccheri devono essere bruciati prima che il pancreas abbia il tempo di secernere insulina, che come sapete è responsabile dell'accumulo di grassi.

Fare le scale a piedi offre anche altri vantaggi. Tanto per cominciare, dopo due settimane di gradini i quadricipiti, ovvero i muscoli che sollevano il corpo uno scalino dopo l'altro, cominciano a irrobustirsi, e si rinforzano tanto da rendere la salita più facile e di conseguenza più gradevole. Inoltre, rinunciando all'ascensore contrasterete una delle cause più note del sovrappeso: la mancanza di attività fisica. Smettete di farvi incantare dalle sirene del comfort a ogni costo e di alimentare la smania consumista dettata dal mercato. Senza spendere un centesimo potrete tornare a svolgere un'attività fisica del tutto naturale!

Dicendo no all'ascensore non solo riprendete a usare il vostro corpo, ma ricordate alla società dei consumi che siete ancora vivi, e che non intendete piegarvi ai suoi interessi. Manifestate apertamente il vostro dissenso, e lo fate usando le vostre gambe e ritrovando tono muscolare! Le innovazioni tecnologiche offrono sempre nuovi vantaggi, ma si tratta di ben poca cosa, se consideriamo gli effetti collaterali, l'inquinamento e i danni che provocano. Molti teorici della felicità umana, compreso il sottoscritto, ritengono che ormai abbiamo superato ogni limite di sostenibilità, perché gli svantaggi di molte innovazioni superano di gran lunga i vantaggi, e la vita moderna non ci rende affatto così felici come vorrebbe. Il nostro sì alla scienza e alla tecnologia non dev'essere incondizionato, bensì critico e assennato.

A ogni modo, non intendo lasciarmi andare al dibattito sulla felicità e sulle sue cause, mi allontanerebbe dal vero obiettivo, quindi torniamo a voi e ai vostri interessi particolari.

La stabilizzazione e il controllo del peso passano anche attraverso la rinuncia dell'ascensore. Quando vi trovate al pianterreno di un palazzo e qualcuno vi aspetta al quarto piano, da un lato avete i primi gradini della scala, dall'altro la porta dell'ascensore: è questo il momento di scegliere! Se optate per le scale, la vostra determinazione lascerà un segno indelebile, e ne sarete persino orgogliosi, perché dopotutto si tratta di una vittoria che, per quanto piccola, suggerisce che avete il controllo della situazione. Se invece prendete l'ascensore, la vostra determinazione si frantuma e il rituale svanisce.

Qualcuno potrà obiettare che sto esagerando, che questa cosa non è poi così grave, anzi è un dettaglio, niente di drammatico. E invece no! Per esempio, se smettete di pesarvi dicendovi che dopotutto è secondario, in pratica state cominciando a ridimensionare le vostre stesse ambizioni. Un domani vi ritroverete anche a sacrificare il giovedì proteico, prima rimandandolo, poi dimenticandolo e infine trascurandolo completamente. L'errore di tutti quelli che ingrassano a questo punto è che cominciano a mollare la presa su un aspetto fondamentale che lì per lì viene ridotto a semplice dettaglio.

Non dimenticate che, nel suo ambiente naturale, qualsiasi essere vivente è protetto da un meccanismo automatico di regolazione biologica. Una volta fuori, come è capitato a noi umani, perde la bussola e deve assumersi personalmente la responsabilità di tale equilibrio.

Scegliendo le scale, quindi, prendete posizione. Significa che vi siete guardati allo specchio e avete compreso fino in fondo le problematiche del sovrappeso, e allora opponete uno steccato simbolico. Inoltre, prendete posizione anche rispetto al mondo moderno: manifestate apertamente una chiara aspirazione a essere umani, specie in un sistema a cui la vostra salute non sembra importare granché. Allora un gesto semplice come fare le scale assume una portata diversa e più ampia, collettiva. Provateci!

3 Crusca d'avena: 3 cucchiai al giorno

Ho già spiegato gli aspetti fondamentali della crusca d'avena. Vi ho raccontato come l'ho scoperta e integrata prima nel metodo originale, poi nel secondo fronte. Proprio come il konjac nelle sue diverse forme, la crusca d'avena è un alimento povero che accorre in vostro aiuto per salvarvi da un'alimentazione generalmente troppo ricca di grassi e zuccheri.

In quest'ultima fase di stabilizzazione, oltre al potere saziante a livello gastrico e alla dispersione calorica a livello intestinale, la crusca d'avena si aggiunge al giovedì proteico, ai 20 minuti di camminata e alla rinuncia all'ascensore. È un altro punto di riferimento, un rituale di protezione del Giusto Peso. Inoltre, se da un lato il giovedì proteico, la camminata e le scale a piedi rappresentano una sorta di restrizione, la crusca d'avena è fonte di piacere e di ispirazione culinaria. Continuate tranquillamente a prepararvi gallette, muffin, pane e pizza con la crusca d'avena, e per favore non dimenticate mai l'effetto protettivo di questo alimento.

Per concludere, in tutta sincerità voglio sottolineare che non ho mai incontrato nessuno che, dopo avere seguito quest'ultima fase e adottato le tre misure appena consigliate, non sia riuscito a stabilizzare il proprio peso. Invece, so di molte persone che non hanno seguito le mie istruzioni e hanno recuperato totalmente o in parte i chili che avevano perso.

Se al termine di questo percorso sarete tra quelli che hanno stabilizzato il proprio Giusto Peso, e quindi sarete guariti per sempre dal sovrappeso, vi prego gentilmente di farmelo sapere. Se invece il sovrappeso si ripresenta malgrado tutto, c'è ancora una soluzione!

La Risposta Graduale

La Risposta Graduale è una tecnica di protezione della stabilizzazione del peso. L'ho elaborata per aiutare chi, malgrado le misure appena descritte, si veda sfuggire di mano la situazione. In generale, se una donna dimagrisce si sente più a suo agio, sia mentalmente sia fisicamente, apprezza la propria silhouette, si vede più bella, più leggera, ed è orgogliosa di essere riuscita a perdere tutti quei chili che la infastidivano. Ecco perché non vuole assolutamente saperne di rinunciare alla sua preziosa conquista. Per quanto riguarda gli uomini, continuo a sorprendermi nel constatare quanto siano felici di alleggerirsi e non essere più costretti a contemplare il loro pancione!

Eppure, se guardiamo ai risultati ottenuti dalle diete tradizionali, le statistiche internazionali sono deprimenti: il 95% dei soggetti che erano riusciti a dimagrire riprendono i chili persi. Perché?

A mio parere, questo fallimento generalizzato è dovuto a due ragioni fondamentali:

- Innanzitutto, il mero calcolo delle calorie va letteralmente contromano rispetto alla psicologia delle persone in sovrappeso. Non dobbiamo dimenticare che questi individui si confrontano con il cibo in un contesto emotivo e sensoriale completamente opposto al conteggio aritmetico delle calorie. Quando si ama non si mette mano alla calcolatrice, e questo vale anche per il cibo! Inoltre, la lentezza imposta dal sistema di calcolo e i risultati poco significativi logorano più in fretta la motivazione.
- In secondo luogo, spesso non esiste alcun progetto concreto

di stabilizzazione del peso. Se da un lato ci sono un'infinità di diete dimagranti, non ho mai trovato un metodo concepito e costruito appositamente per la fase successiva al dimagrimento. Per questo insisto sull'importanza delle indicazioni fornite in quest'ultima parte del libro. Il programma di stabilizzazione è pensato per mantenere il Giusto Peso nel lungo termine, che è lo scoglio numero uno in tema di diete.

Per colmare tale lacuna ho ideato la Risposta Graduale, un meccanismo d'emergenza deputato a «proteggere la protezione». Spero davvero che non ne abbiate bisogno, ma sappiate che in caso di pericolo inatteso vi resta un ultimo salvagente.

La Risposta Graduale è un sistema di protezione e di pronto intervento capace di soccorrervi in caso di recupero dei chili persi. In sostanza, si tratta di quattro linee di difesa consecutive schierate l'una dietro l'altra, in modo da consentirvi di rientrare nel Giusto Peso anche in caso di cedimento.

C'è però una condizione fondamentale: dovete pesarvi ogni giorno!

Il sistema della Risposta Graduale si basa proprio su questa operazione quotidiana. Scacciate il pregiudizio assurdo e oscurantista secondo cui pesarsi ogni giorno sarebbe un atteggiamento ossessivo. È falso! Anzi, non pesarsi significa rinunciare al buonsenso, alla logica e soprattutto all'efficacia della dieta che avete portato a termine.

Tutti quelli che seguono il mio programma di stabilizzazione definitiva si pesano ogni mattina. Come potreste stabilizzare il Giusto Peso se non lo monitorate? Di solito le persone che smettono di pesarsi hanno paura di confrontarsi con l'ago della bilancia, perché temono confermi loro ciò che probabilmente sanno già.

Quindi pesatevi tutte le mattine, sempre con lo stesso tipo di vestiti e sulla stessa bilancia.

L'ideale sarebbe annotare quotidianamente i vostri chilogrammi, per iscritto su un quaderno o ancora meglio su un foglio di calcolo al computer, che permette anche di visualizzare la curva del peso. È fondamentale: tenendo d'occhio il vostro andamento, vi manterrete sulla giusta strada e conoscerete esattamente la vostra situazione riguardo alla stabilizzazione definitiva. Se doveste constatare che state ingrassando, ricorrete alla Risposta Graduale senza indugiare.

Reagite subito, perché è molto più facile evitare di prendere anche solo 1 chilo che essere costretti a perderlo!

È una corsa contro il tempo, a livello sia metabolico sia comportamentale. Se la vostra reazione tarda ad arrivare, la rincorsa dei chili incalza e saprà resistere tanto alla dieta quanto allo sforzo fisico che le opporrete. Ecco perché dopo un pasto della festa raccomando di andare subito a fare una bella passeggiata di un'oretta, in modo da impedire che le calorie appena ingerite si trasformino in grassi. Se aspettate l'indomani mattina sarà un po' meno facile, ma non impossibile. Una settimana dopo, l'eccesso di calorie si sarà trasformato in riserva di grasso, ma sarà ancora un deposito superficiale, quindi potrete provare a eliminarlo. Un mese più tardi, invece, gli stessi grassi si saranno accumulati in profondità, quindi saranno molto meno accessibili. A questo punto solo una dieta intensa e strutturata potrà attaccarli!

Facciamo un esempio: paragoniamo i vostri eccessi alimentari a uno strato di pittura su un muro. Finché la vernice è fresca, non avrete particolari difficoltà a rimuoverla, basterà uno straccio. Con il tempo, però, questa asciugherà e sarà sempre più resistente. E quando sarà completamente secca lo straccio non servirà più a nulla e ci vorrà un raschietto!

È quindi imperativo pesarsi quotidianamente e reagire subito, ma questo non basta. Se ingrassate di nuovo è perché avete abbassato la guardia, trascurando il trittico difensivo: **giovedì proteico + 20 minuti di camminata e niente ascensore + crusca d'avena**. In altre parole, avete trascurato uno, forse due o magari tutte e tre le misure di protezione del Giusto Peso.

Come reagire in questi casi? In due modi diversi: uno semplice, tecnico, immediato e tattico; l'altro più profondo, che richiede un minimo di autoanalisi e può essere definito strategico, poiché riguarda il modo in cui ridistribuire le fonti di soddisfazione.

Cominciamo con la risposta immediata.

1 Sull'attenti!

In primo luogo, c'è bisogno di un riferimento, ovvero il Nord della bussola di stabilizzazione. Si tratta dei chili che avete perso, ovvero della differenza tra il vostro peso all'inizio della dieta e quello che avete raggiunto alla fine, e a cui volete assolutamente tornare, stabilmente, il più presto possibile. Ma poiché l'essere umano non è un robot e il suo stile di vita non obbedisce a regole meccaniche, sarà opportuno mantenere un margine di manovra di 1 chilo e mezzo. È il modo in cui il vostro corpo respira, con tutte le alterazioni di acqua e sostanze nutritive. Inoltre, entra in gioco anche la sua «respirazione sociale», con il relativo susseguirsi di inviti, compleanni, feste, cene di lavoro, anniversari eccetera, tutte occasioni a cui non potete semplicemente rinunciare.

Finché non oltrepassate la soglia del chilo e mezzo va tutto bene, siete sempre in corsa. Ma se andate oltre vi ritroverete presto in balia delle onde, e l'ago della bilancia potrà immediatamente confermarvelo. Non fidatevi dei vestiti che portate, né della cintura dei pantaloni, perché c'è sempre una scusa («I jeans si sono ristretti dopo qualche passaggio in lavatrice...») o un trucco (tirare in dentro la pancia). Allora lo ripeto: PESATEVI!

2 Prima risposta

Come ho detto, oltrepassata la soglia del chilo e mezzo in più dovete reagire.

Riprendete l'abitudine del giovedì proteico (PP), poiché sono certo che l'avete persa per strada. Anzi, meglio ancora se raddoppiate: due giorni di proteine consecutivi (mercoledì e giovedì, o giovedì e venerdì) da rispettare con precisione, finché non siete tornati al Giusto Peso.

Inoltre, ricominciate a fare le scale: avrete sicuramente usato l'ascensore, altrimenti non sareste ingrassati. E aggiungete **15 minuti in più di camminata al giorno**.

Poiché è altrettanto probabile che vi siate scordati della crusca d'avena, non solo tornate a questa buona abitudine, ma passate a **5 cucchiai al giorno**.

Infine bevete, bevete molto: **2 litri d'acqua minerale naturale**, il più possibile povera di sali.

stabilizzazione	stabilizzazione	PP	PP	stabilizzazione

3

Seconda risposta

Avete forse ripreso un terzo dei chili persi? Per esempio, avevate smaltito 10 chili e ora constatate di averne recuperati 3 e mezzo? Ebbene, iniziate con **2 giorni di proteine pure**, quindi tornate alla Scala Nutrizionale in modo da perdere il resto, poi proseguite con una settimana di consolidamento.

Anche in questo caso, ricominciate a fare le scale e aggiungete **30 minuti in più di camminata al giorno**.

Tornate all'abituale cucchiaio e mezzo di crusca d'avena, se l'avete dimenticato, e avanti così fino al ritorno alla fase di stabilizzazione.

PP	PP	n. settimane di Scala Nutrizionale fino al Giusto Peso	ritorno alla stabilizzazione

4

Terza risposta

Se avete ripreso più della metà dei chili persi, significa che vi state giocando tutto quello che avete guadagnato. Ma poiché non è ancora detta l'ultima parola e questi chili in più sono appena tornati, potete perderli con relativa facilità. Attenzione, però: vi siete spinti fino ai limiti dell'elasticità, e il momento è cruciale! Non aspettate un giorno in più, il rischio eccessivo potrebbe farvi precipitare nell'irreparabile, ovvero nel ritorno definitivo del sovrappeso originale. Ho detto «rischio», perché non si tratta di un evento ineluttabile. Ma poiché le probabilità sono a vostro sfavore, sarebbe sciocco trascurarlo.

Cominciate con l'alternare **1 giorno di proteine pure, un giorno di proteine + verdure (PV) e un terzo giorno di**

proteine + verdure + un frutto (PVF). Ripetete l'alternanza per tre volte di fila, ovvero per un totale di nove giorni, poi ricominciate con le settimane di Scala Nutrizionale finché non siete tornati al Giusto Peso. Infine dedicate 5 giorni di consolidamento per ogni chilo riperso.

Come per la seconda risposta, ricominciate a fare le scale e aggiungete **30 minuti in più di camminata al giorno**. Mantenete anche il cucchiaio a mezzo di crusca d'avena fino al ritorno alla fase di stabilizzazione.

Soprattutto, non dimenticate che, malgrado i buoni risultati ottenuti con la dieta, avete ripreso metà dei chili persi, il che vi ha costretto a una manovra d'emergenza. Niente trionfalismi, quindi, anche se ora avete ripreso in mano la situazione. Una ricaduta è sempre possibile, perché ricominciando a ingrassare avete forzato una porta che non si chiuderà più da sola. Siate vigili, e se necessario reagite subito.

3 cicli di PP-PV-PVF	n. settimane di Scala Nutrizionale	5 giorni di consolidamento per ogni chilo riperso	ritorno alla stabilizzazione

5 Quarta risposta

Se avete ripreso tre quarti dei chili persi, non si tratta più di un incidente di percorso ma di una ricaduta vera e propria. Ciò significa che si è aperta una falla, o che la soddisfazione negli altri ambiti della vostra vita è talmente scarsa da spingervi a ricorrere nuovamente alla gratificazione alimentare.

Può essere che vi troviate in un periodo di particolare vulnerabilità e che siate troppo sensibili alle difficoltà della vita, oppure che tali difficoltà vi abbiano travolto, il che è ben diverso dall'essere semplicemente più esposti.

Se le difficoltà vere e proprie, per quanto gravi, sono passeggere (un divorzio, un licenziamento o un momentaneo problema economico, tanto per fare qualche esempio), basterà aspettare che le acque si calmino e che le condizioni di vita tornino accettabili. Fino a quel momento, però, riprendete dalla fase di consolidamento, con **due giorni di proteine pure a settimana** anziché uno solo. Poi, appena recuperato l'equilibrio necessario, ricominciate il secondo fronte dal principio, e cioè con tutte le settimane di Scala Nutrizionale che si renderanno necessarie. Tornati al Giusto Peso, riprendete il consolidamento e quindi la stabilizzazione definitiva, sperando che la ricaduta vi abbia insegnato come proteggervi in caso di ulteriori emergenze.

Se il massiccio ritorno del sovrappeso non è legato a un ostacolo ben identificabile e può essere attribuito a una certa ipersensibilità tipica della vostra persona, significa che dovete ripensare il vostro stile di vita, riflettere sulle fonti di benessere e gratificazione e trovare il modo di raccogliere felicità senza per questo ingrassare.

Da diversi anni lavoro alla creazione di uno strumento attraverso cui perseguire lo scopo ultimo della vita, ovvero quel piacere di vivere che chiamiamo universalmente «felicità». Fino a oggi questa prerogativa dell'essere umano è stata nelle mani di filosofi e religiosi, ma le risposte che abbiamo ricevuto finora sono più teoriche che pratiche. Rimaniamo dunque in contatto, vi farò sapere quando avrò terminato l'opera!

Nel caso non intendiate cambiare le vostre modalità di compensazione, vi consiglio di non arrendervi ancora, perché finché lottate contro il sovrappeso e i rischi connessi non subite passivamente lo stress del momento. Vi chiedo solo una cosa: continuate a camminare per mezz'ora al giorno, e un'ora intera il sabato e la domenica, mettendoci tutta l'energia che avete. So per certo che nel giro di qualche giorno disporrete della serotonina necessaria per ricavarvi un giorno alla settimana di proteine pure. Appena ve la sentirete, ricominciate il secondo fronte dall'inizio.

Ecco fatto, ora avete tutti gli strumenti necessari per risolvere il vostro problema di peso. Valutate bene la situazione, individuate la strategia migliore e poi colpite duro fino alla vittoria! Ho creato questo secondo fronte apposta per voi, quindi dateci dentro!

La mia lotta al vostro fianco

Flashback

Quando ripercorro mentalmente la mia storia ho la netta impressione di essere nato insieme a quella che sarebbe diventata la mia ragione di vita: la lotta contro la piaga del sovrappeso. Infatti, sono venuto al mondo in uno dei momenti chiave della storia dell'umanità: gli anni Quaranta e la Seconda guerra mondiale.

Coincidenza? Destino? Chissà! A ogni modo, dal dopoguerra a oggi la forte crescita economica, lo sviluppo delle tecnologie e le stesse neuroscienze hanno fatto progressi straordinari, ma è stato proprio in questo mondo sempre più ricco, ma sempre più artificiale e stressante, che sono emersi problemi come il sovrappeso, l'obesità e il diabete.

Nel 1944 erano praticamente sconosciuti. Nel mio Paese non c'era un numero sufficiente di soggetti in sovrappeso o di obesi tale da costituire una vera e propria «categoria». Certo, qualcuno ne soffriva, ma erano casi rari e piuttosto isolati.

Nel 1960, quando ho cominciato i miei studi di medicina, il fenomeno era già oggetto di studio, perché i francesi in sovrappeso erano ormai un milione! (Vi ricordo che oggi siamo a 7 milioni...)

È stato un fenomeno lampante, a mio avviso volutamente trascurato, se non nascosto. Pensateci: niente dal 1944, poi un milione di obesi dal 1960, che diventano 7 milioni al giorno d'oggi, per un totale di 27 milioni di francesi in sovrappeso! Queste cifre dimostrano che il problema è connesso al nostro stile di vita, è il prodotto di una scelta precisa a livello sociale. Per non ammettere che il sovrappeso è una malattia della nostra civiltà ci vuole una buona dose di malafede e cinismo!

Tornando al sottoscritto, nel 1966 ho completato gli studi universitari, poi ho continuato specializzandomi in ciò che allora mi appassionava: neurologia. Al mattino lavoravo e studiavo all'ospedale di Garches, al pomeriggio visitavo nel mio piccolo studio di medico generico. In questo modo ho sperimentato direttamente la tragica sofferenza dei pazienti neurologici e ho praticato l'arte della medicina in modo più generale.

Un pomeriggio ricevetti un uomo che avrebbe letteralmente cambiato la mia vita. Pubblicava poesie ed era molto simpatico. Il suo problema era l'obesità, e quel giorno mi chiese di aiutarlo a dimagrire. È una storia che ho già raccontato molte volte, ma se la ripeto è perché voglio che sappiate che senza quella visita voi e io non ci saremmo mai incontrati.

Quell'uomo voleva che gli facessi perdere i 40 chili di troppo che gli rovinavano la vita. Non sapevo ancora nulla di nutrizione, quindi rifiutai. Ma lui insistette, e mi disse qualcosa di illuminante: «Mi faccia fare la dieta che ritiene più adatta. Tolga tutti gli alimenti che vuole, ma non la carne!» Proprio così, il mio paziente amava la carne, e il modo in cui aveva formulato la sua richiesta d'aiuto conteneva l'unica risposta possibile. Allora gli prescrissi 5 giorni di alimentazione a base di sola carne magra, raccomandandogli di bere molta acqua. Il risultato fu incredibile: perse 5 chili in 5 giorni!

È grazie a quel caso e a quel risultato spettacolare che ho deciso di rinunciare alla neurologia e di cominciare a occuparmi di scienza della nutrizione.

Cominciai a lavorare nel reparto del professor Gilbert Dreyfus, uno dei guru della nutrizione dell'epoca, dove venni affiancato dal dottor Marcel Zara, che poi avrebbe scritto la prefazione del mio primo libro. Per tre anni studiai e applicai gli stessi principi di base adottati dai nutrizionisti tanto di ieri quanto di oggi, basati sul calcolo matematico delle calorie assimilate e di quelle spese per far funzionare il corpo. Secondo la teoria dominante, infatti, per risolvere il problema dell'obesità sarebbe sufficiente ridurre il numero di calorie assunte attraverso l'alimentazione. Tale ipotesi si concretizza in tre regimi: da 1.500 calorie, da 1.200 calorie e da 900 calorie.

Nel 1970 cominciai finalmente a esibire il mio nuovo titolo di medico nutrizionista e, non senza una certa nostalgia, abbandonai l'attività di medico generico. Iniziai a dedicarmi soltanto alla nutrizione, ai problemi del sovrappeso, all'obesità, al diabete e alle patologie della tiroide, l'ambito di ricerca del mio maestro, il già citato dottor Zara.

Continuavo ad adottare con entusiasmo i tre regimi ipocalorici che mi avevano insegnato, ma nonostante l'impegno e la voglia di riuscire, ottenevo solo risultati deludenti. I progressi erano lenti e laboriosi, e comunque molto difficili da mantenere. Infatti, appena venivano a mancare il sostegno, le regole e il rispetto reciproco tra medico e paziente, assistevo sistematicamente a un recupero del peso.

Dopo avere investito tanto in speranze, sforzi, tempo e passione, mi ritrovai in un vicolo cieco. Certo, avrei potuto accontentarmi e adattarmi al metodo convenzionale, come del resto fanno molti amici e colleghi. Ma essendo per natura propenso ad accettare le sfide, uscire dall'ambito rassicurante del nutrizionismo ufficiale non mi spaventava affatto, né temevo di dovermi confrontare appassionatamente con qualsiasi avversità. Anzi, se ce n'era bisogno erano le benvenute!

Avevo appena finito di occuparmi di pazienti con problemi neurologici, la cui grande sofferenza talvolta era insopportabile, e ora scoprivo che stavo sviluppando un'analoga, profonda empatia per i miei pazienti in sovrappeso. Avevano così tanto bisogno d'aiuto e di sostegno che mi commuovevano; volevo dare loro tutto il necessario perché potessero risolvere il problema che li affliggeva, e non poter fare niente di più che consolarli mi faceva soffrire. Dopotutto, un medico vuole guarire i suoi pazienti, è questa la sua migliore ricompensa!

Allora la medicina non si interessava ancora di sovrappeso, e ancora meno di prevenzione. Si preoccupava soltanto dei casi di obesità grave, delle complicazioni più preoccupanti, quelle che emergevano quando spesso era ormai troppo tardi, senza peraltro collegarle al passato e alla storia del paziente. Anzi, qualcuno pensava addirittura che il sovrappeso fosse un problema esclusivamente femminile, tutt'altro che grave e privo di conseguenze. Di tanto in tanto la stampa sbatteva in prima pagina le «manie stagionali» delle donne che volevano recuperare la forma ideale prima dell'estate. Del resto, quello del *bon vivant*, del gaudente che non si preoccupa di ciò che mangia e beve, è considerato un modello dell'arte di vivere, che una volta adottato ci trasforma immancabilmente in persone gioviali e simpatiche. Le sofferenze legate a un corpo che provoca disagio, alla perdita del potere di seduzione, alla sensazione di emarginazione, venivano semplicemente ignorate. Non ci si poneva neppure la domanda fondamentale: che cosa c'è all'origine di questa epidemia di sovrappeso?

Cominciai a notare che la stragrande maggioranza dei miei pazienti era afflitta da un profondo malessere, da una grave forma di insoddisfazione che annunciava l'arrivo dei chili di troppo. Queste persone cominciavano a mangiare per placare una sofferenza psicologica, e gli alimenti dolci, grassi e salati riuscivano a calmarla.

Da parte mia, non sapendo bene che cosa fare, pensavo alla vecchia esperienza con il mio amico poeta e alla sua passione per le cotolette al sangue. Evidentemente, se era riuscito a perdere peso era stato grazie alla massiccia dose di proteine di alta qualità, che gli avevano consentito di mangiare fino a sazietà e al contempo di dimagrire rapidamente.

In tale contesto cominciai a elaborare quella che sarebbe poi diventata la fase d'attacco della mia dieta. Iniziai così a prescrivere alimenti estremamente proteici e un'alimentazione mirata per brevi periodi di tempo. Abbandonai di fatto il semplice calcolo delle calorie, che del resto, a mio avviso, non aveva mai dato i risultati sperati.

All'improvviso, tutto cambiò! I risultati erano stupefacenti, e i miei pazienti sorpresi ed estasiati. Non perdevano più la motivazione, e cominciavamo a condividere lo stesso entusiasmo e la stessa gioia, quella del successo. Continuavo a sperimentare, a esplorare, a ricercare, e stavo per vincere la mia sfida. Era davvero eccitante!

Devo inoltre sottolineare che i miei pazienti dell'epoca non disponevano ancora della gamma di alimenti ricchi di proteine a cui è possibile attingere oggi. Anzi, in quegli anni eravamo ancora ai livelli dei cacciatori-raccoglitori del paleolitico! Mancavano i latticini magri, il surimi, il tonno al naturale, i prosciutti di tacchino e di pollo, la bresaola e le altre carni secche, e anche le proteine vegetali come il tofu, il seitan e il tempeh. Inoltre, non avevo ancora scoperto la crusca d'avena né il konjac, oggi disponibile in forma di pasta, riso e perle senza calorie. Eppure, l'obiettivo dei miei pazienti di allora è lo stesso di quelli di oggi: dimagrire! Solo che un tempo, ottenuto il risultato sperato, il seguito non sembrava preoccuparli né interessarli granché. Quando finalmente erano dimagriti, ci lasciavamo soddisfatti e con una bella stretta di mano, convinti di avere fatto tutto quello che andava fatto. Sfortunatamente, però, presto constatavo che il peso acquisito era molto difficile da conservare, anzi si dimostrava altrettanto instabile di quello ottenuto con le diete a basso apporto calorico. In sostanza, bastavano sei mesi perché i pazienti ritornassero al peso precedente, quindi non potevo restarmene con le mani in mano e rassegnarmi. Dovevo trovare una soluzione migliore. Dovevo evolvermi!

Allora sono arrivato a elaborare qualcosa che proteggesse i risultati folgoranti della **fase di attacco**. Dal canto loro, i miei pazienti erano talmente soddisfatti di essere dimagriti così in fretta da dichiararsi pronti all'esperimento a cui intendevo sottoporli. È così che ho inaugurato la **fase di crociera**, il cui scopo doveva essere quello di «calmare le acque» a livello metabolico e prolungare la perdita di peso, anche se a ritmo meno sostenuto.

Quindi mantenevo tutti gli alimenti proteici della fase d'attacco, sempre con la formula magica «a volontà», e aggiungevo tutte le verdure, ma non i farinacei. Si trattava di un'enorme categoria alimentare, qualitativamente inimitabile e fatta di cibi naturali, ricchi di vitamine, sali minerali e fibre, nonché caratterizzati da uno scarso contenuto di glucidi, tale da non mettere a rischio i risultati ottenuti con la fase d'attacco. In questo modo potevo intervenire sul lungo termine e offrire una soluzione alle successive manifestazioni di sovrappeso e obesità.

Parallelamente, cominciai ad appassionarmi alla preistoria. L'uomo primitivo, infatti, lascia intravedere la matrice fondamentale dell'essere umano non ancora impegolato nelle infinite complessità della cultura moderna. Rispecchia ciò che siamo nel profondo del nostro essere, e quella stessa matrice comportamentale agisce in tutti noi, e in particolare nei miei pazienti. Seguivo le entusiasmanti lezioni del professor André Leroi-Gourhan al Collège de France, e anche quelle del professor Henry de Lumley al Musée de l'Homme dedicate all'alimentazione nella preistoria e ai popoli primitivi che ancora popolavano il Pianeta nella prima metà del XX secolo, e quello che imparavo finiva per confortare la mia strategia. Aggiungere le verdure alle proteine, infatti, riconduce a un ambito alimentare molto vicino a quello del cacciatore-raccoglitore di un tempo.

Lo schema seguente mostra lo sviluppo dell'alimentazione in epoche preistoriche. Lo devo al professor Gilles Delluc, ex allievo e amico del professor Leroi-Gourhan.

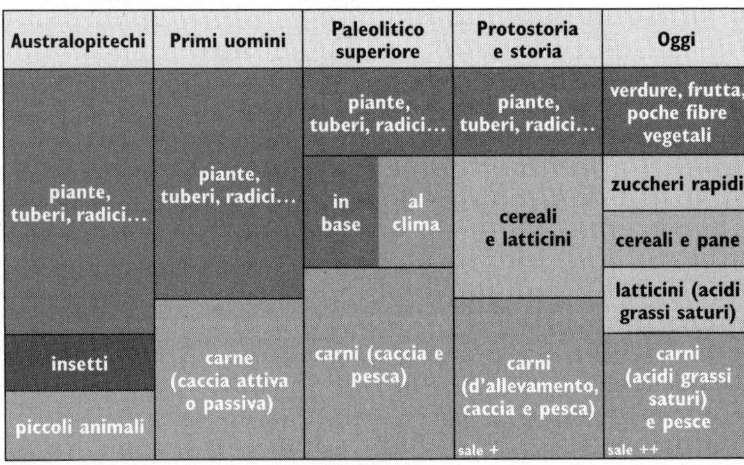

Da *La nutrition préhistorique* di Gilles Delluc.*

* Gilles Delluc, dottore in preistoria, membro del dipartimento di preistoria del Musée National d'Histoire Naturelle di Parigi e medico in ambito ospedaliero, ha scritto questo libro con Brigitte Delluc, anche lei dottoressa in preistoria, e Martin Roques, medico nutrizionista. Nella prefazione, il professor Henry de Lumley scrive: «Gilles e Brigitte Delluc sono stati studenti e amici del professor André Leroi-Gourhan. Sono tra i migliori specialisti in materia di arte e vita degli uomini di Cro-Magnon».

Dal paleolitico agli anni Quaranta del secolo scorso, ovvero per il 99,5% dell'esistenza umana, abbiamo continuato a consumare selvaggina, pesce e piante selvatiche con un alto contenuto di fibre, e per procurarci tutto questo dovevamo faticare parecchio! Poi, in appena sessant'anni, cioè lo 0,5% della nostra evoluzione, la popolazione si è in gran parte trasformata in abitanti sedentari delle città, e oggi soffriamo (o subiamo la minaccia) di obesità da sovraccarico ponderale, diabete dell'età adulta, ipertensione arteriosa, alterazioni del livello di lipidi nel sangue, coronaropatia e danni cerebrovascolari. Senza contare alcuni tipi di tumori, che sono dovuti a tutti i cambiamenti sopra elencati e che li hanno trasformati nella malattia tipica del XXI secolo.

Le mie ricerche, quindi, confermavano quanto avevo già scelto: in noi c'era un modello alimentare programmato geneticamente che non era affatto cambiato dall'origine dell'uomo e dall'epoca del cacciatore-raccoglitore. Era necessario farvi in qualche modo ritorno e trarne ispirazione: era questa la chiave! La fase di crociera, con cui avevo appena introdotto le verdure del raccoglitore in aggiunta alle proteine del cacciatore della fase d'attacco, garantiva tutto ciò di cui il corpo umano ha bisogno.

I risultati erano ottimi, e non ne ero sorpreso. A quel punto mi chiesi se avessi davvero raggiunto il mio obiettivo, ma non era affatto così, perché dovetti constatare per l'ennesima volta che il peso dei miei pazienti non rimaneva stabile. Certo, non riprendevano tutti i chili persi e ci mettevano più tempo a riprenderli, un anno anziché un mese soltanto, però ingrassavano di nuovo. Questo mi rattristava, e in quanto medico avevo l'impressione di avere semplicemente costruito un castello di sabbia, e cioè di avere alleviato solo momentaneamente una malattia all'apparenza incurabile. Dovevo riuscire a tutti i costi a stabilizzare il peso conquistato!

Ho quindi iniziato a pormi due interrogativi a cui la mia disciplina medica non aveva ancora trovato risposta.

Prima di tutto, perdere il peso raggiunto con la dieta e conservato per un anno intero era meglio che mantenere un sovrappeso inalterato? E avere vissuto per almeno un anno con una decina di chili in meno comportava una riduzione dei rischi legati all'obesità nel lungo termine? Era una cosa benefica, irrilevante o negativa? In realtà, avevo la netta sensazione che dimagrire per poi ingrassare di nuovo non avesse alcun senso, e che anzi il corpo ne traesse un motivo in più per resistere alle eventuali diete seguenti.

Oggi però ho cambiato idea, e se da un lato è vero che le diete successive sono spesso meno rapide ed efficaci delle prime, i motivi sono più psicologici che metabolici. A parità di condizioni, la seconda dieta si segue più difficilmente della prima, e per una semplice ragione: la motivazione. Detto questo, ho incontrato molti pazienti e seguito lettori o internauti che, dopo avere praticato una volta (e male) il metodo originario, hanno riprovato e ottenuto risultati persino superiori ai precedenti. L'esperienza mi ha inoltre insegnato che vivere uno, due o tre anni con una decina di chili in meno riduce e ritarda la ricomparsa dei rischi legati al sovrappeso. È come per un fumatore accanito, che rinunciando al suo pacchetto di sigarette al giorno per uno o due anni evita di gravare ulteriormente su bronchi e arterie, e a guadagnarne è soprattutto la sua salute!

L'altra domanda riguarda la velocità della perdita di peso. Spesso si pensa che una dieta molto rapida ed efficace produca più instabilità e dia maggiore adito a un recupero del peso, molto più di quanto faccia una dieta «lenta». In realtà accade esattamente il contrario, lo dimostrano alcune ricerche condotte negli Stati Uniti: se il sovrappeso è consistente, una dieta lenta e laboriosa erode la motivazione, che finisce per svanire proprio nel momento in cui ce ne sarebbe bisogno per stabilizzare definitivamente il peso ottenuto.

Ma torniamo ai primi anni della mia attività di nutrizionista. Il problema cruciale era sempre lo stesso: come stabilizzare il peso dei miei pazienti?

Ho impiegato anni per mettere a punto le fasi di consolidamento e di stabilizzazione del peso: la fase del dopo dimagrimento è praticamente la vita stessa, tutti gli anni che restano da vivere senza il sovraccarico dei chili di troppo e i relativi rischi per la salute. Dovevo assolutamente fare qualcosa, per i miei pazienti era di vitale importanza. Oggi posso dire che quella ricerca è stata appassionante e stimolante, perché dentro di me non ho mai creduto che il sovrappeso fosse qualcosa di incurabile.

Se non volete ingrassare mai più, dovete ovviamente superare una serie di ostacoli. Ed è per aiutarvi in questa impresa che ho inaugurato il secondo fronte. Quando si perde peso aumenta l'appetito, il corpo riduce la spesa calorica e comincia a estrarre tutto il possibile dagli alimenti ingeriti. Questi effetti congiunti si oppongono al mantenimento del peso ideale, sono reazioni naturali da cui trarre un insegnamento, così da opporvisi consapevolmente.

In quell'ultima fase delle mie ricerche dovevo ancora stabilire la durata del periodo di vulnerabilità, e avendo compreso che il rischio del rimbalzo era legato ai chili smaltiti, ho stabilito che dovesse essere di circa 10 giorni per ogni chilo perso. Da quel momento ho potuto dispensare consegne precise, semplici e stimolanti, tali da contrastare e neutralizzare completamente la minaccia del rimbalzo.

Volevo qualcosa di più sofisticato dell'IMC, così sono giunto al calcolo del Giusto Peso, facendone un obiettivo ragionevole e sostenibile. Inoltre, volevo che al termine della dieta l'alimentazione fosse la più aperta possibile, e immaginando che la libertà e l'autonomia ritrovata avrebbero comportato qualche trasgressione, ho elaborato le **tre consegne** della stabilizzazione definitiva, ovvero semplici regole da seguire per il resto della vita a tutela del Giusto Peso. Le conoscete già: si tratta del **giovedì proteico**, **della crusca d'avena** e di **20 minuti di camminata al giorno e niente ascensore**.

Queste tre misure sono a vostra completa disposizione, proprio come il secondo fronte, che segna un passaggio chiave nella mia lotta al vostro fianco!

Diritto di replica

Malgrado la pandemia del sovrappeso, ormai la stampa non perde occasione per parlare male delle diete. Nel novembre 2010 l'**ANSES** (Agence nationale de sécurité sanitaire de l'alimentation, de l'environnement et du travail) è stata incaricata di valutare i rischi delle quindici diete più adottate in Francia. Conclusione complessiva: «Seguire un metodo dimagrante, indipendentemente dalla sua natura, non è cosa da poco, e comporta effetti indesiderati». Nello studio si sottolineano le variazioni nell'apporto di micronutrienti e fibre, nonché l'insieme delle trasformazioni metaboliche correlate alle proporzioni delle diverse categorie alimentari proposte da ogni dieta. Una verità lapalissiana! Infatti, per definizione una dieta dimagrante riduce l'apporto alimentare, quindi diminuiscono in proporzione micronutrienti e fibre, e di conseguenza anche il volume delle feci e la velocità del transito intestinale.

Quello che bisognerebbe chiedersi, invece, è perché tali «effetti indesiderati» dovrebbero essere meno accettabili (e in quale misura) dell'uragano tossico dell'obesità e del diabete, che sempre più spesso è associato al rischio di infarto, cecità, amputazioni ripetute, insufficienza renale (fino alla dialisi), e in definitiva alla più totale sofferenza. L'impressione è che si stiano prendendo gioco di noi. Da un lato abbiamo qualche effetto collaterale di poca importanza, e dall'altro 2,8 milioni di decessi all'anno nel mondo provocati direttamente da obesità, sovrappeso e diabete, che l'OMS colloca tra i principali rischi sanitari evitabili del Pianeta.

L'ANSES è un ente amministrativo che si limita a rispondere a una richiesta delle autorità che, con buone probabilità, subiscono una legittima pressione da parte dei diversi soggetti economici, i quali però non si propongono di proteggere prima di tutto la nostra salute. A ogni modo, l'ANSES non è stata l'unica a criticare il mio metodo, ragione per cui vorrei rispondere a tutte le obiezioni sollevate.

Tanto per cominciare, raramente tali critiche provengono

da persone che hanno seguito la mia dieta fino in fondo. Si tratta perlopiù di esponenti delle lobby economiche, per le quali una dieta corrisponde a un consumatore in meno. Negli ultimi tre anni le multinazionali dello zucchero, dei cereali e degli aminoacidi di facile consumo hanno assistito a un calo delle loro vendite. Di conseguenza, hanno reclutato i loro portavoce tra i nutrizionisti maggiormente danneggiati dalla popolarità della mia dieta. Certo, il dogma delle calorie è stato scosso alle fondamenta, ma il mio metodo ha ottenuto risultati concreti, identificando negli zuccheri i principali responsabili del sovrappeso, e conquistando per questo un grande successo, o almeno quello sufficiente a suscitare gelosie e ostilità. I miei lettori, peraltro, devono poter conoscere le mie risposte riguardo alle accuse che mi sono state rivolte, quindi intendo esercitare, come ogni altro cittadino, il mio diritto di replica circa gli argomenti che potrebbero farvi dubitare della dieta che state seguendo. Perché adottare un regime alimentare significa prima di tutto prendersi cura di sé.

• Dicono che faccio eccessivo ricorso ad alimenti proteici
Se raccomando le proteine è perché ritengo offrano un vantaggio considerevole nella lotta contro il sovrappeso, e senza presentare *alcun* inconveniente: sì, esatto, proprio *nessuno*. Fin dai primi anni della facoltà di medicina gli studenti imparano che l'eccesso di glucidi provoca diabete e sovrappeso, mentre quello di grassi saturi comporta un rischio cardiovascolare. Le proteine non vengono mai menzionate perché non causano alcuna patologia.

Riguardo ai vantaggi delle proteine, sono tra gli alimenti più sazianti; gli zuccheri, invece, generano dipendenza, e i grassi possono essere considerati neutrali. Le proteine sono altamente termogeniche, cioè un terzo del loro apporto calorico viene bruciato nella digestione, mentre glucidi e lipidi non lo sono affatto. Inoltre, le proteine sono anche idrofughe, e contribuiscono attivamente a combattere la ritenzione idrica, cosa che non fanno né i glucidi né i lipidi.

Sono tre grossi vantaggi, molto utili per chiunque intenda dimagrire.

Detto questo, se da un lato privilegio le proteine, dall'altro attribuisco ancora più importanza alle verdure, riguardo alle quali ripeto da anni lo stesso consiglio: mangiatene il più possibile!

Assunte insieme, proteine e verdure rappresentano le fondamenta naturali dell'alimentazione umana.

• Dicono che le proteine possono danneggiare i reni

Questo non solo è falso, ma è vero il contrario! Alla luce dei fatti possiamo constatare che un gran numero di studi epidemiologici dimostra che tale rischio non sussiste, specie per le persone in buona salute. Inoltre, il dottor M.M. Poplawski della Mount Sinai School of Medicine di New York ha dimostrato che, sul piano clinico, funzionale e biologico, i problemi renali (compresi i più gravi) dovuti al diabete potrebbero essere compensati da una dieta chetogenica (senza glucidi) e composta unicamente da proteine e lipidi. La stragrande maggioranza delle nefropatie che portano alla dialisi sono di origine diabetica, e quindi dovute all'effetto tossico del glucosio sui reni (così come su occhi, cuore, arterie del cervello e arti inferiori). Per quanto mi riguarda, ho seguito personalmente una sessantina di pazienti con un solo rene funzionante, e tutti hanno seguito senza problemi la mia dieta: hanno fatto esami regolarmente, e non hanno mai constatato alcuna alterazione delle funzioni renali. C'è una sola categoria di alimenti che può danneggiare i reni: i glucidi. È l'abuso di zuccheri che spalanca le porte al diabete!

• Dicono che la mia dieta faccia dimagrire troppo in fretta

Perché andare a passo di lumaca, se si può procedere più velocemente? Quali sarebbero i presunti vantaggi della lentezza? In realtà, la rapidità dei risultati è parecchio motivante, anzi rappresenta il principale motore psicologico per il paziente, la molla mentale necessaria per iniziare, continuare, portare a termine e consolidare un progetto dimagrante. Considerati i vari pregiudizi contro le diete, non vedo perché uno debba soffermarsi troppo a lungo su determinate regole, fare sacrifici e soffrire. Sarebbe inutile, demotivante e ingiustificato.

• Dicono che dopo la mia dieta si riprendono i chili persi
Può accadere, ma soltanto a chi non rispetta le mie consegne relative al dopo dimagrimento. Inevitabilmente, le stesse cause provocano gli stessi effetti, e se qualcuno ingrassa di nuovo è perché è tornato a un'alimentazione troppo ricca di glucidi e lipidi. Se però la mia dieta (primo o secondo fronte) viene seguita alla lettera anche nelle due fasi di consolidamento e stabilizzazione, con l'adozione a vita delle tre misure precauzionali (camminare + crusca d'avena + giovedì proteico), i chili persi non ritornano mai più. Voglio inoltre sottolineare che la mia dieta è l'unica a prevedere una fase postdimagrimento, ovvero una piattaforma nutrizionale di riferimento equilibrata, nonché un minimo di restrizioni rappresentate da tre semplici misure correttive. Inoltre, il secondo fronte inaugurato in queste pagine accorda un'importanza persino maggiore al consolidamento e alla stabilizzazione del peso ottenuto, e se l'ho ideato è stato proprio per mantenere i risultati ottenuti nel lungo termine.

• Dicono che la mia dieta è tutt'altro che equilibrata
Ecco un'altra affermazione infondata. Sono le persone che ingrassano a mangiare in modo **squilibrato**, perché esagerano con glucidi e lipidi. Per dimagrire devono correggere tale squilibrio e, almeno nella fase dimagrante, andare nella direzione opposta: assumere meno glucidi e lipidi possibile, che è il principio fondamentale del mio metodo. Seguire una dieta equilibrata consentirebbe loro di fermare subito la progressione del sovrappeso, ma non di perdere i chili superflui. Ovviamente, una volta ottenuto il risultato sperato potrebbero tornare a una dieta equilibrata. La base alimentare che propongo non manca di nulla, e in effetti non è molto dissimile dalla dieta cretese o mediterranea. Comprende tutti gli alimenti necessari,

e questo nuovo secondo fronte è particolarmente indicato per chi desidera mantenere un'ampia gamma alimentare.

• Criticano la mia dieta per il semplice fatto che è... *una dieta!*
Da qualche tempo, dopo decenni caratterizzati da un susseguirsi interminabile di diete, va di moda dire «Basta con le diete!» Questo lascia supporre che sia possibile dimagrire senza dover rispettare alcuna regola alimentare. È una sciocchezza! Nutrirsi solo ascoltando i propri sensi e in modo «equilibrato» non fa dimagrire. Non è la prima volta che sento questo genere di discorsi, ma, alla luce dei fatti, chi segue questi principi si ritrova inevitabilmente a fare i conti con l'ago della bilancia!

Malgrado tutte queste contestazioni rimango fiducioso, perché la soluzione c'è ed è un'ottima soluzione. Sta solo a voi, alla vostra volontà, perché siete gli unici che potete cambiare lo stato delle cose. Avete già contribuito parecchio adottando in massa il mio metodo, e quindi diffondendo la «buona novella». Avete compreso sia il mio messaggio sia i miei consigli, e in questo mare di rassegnazione è una bella ventata di speranza! Vorrei proseguire oltre, restando al vostro fianco senza accontentarmi, cifre alla mano, di una minore diffusione del sovrappeso, sebbene constatare questo dato sia di per sé una splendida notizia! A ogni modo, dobbiamo fare in modo di arrestare la pandemia e, perché no, provare a invertirne la tendenza.

Questo, però, potrà accadere solo su base individuale, una persona dopo l'altra. Ecco perché ho aperto il secondo fronte: per coinvolgere un numero maggiore di persone in sovrappeso, spingerle a reagire, ampliare le fila di chi si oppone a questa piaga planetaria.

Nella sua forma meno appariscente, ovvero fino ai 10 chili, il sovrappeso viene troppo spesso trascurato. Vorrei infatti ricordare che tutti gli obesi, in un certo periodo della loro vita, si trovavano proprio a quel punto, cioè con solo 10 chili da perdere! Se allora qualcuno li avesse aiutati, avrebbe potuto evitare loro tutta una serie di complicazioni mediche e personali. Per il diabete vale lo stesso discorso: per decine di anni si è parlato di «forme minori» di diabete, che non venivano neppure curate. Oggi, invece, alle prime manifestazioni del diabete la parola d'ordine è agire subito, il più rapidamente ed efficacemente possibile. Come vorrei che si cominciasse a fare lo stesso con il «sovrappeso minore»!

• Infine, dicono che mi preoccupo troppo della felicità degli altri e che descrivo obesi e individui in sovrappeso come persone «infelici» loro malgrado.

Non intendo dire che l'obeso sia infelice perché è obeso, infatti qualcuno non si sente affatto a disagio. Voglio semplicemente sottolineare che chi ingrassa è perché cerca di compensare un malessere, una forma di insoddisfazione che può variare a seconda della sensibilità alle frustrazioni, della vulnerabilità allo stress e delle difficoltà del proprio vissuto. È qualcosa di cui molti non vogliono sentir parlare, ma è la verità.

Non è mia intenzione mancare di rispetto a nessuno, anzi. Occorre però constatare che negare i problemi non significa risolverli, e questo vale sia per il medico sia per i pazienti. Come ho detto più volte, nessuno sceglie di diventare obeso e nessuno desidera ingrassare. Credo che nessun nutrizionista sia pronto a dichiarare il contrario, e molti psicologi potranno confermarlo. Quando si sviluppa una dipendenza dagli alimenti non è mai senza motivo, per quanto inconscio. La dipendenza – qualsiasi forma di dipendenza – è segno di una sofferenza nascosta, e poiché in quanto medico provo empatia per chi soffre, non posso ignorarla, anzi ho sempre cercato di alleviarla, per esempio con la mia teoria dei «dieci pilastri della felicità». Chi sostiene che il sovrappeso sia una semplice questione di ricette e spesa calorica e teorizza che per dimagrire basti mangiare meno e muoversi un po' di più, propone una soluzione insufficiente e inefficace. È un modo piuttosto burocratico di fingere di voler risolvere il problema, quando in verità non ci si vuole affatto schierare, e questo equivale a chiedere alla gente di tenersi i chili di troppo e di restare così com'è. Lo considero un atteggiamento irresponsabile con cui non posso essere d'accordo.

Zucchero: nemico pubblico

Il successo mondiale del mio primo fronte ha sollevato un coro di critiche, ma oggi non sono più solo nella lotta contro lo zucchero. Durante questo nostro nuovo percorso vi ho parlato della pericolosità di certi alimenti, e ora voglio tornare a quello che considero il nemico pubblico numero uno: lo zucchero. Vorrei farlo insieme a voi, perché il mio obiettivo è informarvi e ottenere il vostro consenso, prove alla mano.

Cominciamo dalle norme generali sulle razioni alimentari.

Nel 1950 la FAO (l'Organizzazione delle Nazioni Unite per l'alimentazione e l'agricoltura, creata nel 1945 e finanziata in gran parte dagli Stati Uniti), decreta che la razione alimentare giornaliera di un occidentale deve comprendere dal 55 al 60% di glucidi, compresi gli zuccheri lenti e quelli rapidi. Perché? Qual è lo scopo di tale raccomandazione? Su che cosa si basa, considerato che nel mondo esistono diversi modelli alimentari? Che cos'ha decretato questo standard aprioristico?

A sessant'anni di distanza continuano a vigere le stesse norme, malgrado siano sempre più criticate. Com'è possibile? Ormai siamo diventati sedentari, e un sedentario brucia soltanto qualche caloria in più di un paraplegico. Basta un minimo di buonsenso per capire che occorre adattare l'apporto nutrizionale all'attività fisica o alla sua eventuale assenza, mi sembra ovvio. Eppure le autorità insistono e consigliano, imperturbabili, di consumare lo stesso quantitativo di glucidi che è stato raccomandato fin dal dopoguerra. L'unica funzione dei glucidi è fornire energia, ma il nostro stile di vita attuale, sempre più automatizzato, urbano e sedentario, ne richiede meno di un tempo. Qualcosa non quadra in queste direttive, ma la faccenda non è poi così bizzarra…

Se da un lato è comprensibile, e persino logico, che la FAO promuova una tale raccomandazione – dopotutto, questo organismo confedera tutte le grandi società dell'industria agroalimentare –, non si spiega perché l'establishment scientifico continui a giustificarla, a meno che non vi siano stretti legami, se non collusione, tra questi importanti attori della nostra società. Anche ammettendo che siano tutti innocenti e che non vi siano interessi convergenti, resta il fatto che l'impostazione teorica che è stata data, considerato l'allarmante incremento del sovrappeso nel mondo, andrebbe messa in discussione e rivista alla luce dei dati odierni. Basterebbe un minimo di etica scientifica! E non ci vorrebbe nemmeno un gran genio: chiunque saprebbe mettere insieme i tasselli del mosaico, descrivere i sintomi, trovarne le cause e curarle, tutti passaggi fondamentali della pratica medica.

Allora qual è il nocciolo del problema? Finché la fetta di PIL di un Paese che prospera grazie al sovrappeso si manterrà superiore alle spese sanitarie dovute agli effetti collaterali del sovrappeso (le patologie di cui abbiamo ampiamente discusso), nessuno dichiarerà guerra ai glucidi. Ne sono convinto, e questo mi fa letteralmente infuriare! Ogni anno si levano puntualmente voci e dichiarazioni di buona volontà dei diversi rappresentanti politici e della sanità, poi tutto si risolve in una bolla di sapone. L'aspetto peggiore della faccenda è che nel frattempo continuano a chiederci di ingurgitare glucidi, garantendo e tutelando gli utili delle multinazionali del settore agroalimentare, nonché i benefici indiretti di buona parte dell'industria farmaceutica, che si arricchisce grazie alle problematiche dovute al sovrappeso e all'obesità. Il minimo che possiamo dire è che lo status quo continua a prevalere a discapito della salute pubblica.

Tra l'altro, esiste una corrente di pensiero scientifico e umanitario che concorda sul fatto che zucchero e glucidi ad assunzione rapida non siano alimenti propriamente umani, e che abusarne comporti rischi concreti. Ecco due esempi importanti.

Il professor Robert H. Lustig è il portavoce americano di questa lotta. Professore di pediatria, Lustig dirige il **WATCH** (Weight Assessment for Teen and Child Health), un programma dell'Università di San Francisco in California per il controllo dell'evoluzione del peso e della salute dei bambini e degli adolescenti. Nel contesto del suo incarico pubblico il professor Lustig ha potuto constatare che il 17% dei bambini e degli adolescenti americani è obeso, un dato che non solo l'ha allarmato, ma anche profondamente indignato. Secondo l'American Health Association, infatti, un adulto medio americano consumerebbe 22 cucchiaini di zucchero al giorno, mentre gli adolescenti arriverebbero a 34!

Nel 2012 la prestigiosa rivista *Nature* ha pubblicato uno studio* che ha particolarmente turbato l'opinione pubblica statunitense. Affermava che lo zucchero, e in particolare il fruttosio, rappresenta un pericolo concreto per la salute pubblica, al punto da richiedere un monitoraggio attento, proprio come per l'alcol e il fumo. Negli ultimi cinquant'anni il consumo mondiale di zucchero è triplicato, e questo si è tradotto in una pandemia mondiale di obesità che ha causato 35 milioni di morti nell'intero Pianeta, nonché una pletora di malattie a questa correlate come il diabete, le patologie cardiache e il cancro.

Per ridurre il consumo di zucchero il professor Lustig proponeva di tassare gli alimenti dolci e controllarne la vendita ai minori di diciassette anni:

> Dobbiamo arrivare al controllo mondiale del consumo di zucchero, perché nessun farmaco può fare nulla a riguardo. Tutti i medici e i ricercatori in materia lo sanno bene. Abbiamo osservato nei minimi dettagli il modo in cui il corpo umano metabolizza gli zuccheri, cercando invano un elemento, uno spazio di manovra grazie al quale sviluppare una molecola capace di intervenire in proposito, ma l'unica cosa da fare è ridurre l'apporto quotidiano di zucchero.

Il professor Lustig non manca di sottolineare che la fisiologia umana non è in grado di sostenere un'eccessiva assunzione di zuccheri, e quindi che occorre ridurne il quantitativo medio quotidiano. Ovvero ciò che ripeto fin dall'inizio di questo libro.

Un'altra voce estremamente autorevole che di recente ha

* R.H. Lustig, L.A. Schmidt, C.D. Brindis, «Public Health: The Toxic Truth about Sugar», in *Nature*, vol. 482, pp. 27-29, 2 febbraio 2012.

preso posizione con grande coraggio e lucidità nella lotta contro il sovrappeso e l'obesità è quella della **dottoressa Margaret Chan, direttore generale dell'OMS.** L'11 settembre 2012 la dottoressa Chan, di fronte ai ministri europei della Salute pubblica e ai rappresentanti del Comitato delle Regioni dell'Unione Europea riuniti a Malta, ha pronunciato un discorso eccezionalmente ardito in cui ha manifestato tutta la sua indignazione nei confronti delle lobby agroalimentari e della loro responsabilità nell'epidemia di sovrappeso e obesità, schierandosi a favore di un controllo dei prodotti di facile consumo a elevato contenuto glucidico. Ecco alcuni estratti del suo intervento.

> [...] Nella lotta per la salvaguardia della salute pubblica, oggi constatiamo sempre più spesso che le preoccupazioni sanitarie entrano in conflitto con gli interessi delle più potenti multinazionali. Qualsiasi politica sanitaria, per quanto solida e previdente, se percepita come una minaccia per un'economia già fragile rischia di essere messa da parte, in modo che non interferisca con la crescita economica.
>
> [...] Per esempio, il migliore strumento per giungere a una soluzione del problema del sovrappeso sarebbe una limitazione delle vendite dei prodotti dell'industria alimentare, in particolare quelli a buon mercato, pratici, gustosi, molto calorici ma poveri di sostanze nutritive. Per ovvie ragioni questo non potrà mai accadere spontaneamente.
>
> [...] Il cibo industriale, sottoposto com'è a tutta una serie di lavorazioni, è ormai il nuovo alimento base del mondo intero, fenomeno che alcuni ricercatori hanno voluto riassumere con l'appellativo di *snack attack*.
>
> [...] I budget del marketing sono enormi, e i potenziali acquirenti di questi prodotti vengono accuratamente bersagliati. L'esplosione dell'obesità e delle malattie conseguenti sono state oggetto di molti studi. Come per la lotta contro il fumo, se vogliamo invertire la tendenza dobbiamo ottenere il sostegno politico di altre aree esterne a quella sanitaria.
>
> [...] Molte ipotesi accennate nella documentazione che vi è stata fornita sono state elaborate in ambito europeo,

quindi ritengo opportuno che l'Europa continui nel suo ruolo di leader, convalidando tali teorie con le più solide prove scientifiche, e garantendo loro il sostegno di un insieme diversificato di scelte politiche.

[...] Ancora una volta, è sufficiente pensare all'obesità, in particolare a quella dei bambini, e alle astute strategie di marketing con cui vengono pubblicizzati alimenti e bevande nocivi alla loro salute attraverso la televisione, per capire che il nostro mondo sta affrontando gravi difficoltà. E tutte queste difficoltà hanno altrettante conseguenze sulla salute pubblica.

[...] Come ho spiegato, la salute è l'ultimo anello di una catena di meccanismi, quindi subisce le politiche adottate in altre aree. Non nutro particolari illusioni al riguardo: la salute pubblica non sarà mai altrettanto potente, e non avrà mai le stesse risorse, delle finanze, del commercio e della difesa, né all'interno dei singoli governi né a livello internazionale. Lo prova la tendenza dei politici a definire il progresso di una nazione in termini assai ristretti, ovvero misurandola attraverso strumenti limitati come la crescita economica e il PIL.

Snack attack, alimenti altamente calorici e a buon mercato ma nocivi per la salute, potere delle lobby industriali: in pratica, quello che continuo a denunciare da anni! Finalmente, tutto questo è stato affrontato pubblicamente in termini di problema mondiale da uno dei principali responsabili mondiali della salute pubblica! Ormai è chiaro, inappellabile: anche l'OMS raccomanda di farla finita con i cibi industriali troppo calorici, troppo zuccherati e troppo ricchi di amidacei.

A ogni modo, quando si tratta di assegnare una responsabilità specifica delle tre categorie universali di alimenti (glucidi, lipidi, protidi) nell'insorgenza delle grandi pandemie non infettive (obesità, diabete, malattie cardiovascolari, cancro e Alzheimer), il fronte nutrizionista è ancora diviso.

Per quanto riguarda **il diabete**, gli zuccheri rientrano nella definizione stessa della patologia: ci si può considerare diabetici quando il tasso di zucchero nel proprio sangue è uguale o superiore a 1,26 grammi per litro.

Per le **malattie cardiovascolari**, spesso associate al diabete, se prima si attribuiva la colpa soprattutto ai grassi e al colesterolo, oggi l'attenzione è sempre più rivolta agli zuccheri, di cui si scopre finalmente l'effetto deleterio sulle arterie.

Riguardo all'**obesità**, molti continuano a non accettare che l'insulina abbia un ruolo nell'aumento dei grassi accumulati, e quindi nella genesi del sovrappeso. Forse temono di dover rinunciare al dogma secondo cui tutte le calorie si equivalgono, indipendentemente dalla loro origine.

Quanto al **cancro**, oggi le diete chetogeniche (molto povere di glucidi) entrano a far parte delle cure, riducendo la virulenza della malattia e la proliferazione delle metastasi. Se una cellula normale funziona grazie a tutti i tipi di carburante disponibili (glucosio, acidi grassi o chetoni), quando il glucosio nel sangue è ridotto, la cellula cancerosa fatica a nutrirsi e a moltiplicarsi. Devo aggiungere altro?

Infine, riguardo all'**Alzheimer**, tutti i diabetologi insistono sul fatto che il diabete rappresenta il primo fattore di rischio nutrizionale di questa malattia.

Per l'essere umano, dunque, lo zucchero è di gran lunga l'alimento più pericoloso, per il semplice fatto che non disponiamo degli organi necessari per assumerlo senza correre gravi rischi. La produzione industriale di zucchero estratto dalla barbabietola risale al XIX secolo, ma la nostra specie è vissuta senza per millenni!

Quanto ai grassi, fonti naturali di riserva energetica, si sono resi necessari per adattarci e sopravvivere ai momenti di scarsità alimentare. Oggi, però, ci troviamo ad affrontare il problema opposto, ovvero quello dell'eccesso di cibo!

A ogni modo, **lo zucchero è infinitamente più pericoloso dei grassi**, perché il suo apporto calorico è molto più nocivo di quello degli altri alimenti, e le sue calorie si traducono più facilmente in chili superflui. Continuo a constatarlo da quarant'anni a questa parte. Fortunatamente, però, la nostra mentalità sta evolvendo, e questo mi rallegra!

Lo studio ObÉpi: il successo della mia vita

Avversari, critici e oppositori fanno ormai parte della mia vita e della mia lotta contro il sovrappeso. Di recente, mentre il tumulto non accennava a placarsi, aspettavo con impazienza il «momento della verità», ovvero il censimento periodico della popolazione francese in sovrappeso: lo studio ObÉpi.

L'ObÉpi-Roche è un istituto che conduce un'inchiesta nazionale la cui autorità è riconosciuta da tutti. Lo studio si propone di registrare i dati statistici circa il sovrappeso e l'obesità sul territorio nazionale. Combina vari parametri (età, sesso, peso, IMC, girovita, residenza, reddito eccetera) in modo che i risultati pubblicati rispecchino il più possibile la realtà.

Da quindici anni a questa parte la ricerca viene effettuata e pubblicata ogni tre anni. Ecco le percentuali di aumento del fenomeno dell'obesità negli ultimi quindici anni:

- 8,5% nel 1997
- 10,1% nel 2000
- 11,9% nel 2003
- 13,1% nel 2006
- 14,5% nel 2009
- 15% nel 2012

Questo significa che in una prima fase, dal 1997 al 2009, l'ObÉpi ha registrato un aumento dell'obesità pari al 6%, con un incremento medio dell'1,5% ogni triennio.

Smentendo nettamente quello che sembrava un progresso inarrestabile del fenomeno dell'obesità, la pubblicazione relativa al periodo 2009-2012 ha registrato un rallentamento, cioè dall'1,4% ad appena lo **0,5% in tre anni** (una riduzione di quasi tre volte!).

Concretamente, quello 0,5% significa **che in quel triennio 458.420 miei connazionali sono scampati all'obesità, alle malattie e alle complicazioni a essa correlate, guadagnando**

circa 9 anni di aspettativa di vita in più! La stessa ricerca ha anche valutato l'incidenza dei rischi sanitari legati all'obesità:

- **Ipertensione**

Gli obesi richiedono cure 3,6 volte superiori rispetto alla popolazione non obesa. Se nel 2009 il 18,4% della popolazione affermava di essere in cura per problemi di ipertensione arteriosa, nel 2012 questa percentuale era scesa al 17,6%, ovvero 0,8% in meno. Questo corrisponde a 360.000 persone che, non avendone più bisogno, hanno smesso di curarsi per questo specifico problema.

- **Dislipidemia (colesterolo e trigliceridi)**

Altra informazione importante: dallo studio si deduce che gli obesi necessitano di cure per ridurre colesterolo e trigliceridi in misura 2,7 volte superiori ai non obesi.

- **Diabete di tipo 2**

In Francia gli obesi che necessitano di cure mediche per il diabete sono 7 volte di più dei non obesi.

- **Rischio cardiovascolare**

Negli obesi la presenza delle 3 principali condizioni di rischio (diabete, colesterolo, ipertensione) è 14 volte superiore a quella della popolazione non obesa.

Perché ritengo che tali risultati rappresentino il coronamento della mia attività di medico? Semplice: sono profondamente convinto di avere attivamente contribuito al conseguimento dei risultati relativi al triennio 2009-2012. Tuttavia, preferisco rimanere obiettivo e concentrarmi ancora sui dati puri e semplici. Infatti, tre diversi studi indipendenti definiscono l'importanza della mia dieta tra il 2009 e il 2012.

1) Nel 2011 l'istituto **TNS Sofres** (Société française d'enquêtes par sondages) ha pubblicato (a mia insaputa!) una lista di can-

didati al titolo di «dieta dimagrante più seguita in Francia». Eccola:

- Dieta Dukan (30%)
- Dieta Weight Watchers (11%)
- Dieta «zuppa di cavoli» (9%)
- Dieta Cohen (4%)
- La crononutrizione del dottor Alain Delabos (2%)

2) Nel 2012 lo stesso istituto ha ripetuto il sondaggio e confermato i risultati ottenuti dal mio metodo. Non solo: ha persino registrato un miglioramento, dal 30 al 36%!

3) Lo studio **NutriNet-Santé** è una delle maggiori ricerche epidemiologiche mondiali sui comportamenti alimentari e sul rapporto tra nutrizione e salute. Avviata l'11 maggio 2009, ha osservato 500.000 soggetti. Occorre sottolineare che tale studio è diretto dall'**INSERM** (Institut national de la santé et de la recherche médicale) e da vari enti e università, con il sostegno del ministero della Sanità, dell'Istituto nazionale di prevenzione ed educazione alla salute e di altri enti (come l'Institut de Veille Médicale e la Fondation pour la Recherche Médicale), quindi è una ricerca autorevole e indipendente. I risultati? «Due terzi dei nutrinauti* (il 66%) che hanno seguito una dieta basata su un metodo specifico hanno scelto la dieta Dukan».

Riguardo al totale dei nutrinauti, le preferenze sono:

Dukan	66,1%
Cohen	11,2%
Crononutrizione	11%
Montignac	3,7%
Zuppa di cavoli	2,9%

* Chi partecipa via Internet come soggetto-campione allo studio NutriNet-Santé. (*N.d.T.*)

Quanto alla facilità d'uso del mio metodo, il 64% delle persone che hanno seguito la dieta Dukan l'ha trovata facile, il 12,4% difficile e il 25% si è dichiarato indeciso tra le due opzioni.

Riguardo invece alla stabilizzazione, il 51,4% ha valutato la dieta Dukan «efficace nel lungo termine».

Da un lato, i risultati dello studio ObÉpi indicano la comparsa di un fenomeno inedito: tra il 2009 e il 2012 l'obesità ha subito una concreta battuta d'arresto. A tale proposito la dottoressa Marie-Aline Charles ha voluto commentare: «Lo studio ObÉpi non fornisce elementi per definire la causa (o le cause) che hanno prodotto tale decelerazione».

Dall'altro, nel medesimo periodo tre diversi studi, due realizzati dall'istituto TNS Sofres nel 2011 e nel 2012 più lo studio NutriNet, hanno chiaramente evidenziato che nei tre anni in cui il fenomeno obesità è calato la dieta più seguita era proprio la mia.

Quale altro fattore nell'ambito delle diete o dei metodi dimagranti potrebbe spiegare un fenomeno tutt'altro che ovvio, visto e considerato che mezzo milione di miei connazionali si è tirato fuori dal quadro statistico della popolazione obesa?

Che io sappia, in quel periodo sul territorio nazionale non è comparso nessun altro metodo dimagrante né alcun farmaco che potesse produrre tali risultati.

Per quanto riguarda le campagne del **PNNS** (Programme national nutrition santé), sono indubbiamente importanti perché offrono punti di riferimento nutrizionali, privilegiando alcune categorie di alimenti e bevande e sconsigliandone altre. A conti fatti, tuttavia, più che combattere l'epidemia del sovrappeso si sforzano di prevenirne l'insorgenza. Tali campagne sono state avviate nel 2001, e poi confermate nel 2006 e nel 2011.

Riassumendo, nello stesso periodo in cui il sovrappeso nel mio Paese ha subito una netta e decisa diminuzione, il mio metodo si è rivelato il più utilizzato dalla popolazione francese. Non posso certo rivendicare tutti i meriti di tale risultato, ma credo che il mio contributo sia stato evidente.

Conclusioni

Giunti alle ultime pagine di questo libro, ormai sapete bene che il mio metodo esiste in due forme diverse, avendo io elaborato un fronte supplementare. Siete quindi nella condizione di scegliere, in base alla vostra indole, al carattere e alla storia del vostro peso, quale dei due fa al caso vostro.

Il primo fronte è indubbiamente rigoroso, però è rapido, potente e motivante; riduce la scelta ma consente quantitativi illimitati di certi alimenti; è molto strutturato e regolato, ma non per questo vi farà patire la fame; richiede una particolare dedizione, ma è perfettamente adatto a chi «alimenta» la propria motivazione con la gioia di dimagrire. Da oggi ho aperto al suo fianco un secondo fronte. È pensato per quelle persone meno assillate dal sovrappeso, ovvero che non sentono una particolare urgenza di dimagrire né corrono particolari rischi sanitari, ma intendono mantenere una gamma alimentare estremamente ampia fin dalla prima settimana. Ho anche voluto descrivere due diversi profili di utenti della dieta, ma anche in questo caso tocca a voi scegliere a quale dei due appartenete, in quale vi rispecchiate. Posso garantirvi che, indipendentemente dal fronte che sceglierete per risolvere il vostro problema di sovrappeso, sarà sufficiente seguire le mie indicazioni per ottenere e stabilizzare il Giusto Peso.

Se vi sentite a cavallo tra i due profili e non sapete quale scegliere, consultate il sito francese **www.regimedukan.com**, rispondete all'apposito questionario e potrete individuare facilmente il metodo più adatto a voi (anche questo servizio, come il calcolo del Giusto Peso, è assolutamente gratuito). A breve questa possibilità sarà disponibile anche sul sito italiano **www.dietadukan.it**.

Se avete acquistato questo libro, probabilmente state cercando concretamente di dimagrire. Il fatto che abbia voluto sollevare il dibattito, considerando il sovrappeso in quella che ritengo sia la sua dimensione più autentica, ovvero il contesto di un essere umano da sempre costretto a confrontarsi con la sua società e il suo domani, non vuole essere un modo per aggirare la questione, anzi il contrario, voglio andare alla sua origine. La mia non è una trattazione generale ma specifica, con la quale ho voluto preoccuparmi di voi e della minaccia che incombe sulla vostra felicità.

Ingrassare non è una malattia, ma la dimostrazione della volontà di sopravvivere mantenendo una dimensione umana in un ambiente che rende tutto molto più difficile.

Ingrassare vuol dire non riuscire a realizzarsi, sperimentare un disagio esistenziale che richiede una forma di compensazione naturale.

Poiché il genere umano ha cominciato a ingrassare a livello collettivo fin dal 1944, e dato che né i geni né la fisiologia umana sono cambiati, le ragioni del sovrappeso vanno cercate nell'evoluzione dello stile di vita, in ambito sociale e nel contesto della civiltà odierna.

Quando mi rivolgo a un paziente in sovrappeso è come se avessi di fronte due personalità che abitano lo stesso corpo. La prima, invisibile e muta, tradisce la sua presenza esprimendosi attraverso comportamenti rivelatori. Le sue richieste sono evidenti, nitide: vuole vivere traendo il massimo piacere, direttamente e senza costrizioni. Tale personalità non è programmata per accettare l'imposizione di dimagrire, perché il suo compito è controllare il mantenimento delle riserve di sopravvivenza. In un certo senso potremmo definirla «animale», poiché condivide aspetti comuni a tutti gli altri mammiferi.

Vi è poi una seconda personalità, l'essere umano che parla, si esprime, pensa di essere autonomo e crede di poter decidere come meglio crede. Vuole dimagrire, ed è convinto che il problema potrà essere risolto con una semplice tecnica o con un farmaco. Ma la natura, o se vogliamo l'evoluzione della specie, non ha lasciato niente al caso, e neppure alla buona volontà della sua creazione più complessa. Certo, coscienza, ragione e intelligenza umana sono strumenti meravigliosi con cui possiamo agire in modo più consapevole ed efficace e acquisire una certa padronanza del nostro mondo. Tuttavia, la natura non ci ha concesso di assumere il controllo assoluto della vita né la sua tutela. L'uomo si è arrogato il diritto di dominare e sfruttare la natura fino al punto di metterla in pericolo, ma per quanto riguarda la mera sopravvivenza, l'alimentazione e l'approvvigionamento di piacere, tutto rimane in mano agli automatismi fisiologici, che per definizione non sono stati d'animo.

Ecco perché oggi è facile ingrassare: siamo programmati per non resistere al bisogno di mangiare, e per trovare piacere negli alimenti che si trasformano immancabilmente in chili superflui. Anche ingrassare di nuovo dopo una dieta può risultare particolarmente facile, perché il nostro impulso a vivere, le nostre voglie e il nostro bisogno di piacere dipendono completamente dalla raccolta di una certa dose di serotonina, un carburante vitale a cui possiamo attingere attraverso una decina di fonti diverse. L'accesso a tali fonti, però, non è libero e garantito, essendo condizionato dagli interessi della società e dalle preferenze personali, legate all'infanzia e al proprio vissuto.

Assimilando e sfruttando bene tali informazioni dimagrirete più agevolmente, e con ottime possibilità di non ingrassare mai più.

Oltre a offrirvi un nuovo fronte con cui intendo intensificare la lotta al sovrappeso, con questo libro ho voluto garantirvi la comprensione delle dimensioni psicologiche, emotive, istintive e affettive del sovrappeso che vi affligge. I miei due fronti sono tecniche infallibili grazie alle quali dimagrirete in funzione del vostro profilo, ma solo a una condizione: che lo vogliate davvero!

«Certo che lo voglio!» direte voi.

Ottimo, ma non è abbastanza: occorre anche e prima di tutto che lo desideri quella parte di voi che non è solita esprimersi a parole, e che nonostante il suo silenzio ha un ruolo determinante nel vostro destino. È la parte animale e istintiva della vostra persona, il regolatore biologico che controlla le vostre funzioni in modo continuo e automatico, anche quando dormite e soprattutto quando sognate. Senza il suo appoggio, dimagrire sarà difficile e penoso, e se anche doveste arrivare al peso che vi siete prefissati, il vostro sistema automatico vi spingerà a recuperare i chili persi.

Per ottenere il tacito consenso della vostra parte istintiva, dovete conoscere il suo funzionamento. Per questo ho insistito sulla dimensione globale del sovrappeso, che si colloca a metà strada fra la programmazione biologica dell'organismo umano e la sua dimensione sociale, e scaturisce dal contrasto tra ciò che il corpo vuole e cerca da un lato, e ciò che la società impone e pretende dall'altro.

Se siete ingrassati, avete interpretato male le regole del gioco, biologiche e cerebrali, che reggono il piacere e la volontà di vivere. Pertanto, vi invito nuovamente a prestare la massima attenzione a tutto ciò che ho spiegato sulla serotonina e sull'elaborazione del piacere, sulla pulsar vitale e sulla volontà di vivere, sui comportamenti di ricerca della ricompensa, sui dieci pilastri della felicità, sulla regola della conversione dei piaceri basata sul principio dei vasi comunicanti. Cercate di capire fino a che punto la società dei consumi è compatibile con il vostro progetto. In sostanza, si tratta di reimparare a vivere mantenendosi umani in una società che si sta allontanando dalla nostra vera natura.

Voglio lasciarvi con la speranza di esservi davvero stato d'aiuto. È possibile che non ci incontreremo mai di persona, ma sappiate che ho scritto questo libro per offrirvi tutta la mia empatia e la mia competenza. È un semplice gesto di riconoscenza, perché il mio pubblico (di cui ormai fate parte) mi ha dato tantissimo. Posso dire di avere acquisito molta esperienza, il che significa che sono arrivato a una certa età, e quando sto per dare i miei scritti alle stampe mi chiedo sempre, come in un rituale, se sarò ancora qui per scrivere il prossimo.

Quello che avete tra le mani è uno dei lavori in cui confido maggiormente, perché credo davvero che possa cambiare lo stato delle cose. In ordine di importanza viene subito dopo il primo, *La dieta Dukan*, rispetto al quale si pone come complemento per raggiungere un pubblico ancora più ampio.

Se avete qualcosa di importante da dirmi o da chiedermi, ecco la mia e-mail personale: docteurpierredukan@gmail.com. Sono a vostra disposizione, non dimenticatelo!

I libri di Pierre Dukan

La dieta Dukan*
Un metodo rivoluzionario che ha fatto dimagrire oltre 33 milioni di persone in tutto il Pianeta, e che fa perdere peso senza soffrire. La dieta è articolata in quattro fasi, e fin dai primissimi giorni assicura risultati sorprendenti.

Le ricette della dieta Dukan. 350 ricette per dimagrire senza soffrire*
Ecco 400 ricette appetitose e facili da preparare (50 delle quali create esclusivamente per l'edizione italiana) dedicate a chi intraprende questa dieta gratificante per il palato e l'autostima.

La dieta Dukan illustrata
Completamente illustrata a colori, è la sintesi del metodo Dukan, che garantisce risultati fin dalla prima settimana. Le quattro fasi della dieta (attacco, crociera, consolidamento, stabilizzazione) con i relativi menu.

La dieta Dukan: i 100 alimenti a volontà*
Dukan presenta la lista dei suoi 100 alimenti, 72 proteine e 28 verdure. Sono cibi naturali (latticini, uova, verdure, proteine vegetali, carni, pesci e frutti di mare) da sempre presenti nella nostra alimentazione.

La pasticceria Dukan. 100 dolci e dessert in linea con la dieta Dukan
Ricette di veri dolci, gustosi e irresistibili ma compatibili con la dieta, perché utilizzano i 100 alimenti consentiti e sono privi di grassi e zuccheri. 100 prelibatezze a colori spiegate passo per passo.

Ama le tue curve! Perdi peso, non le forme*
Nessun programma alimentare, ma un messaggio rivolto alle donne. Un appello contro la magrezza a tutti i costi: basta condizionamenti della moda e falsi miti! Donne di ogni età, ritrovate la fiducia in voi stesse!

Il grande libro illustrato delle ricette Dukan
Dai muffin alla pasta per la pizza, dagli sformati ai piatti vegetariani, fino alle mousse: 360 ricette che fanno dimenticare di essere a dieta.

60 giorni con me. Obiettivo: -10 kg. Il diario di bordo per perdere fino a 10 kg
«Vi propongo di passare 60 giorni in mia compagnia. Se seguirete le mie istruzioni alla lettera, giorno dopo giorno, arriverete a perdere fino a 10 chili», parola di Dukan.

* Di questi libri è disponibile la versione ebook.

Finito di stampare nell'aprile 2014
presso ELCOGRAF S.p.A.
Stabilimento di Cles (TN)
Printed in Italy